U0689877

上班要学曾国藩
下班要学胡雪岩

韩龙　编著

中国纺织出版社

内 容 提 要

曾国藩乃一代名臣,叱咤于波谲云诡的官场,处世为人之道无不令人叹服。胡雪岩是晚清名扬四海的“红顶商人”,白手起家成就显赫家业,其处世的心志与智慧值得学习。

本书分为上下篇,通过分析这两位名垂青史的人物,将他们为人处世、谋事成事的精髓汇集于此,让读者上班时能够纵横职场成就事业,下班时亦能深谋远虑、智慧地生活。

图书在版编目(CIP)数据

上班要学曾国藩 下班要学胡雪岩/ 韩龙编著. —北京:中国纺织出版社,2012.4(2024.5重印)

ISBN 978-7-5064-8201-1

Ⅰ.①上… Ⅱ.①韩… Ⅲ.①曾国藩(1811 ~ 1872)—人生哲学 ②胡雪岩(1823 ~ 1885)—人生哲学 Ⅳ.①K827 = 52 ②K825.3

中国版本图书馆 CIP 数据核字(2011)第 262049 号

策划编辑:曲小月　　责任编辑:于磊岚　　责任印制:陈　涛

中国纺织出版社出版发行

地址:北京东直门南大街6号　邮政编码:100027

邮购电话:010—64168110　传真:010—64168231

http://www.c-textilep.com

E-mail:faxing@c-textilep.com

北京一鑫印务有限责任公司印刷　各地新华书店经销

2012 年 4 月第 1 版　2024年 5月第 2 次印刷

开本:710 × 1000　1/16　印张:18

字数:209 千字　定价:39.80 元

前言

在民间，一直流行着这样的谚语："做官要学曾国藩，经商要学胡雪岩。"一个世纪以来曾国藩、胡雪岩这两个人的名字一直不曾被人们遗忘。曾国藩，洞悉中国传统内圣外王之道的"中兴名臣"；胡雪岩，一个深谙中国传统智慧权谋的红顶商人。他们似乎并没有相似之处，却又时常被联系到一起，于是，他们成了历史天空中最闪亮的双子星座。无论是做人还是处世，无论是做官还是经商，他们的所作所为都有令人赞赏和可供借鉴之处。

曾国藩被称为"中兴名臣"，在《清史稿》中，朝廷是这样评价他的："国藩为人威重，美须髯，目三角有棱。每对客，注视移时不语，见者竦然，退则记其优劣，无或爽者。天性好文，治之终身不厌，有家法而不囿于一师。其论学兼综汉、宋，以谓先王治世之道，经纬万端，一贯之以礼……时举先世耕读之训，教诫其家。遇将卒僚吏若子弟然，故虽严惮之，而乐为之用。居江南久，功德最盛……国藩事功本于学问，善以礼运。公诚之心，尤足格众。其治军行政，务求踏实。凡规画天下事，久无不验，世皆称之，至谓汉之诸葛亮、唐之裴度、明之王守仁，殆无以过，何其盛欤！……至功成名立，汲汲以荐举人才为己任，疆臣阃帅，几遍海内。以人事君，皆能不负所知。呜呼！中兴以来，一人而已！"

曾国藩，这位晚清"中兴名臣"，一生功绩卓越：创办洋务，为洋务派首领；著名学者，其著作十分丰富；首创文人带兵，却与古代兵家相媲美；拥兵不自重，权变而谦退；鞠躬尽瘁，以身作则；勤俭治家，为后人楷模。其人生理想为"修身齐家治国平天下"，在做人、为官、修身等各方面，为我们驰骋职场提供了宝贵的经验。

高阳这样描述红顶商人胡雪岩:“其实胡雪岩的手腕也很简单,胡雪岩会说话,更会听话,不管那人是如何言语无味,他能一本正经,两眼注视,仿佛听得极感兴味似的。同时,他也真的是在听,紧要关头补充一两语,引申一两义,使得滔滔不绝者,有莫逆于心之快,自然觉得投机而成至交。”寥寥数语,即可见胡雪岩结交之工夫。

胡雪岩的一生,极具戏剧性。在短短的几十年里,他从一个钱庄的小伙计跃身成为闻名于清朝朝野的红顶商人。在其经商过程中,他以“仁”、“义”二字为核心,凡事懂得随机应变,绝不投机取巧,在这样的经营理念下,生意蒸蒸日上。富而不忘本,他深谙钱财的真正价值,广施恩情,可谓是名利双收。同时,经商不忘忧国,积极协助左宗棠西征,在洋务运动中,也贡献了自己的一份力量。在胡雪岩身上有着许多值得我们学习的方面,诸如交友、诚信、心境、处世、社交等。

曾国藩和胡雪岩的成功都在于他们拥有为人处世、为官经商的智慧,使其脱颖而出,最终成就了丰功伟业。当然,这些智慧都是其经历官场、商场后精心提炼出来的。这对于今天想做出一番成就的我们,是非常值得学习和借鉴的。洞悉内圣外王之道的“中兴名臣”,深谙政商智慧权谋的红顶商人,虽然,他们离我们的时代已有百年之久,但是,他们的智慧却永远不会过时,那些智慧是我们走向成功、走向卓越的处世瑰宝。本书上篇为“上班要学曾国藩”,以曾国藩的事迹入手,探讨职场生涯的种种生存之术,教你如何在风云变幻的职场中谋得生路;下篇以“下班要学胡雪岩”,从诚信、心境、处世、社交等几个方面为你指点迷津。俗话说:“千里之行,始于足下。”充分汲取他们的智慧,并用于实践,努力创造自己的传奇人生吧!

编著者
2011 年 7 月

目　　录

上篇：上班要学曾国藩

下篇：下班要学胡雪岩

上篇

上班要学曾国藩

曾国藩是中国 19 世纪下半叶叱咤风云的政坛人物，他从一个普通秀才到“中兴大臣”之首。毛泽东称“愚于近人，独服曾文正”，蒋介石称“足为吾人之师资”。在曾国藩的身上，值得我们学习的东西很多：稳慎、取舍、用人、融通、磨砺等。在做人方面，曾国藩有自己独到而精辟的见解。作为活跃于职场的人们来说，曾国藩堪称典范，先看他的事业之路，再来审视自己的职场生涯，我们会受益匪浅。

第一章

指引自己，人无志而不立
——上班有大志，才能成大事

曾国藩说："人如果能立志，那么他就可以做圣人、做豪杰，还有什么做不到的事情呢？他又何必去借助别人的力量呢？"立志，可以使人有所追求，生活有了方向，整个人也变得更加充实。对此，曾国藩为自己立下了宏大的志向："不为圣贤，便为禽兽；不问收获，只问耕耘。"在以后的日子里，他时刻都在追寻着这样的远大志向。俗话说："人无志而不立。"对于生活在职场中的我们，立志尤为重要，一个人若是没有远大的志向，是不可能有所作为的。

第一节◆成大事者无不有大志

曾国藩说:"何必择地?何必择时?但自问立志之真不真耳!"在他看来,立志应摆在人生的第一位,一个人若是有了远大的志向,就可以无事不成。而对于曾国藩自己来说,他几乎用了一生的时间来立志,不仅立下了大志,而且,在他的每个人生阶段都会有志向。当他走向科举之路的时候,就曾立下了无数个志向,诸如翰林、平定太平天国、两江总督、直隶总督,在不同阶段他都有远大的志向。如果用今天的话来说,曾国藩的职场之路可谓是平步青云,不过,在事业成功的背后,我们不可忽视其远大志向带来的动力,正所谓"成大事者无不有大志"。一个人如果不立志,必然会失去奋斗的力量,或许,就一辈子只能碌碌无为了。

说到立志,就不得不说一说曾国藩改号的故事:进入弱冠之年,曾国藩在一次秀才考试中取得了第七名的好成绩,由于秀才考试需要经历种种考试,得知自己获得了第七名的成绩,他感到十分高兴。于是,为自己取了"涤生"这个名号,当时,曾国藩在日记中这样写道:"涤者,取涤其旧染之污也;生者,取明袁了凡之言:'以前种种,譬如昨日死;从后种种,譬如今日生。'"意思就是我今后做的事情,就仿佛我要重生一样。

曾国藩被点为翰林之后,又一次改名以励志。这时,他将名字改为"国藩",暗寓"为国藩篱",他说:"第一要有志,第二要有识,第三要有恒。"同时,为了能使自己真正成为国家之藩篱,曾国藩抓住了机遇,努力读书。当他进入翰林院任侍郎后,还在拼命读书,曾经自立课程十二条,并全力以赴学习。

曾国藩改号为涤生,以此来自律,如此看来,我们就不难猜想他为什么会有如此大的成就了,原因在于他一直在不停地磨砺自己的志向,每天反

省，天天自新，曾国藩的功业，大部分在于他能够对自己的心灵永无休止地洗涤。

生活在现代社会的我们，从小就接触到“志向”、“理想”这样的字眼，当稚嫩的小手写下远大的志向时，我们心中涌起的是兴奋、自豪。可是，随着时间的流逝，我们曾经立下的远大志向也日渐模糊。或者，对于刚刚进入社会的我们，心中所剩下的志向不过是“安安分分做自己的工作”。如此这般，工作就失去了前进的动力，而我们也丧失了为理想而奋斗的斗志。相信大多数的上班族每天所经历的是这样一个状态：无精打采，计算着休息日和假期，过一天是一天。如果问他：“你有什么远大的志向？”突然之间，他会觉得茫然失措，在过去的经历中，他曾经立下的远大志向早已千疮百孔。

小辉和小枫一起进入了公司的销售部，两人学历相当，不过，两人的出身却有天壤之别。小辉来自偏远的农村，由于家庭贫困，当初是接受了好心人的资助才上了大学，不过，凭着自身优异的成绩，他在第一轮面试就胜出了。小枫从小生长在城市，虽然说不上大富大贵，但是家境殷实，从小衣食无忧，毕业后没费多大的力气就进入了这家公司。

小辉自觉出身不好，心中暗自较劲，他给自己立下了志向：一年内混出个样子来，至少坐上副主管的位子。而小枫却是一个没什么大志的人，好逸恶劳，他所希望的工作就是：钱多事少离家近，能偷懒就偷懒，在公司上上网聊聊天，提前下班去接女朋友。

几个月过去了，销售部主管的同事都知道，部门里最拼的是小辉，最懒散的是小枫。而在这几个月的工作中，小枫感到自己进入了人生的低谷期，他搞不懂这是为什么。明明自己和同事一样干活，从来不和小辉抢单子，很老实，又不犯错，但是，主管偏偏就是不喜欢自己，总是丢死单给自己。

小枫和小辉的关系还不错，两人在喝酒时，小枫忍不住问了小辉一个问题：“为什么主管偏偏不喜欢我呢？”小辉说：“哪个主管都不会喜欢混日子的

人,他们喜欢有志向的人,因为有志向才有拼劲,你要懂得一个道理:在办公室里只有两种人,不是主角就是龙套,而志向将决定你的命运。”

在每个公司里,都有充满野心想往上爬的人,同时,也有那种只想着偷懒没有大志的小职员。可能,刚进公司的时候,大家都站在同一条起跑线上,可是,过了几年,有远大志向的人不断地升职,或者跳槽找到更好的工作,而没有大志的小职员永远都是小人物,他们永远蜗居在公司的最底层。正如小辉所说:“在办公室里,只有两种角色:主角和龙套。”如果你没有做主角的大志,就只能跑龙套 你的志向将决定你的命运。

曾国藩认为人应该立大志,他说:“君子立志,应有包融世间一切人和物的胸怀。”他有着极为高远的志向,而且,他的一生都在为实现远大的志向而不懈地努力着。因为有了远大的志向,他从一个普通秀才做到了“中兴大臣”之首。曾国藩的职场之路启示我们:要想在职场里出人头地,首先就要立下远大的志向。一个有野心、有志向的人会成为主角,反之,一个碌碌无为,只想偷懒省力的人,只会成为龙套。千万不要相信“我们没必要那么累,有事情让别人去做就好了”,职场绝不是一个养胸无大志的懒人的地方,你要想比别人生存得好,立下远大的志向,一定要当主角。

第二节 ◆ 立长志而非常立志

孔子曰:“君子立长志,小人常立志。”在生活中,有的人“立长志”,从小就树立了远大的理想,然后努力实践,不屈不挠地去实现它;而有的人却“常立志”,一会儿有这样的理想,一会儿却又换成另一个目标,不努力实践,不去实现,终究一事无成。对于“立长志”还是“常立志”,曾国藩主张“本志不可移”,他曾经说过这样一段话:“君子之立志也,有民胞物与之量,有内圣外

王之业，而后不忝于父母之生，不愧为天地之完人……若夫一己之屈伸，一家之饥饱，世俗之荣辱、得失、贵贱、毁誉，君子固不暇忧及此也。”在这里，曾国藩表达了自己对“完人”的理解，他认为，完美之心，在于志向而不在于一念之间。因此，对于我们每一个人来说，需立长志而非常立志。

曾国藩对自己志向的追求是很执著的，他认为一个人不能朝三暮四，不能如墙头芦苇，随风摇摆，而是要做到矢志不移，否则，随着时间的逝去，自己肯定不会有所作为。曾国藩从军之后，心中就怀着“临讫授命”的志向，如果自己患病了，他总担心自己一下子病死在家中，违背了当初的志向，从而失信于天下人。于是，等到自己好了之后，他就更加坚定了自己当初的志向，在他心中已经有了殉国的念头，愿战死沙场。

不过，曾国藩对于自己一生的志向，是满含自责意味的，这可以从他给子侄的信中看出：“余生平坐无恒之弊，万事无成，德无成，业无成，已可深耻矣。逮办理军事，自矢靡他，中间本志变化，尤无恒之大者，用为内耻。”

在年轻的时候，曾国藩立志成为不同凡响的人物，成为“蛟龙”，后来，他办理军事，虽然，干一番大事业的志向并没改变，但他自己却觉得从军一事是一次本志的改变，所以，心中比较自责。的确，无论在什么时候，一个人要想成就一番大事，就必须树立远大的志向，而且，更为重要的是，贵在有恒心，坚定当初的目标积极进取，坚持不懈地去追求，方能等到“守得云开见月明”之时。

其实，说到立志，每个人都有自己的话要说，无非是我立下了什么样的志向，现在达到了怎样的目标。有的人，一旦立下了远大的志向，就不改变，朝着这个方向不断地努力，哪怕用一生的时间来奋斗，他们也会坚持下来；有的人，今天说“我先踏踏实实工作，存了钱做生意去”，明天说“大家都说公务员是铁饭碗，我也考试去”，后天说“大学同学有的读研究生，读了研究生读博士，我也自学考试去吧”，到了第四天，他还在思考自己到底立怎样的志

向。说到底，是不知道自己的人生志向到底是什么，似乎什么都想去做，但什么都是口头一说，无法投入真正的实践之中。前者，贵在有恒心，无论志向多么远大，多么难以实现，对他来说，有恒心就有成功的希望；后者，纯粹是拿立志当混日子的借口，他们一会想做这样，一会想做那样，最后，什么也没有做成。

皇甫立志说："关于我的名字，我记得中学老师曾送我一句话，'无志之人常立志，有志之人立长志'，这句话成了我人生的座右铭。可能，每个人心中都有一个'懒'字在牵制自己的行动，无非是你有没有足够的自制力，当想偷懒的时候，我就会拼命地鞭策自己，努力做到今日事今日毕。"

13 年前，轰动全国的中原商战的硝烟还没有完全散尽，郑州二七广场的金博大楼宇无人来租。于是，河南建设银行鼓励员工"下海"，当时，皇甫立志只有二十多岁，心中有股冲劲，立志通过金博大开创出自己的一片天地，说干就干。就在这年的 9 月，金博大开业了，刚刚面世的金博大给人的印象是富丽堂皇，然而，由于自营积压了大量的库存，使得资金流动成了大难题，从开业的时候起，就以每月 100 多万元的速度亏损。

事业刚刚起步，就遭受到了巨大的挫折，皇甫立志坦言："对于当初立下的志向，从来没有想过放弃。"他告诉员工："我们是民营资本，没有靠山和后路，我们必须自我改变。如果不改，就是死路一条。"金博大开始了改革，不久，它就向社会公布：所有的商品均按一到四折处理，并进行价格公正。这样的新鲜事引起了媒体和顾客的好奇，一时之间，媒体争相报道，商场也日日顾客盈门。价格公正的清仓举动，让金博大甩掉了大包袱，并初步建立起自己的价格体系。对此，皇甫立志离目标又近了一步。

智者说："无志之人常立志，有志之人立长志。"有志之人有信念，有抱负，有理想，但是，这些还远远不够，更为重要的是，那份坚持，那份恒心，一旦立下了志向就终身追求之，不达到目的绝不罢休。而那些无志的人，偶尔

也会立下志向，但总是半途而废，尽管信誓旦旦地反复保证，由于毫无毅力，注定将一事无成。可能，每个人都会立志，但只有极少数人能够立长志，尤其是在职场，所以，成功的人从来都是少数。人在职场，就要为自己立下一个长远的志向，只有立长志才有可能获得最后的成功。

第三节 ◆ 立志须有胆，敢想才能敢为

曾国藩说："我欲仁，斯仁至矣。我欲为孔孟，则日夜孜孜，唯孔孟之是学，人谁得而御我哉？若自己不立志，则虽日与尧舜禹汤同往，亦彼自彼，我自我矣，何与于我哉？"意思是，我想仁，就朝着仁的方向去努力，并达到它；我要学习孔孟，就日夜孜孜以求，如果没有这样的志向，我就是天天和尧舜禹汤同住，他们是他们，我还是我，什么也实现不了。曾国藩考上进士以后，立下了更宏大的志向，他写道："不为圣贤，便为禽兽；莫问收获，只问耕耘。"圣贤，成为了其最大的目标，在中国传统的观念里，圣贤是指那些品德高尚，才智超凡的完人，他用一生的时间为这个志向而努力，在中国近代史上，他无疑是那个时期儒家道德的楷模。"不为圣贤，便为禽兽"，足以见得，曾国藩的志向之远大，而正是这样"敢想"的志向，才导致了他的"所为"。对于立志而言，其实，我们所需要的并不只是说和做，更需要敢想敢为的勇气，如此这般，才能成就一番大的事业。

1995 年，马云受托去美国催讨一笔债务，结果，他一分钱都没有要到，但他发现了互联网。顿时，马云意识到互联网是一座等待开掘的金矿，在回到杭州之后，马云身上只剩下 1 美元和一个疯狂的念头：做互联网。同时，他将这一念头作为了自己毕生奋斗的目标。

然而，当他把自己的决定告诉身边的朋友时，却遭到了朋友的一致反

对，但是，马云并没有放弃，而是坚定了自己的志向。马云找了一个搭档，加上自己的妻子，3 人凑足了 2 万元启动资金，开始了自己的第一家互联网公司。刚开始，生意很困难，马云不得不在杭州街头的大排档里，口沫乱飞地讲述那浮云般的志向，人们都认为他是一个骗子。但是，马云无暇去注意别人对自己的评价，而是不屈不挠地宣讲，慢慢地，他的业务开始艰难地发展起来，马云越讲越有名，他所做的“中国黄页”也越做越大。这时，杭州电信要求与马云合作，马云当即答应了，并将营业额做到了 700 万元，但是，由于之后的合作出现了问题，马云毅然放弃了中国黄页，接受了外经贸的邀请。马云带着 5 个朋友北上，他们在北京租了一个 20 平方米的房间，连续苦干 15 个月，他们做出了一系列官方网站，但是，由于股份制难以落实，马云选择了再一次放弃。

在这 4 年的时间里，马云舍弃了 2 次，这其中的艰辛可想而知，但是，马云心中的志向却丝毫没有动摇，他再一次决定：回杭州创办自己的公司，一切从零开始。1999 年 4 月 15 日，阿里巴巴上线，很快在商业圈里声名鹊起，马云开始在世界各地讲述互联网的梦想，著名的风险投资公司 Investab 的亚洲代表中国台湾的蔡崇信加盟其中，随后华尔街多家公司向阿里巴巴投入了 500 万美元，一时之间，阿里巴巴声名大振，马云的互联网梦想实现了。

一个人想要获得成功，就一定要敢作敢为，否则，即使吃苦耐劳、勤俭节约、循规蹈矩，也无法成就大事。在现实生活中，许多人并不是没有做事的能力，而是不敢去想，当脑海中闪现了一个大胆的念头，他就不由自主地打退堂鼓：这事儿可是从来没人做啊，我要是去做了，失败了怎么办呢？有的人身在风云变化的职场，总是自贬：“我不过是一个普通的职员，能有多大的志向，还是本本分分做好自己吧。”于是，在这样畏惧的思想下，他们错过了许多机会，最终，成了一个普普通通的人。

上小学的戴尔无意看到一则广告：“只要通过我们考试中心的一个测

试，您就能直接拿到高中毕业证书。”小戴尔高兴地跳了起来，心想：如果省掉那些枯燥的课程和繁重的考试，就能直接高中毕业，真是太好了。于是，他马上给广告中心打了电话。考试中心很快就派人来了，可是，令他们没想到的是，站在自己面前的只是一个小孩子。但是，就是从这时候起，小戴尔心中萌发了奇怪的想法：为什么不可以尽量省掉那些看起来繁冗复杂的中间过程，直接一步到位呢？这并不是一个梦想，凭借着这个大胆的设想，戴尔在年仅18岁就创建了神话般的直销奇迹，从而开创了崭新的经营模式。

曾国藩说：“从古帝王将相，无人不由自立自强做出，即为圣贤者，亦各有自立自强之道。”无论是帝王将相，还是圣贤豪杰，每个人都有远大的志向，只要你敢想，朝着这个方向努力，那么，就一定会达到自己的目标。从古至今，那些大凡取得成就的人，无一不是敢想敢为的。比常人，他们总是多了一份勇气和智慧，因此，他们总是能赢得成功。正所谓“立志须有胆”，敢想才能敢为。

第四节 ◆ 志不可虚妄，自知才能有正确的方向

曾国藩说：“古人患难忧虞之际，正是德业长进之时，其功在于胸怀坦夷，其效在于身体康健。圣贤之所以为圣贤，佛家之所以成佛，所争皆在大难磨折之日，将此心放得实，养得灵，有活泼泼之胸襟，有坦荡荡之意境，则身体虽有外感，必不至于内伤。”对此，他立下了“不为圣贤，便为禽兽”的远大志向，并将此志向作为自己一生的追求。不过，千里之行，始于足下，志向远大确实值得敬佩，如果只是空有远大志向，不懂得自知，那么，人生也不会有正确的方向。对我们来说，志向不可虚妄，自知才能有正确的方向。

在这一方面，曾国藩以自己的实际行动表示，一切需要脚踏实地，他曾

记载了这样一件小事：在一个月中有三天未能早起，于是，他便谴责自己是禽兽、是懒鬼。同时，他还把自己睡懒觉、不愿意起床那一刻的想法记载下来。他说："我以为别人不知道，我睡懒觉就睡懒觉，可清醒之后便想：难道仆人不是人吗？难道仆人就见不到我睡懒觉吗？既然天知、地知，别人也知，那我为何还这么虚伪呢？"对自己立下的志向，他就是这样鞭策自己的。

曾国藩在三十岁左右的时候，给自己制订了严格的修身计划，曰"日课十二条"，主要包含了以下内容：

（1）主静：无事时整齐严肃，心如止水；应事时专一不杂，心无旁骛。

（2）静坐：每日须静坐，体验静极生阳来复之仁心，正位凝命，如鼎之镇。

（3）早起：黎明即起，绝不恋床。

（4）读书不二：书未看完，绝不翻看其他，每日须读十页。

（5）读史：每日至少读二十三史十页，即使有事亦不间断。

（6）谨言：出言谨慎，时时以"祸从口出"为念。

（7）养气：气藏丹田，修身养性。

（8）保身：节劳节欲节饮食，随时将自己当做养病之人。

（9）日知其所亡：每日记下茶余偶谈一篇，分为德行门、学问门、经济门、艺术门。

（10）月无忘所能：每月作诗文数首，不可一味耽搁，否则最易溺心丧志。

（11）作字：早饭后习字半小时，凡笔墨应酬，皆作为功课看待，绝不留待次日。

（12）夜不出门：旷功疲神，切戒切戒！

年轻的曾国藩相信，所谓本性不能移完全是虚妄之语，他认为人的品行是可以改变的。而且，为了追寻心中那份远大的志向，他努力要改变自己，从而让自己的志向不再虚妄。俗话说："千里之行，始于足下。"远大的志向，更需要我们脚踏实地地追寻，如果总是好高骛远，不懂得自知，是很难达到

自己的人生目标的。曾国藩欲做“圣贤”，他就从小事做起，修身养性，而不是大谈虚妄之论。

刚刚大学毕业那会儿，小王满怀壮志踏进了社会，经过了几个月的奔波，她被一家公司录用了。从小，小王就树立了远大的志向，希望自己能够成为一个女强人，有自己的公司，有自己的房子，有自己的车子。怎奈，志向虽远大，可事业似乎进行得并不太顺利。从小就十分好学的她，天资并不聪慧，凭着勤奋踏实，成绩才略有起色，初中、高中，甚至大学都只考了个“普通”。如今上班的这家公司，在小王看来也不过是普通。

内心失望的小王还是强忍了快要爆发的情绪，希望这家公司能够改变自己的命运，实现自己儿时的梦想。可是，现实的残酷还是紧随而来，在公司，小王只负责干一些杂活，诸如端茶递水、打打文件、收发传真，虽然，这样的工作比较清闲，可小王并不满足。她常常向同事抱怨：“我为什么不能受到重用呢？”抱怨完之后，她就开始大谈自己的志向：“我将来要开个公司，在海边买栋别墅，犒劳自己一辆车，那就是我梦寐以求的生活。”刚开始，同事还会安慰几句，小王抱怨久了，同事也觉得生气了，忍不住反问：“你觉得自己该受重用，可是，你有什么能力让上司来重用你？先看清楚了自己的能力，再说重用的事吧。而且，你说的那些志向，是志向吗？说美梦还差不多。”就这样，小王在公司待了好几年，还是一名普普通通的职员，而那些所谓的志向如同空中楼阁。

约翰逊说：“人的理想志向往往和他的能力成正比。”在现实生活中，说到志向，有人会漫无边际地说“我想开个公司”、“我将来想买辆车”，可现实生活中却是一个入不敷出的普通上班族，每天抱着不切实际的幻想，其实，这根本不是志向，或者，恰当地说只能是美梦。因为，如果你不能正确地认知自己、分析自己、改变自己，你所立下的志向，不过是空中楼阁，永远没有办法实现。

第五节 ◆ 志不在高，有心则灵

一个人应该有志向，如果缺乏了志向，那就是在黑夜里行船、迷途上放羊，志向是人生前进的指向标。当然，并不是说一个人必须得有远大的志向，否则就难以获得人生的成功。奥巴马从小就写下了宏大的志向："我的理想：当总统。"最后，他实现了这一梦想，我们不得不说，这样的志向是远大的。虽然，这样宏大的志向令我们敬佩，但并不是说每一个人都必须树立诸如此类的志向。所谓"志不在高，有心则灵"，在现实生活中，成功者毕竟是少数人。对于我们来说，大部分的人只能平凡而快乐地过一生，在我们内心或许并没有什么大的志向，只不过是一些小小的愿望，比如，开一家店、出一本书、拥有一个幸福的家庭等，平凡人的志向并没有多高，他们只是满足于生活中的惊喜。

曾国藩人生中第一次改号是在一次秀才考试后，原来，在这次考试中，他获得了第七名的好成绩，于是，他改号为涤生，即立下志向。或许，第七名这样的成绩在许多人看来并不见得是多优秀，但曾国藩却觉得志不在高，只要自己能够按照这个方向努力，那么，事业就会蒸蒸日上。后来，他进入岳麓书院，那时候的目标不过是争夺班上的第一名。直至进士之后，他才立下了较高的志向，在此之前，他只是一步又一步地走过来的。另外，纵观曾国藩的事业发迹史：翰林、平定太平天国、两江总督、直隶总督。官职越来越高，事业越来越好，这本身就是一个递进的过程。幸运的是，虽然从人生整个经历来看，在某些阶段，他所扮演的只不过是个小角色，所实现的志向并不高，但是，正是这些脚印的串联，才铸就了曾国藩的成功。

小周说："有些人生来就是注定要做某件事情的，有句话叫'小时不学

好，长大卖电脑’，我就是生来要卖电脑的。”在大学，小周所学的是地理专业，由于当时地理系的宿舍太拥挤，他就搬去与物理系的学生住。物理系的男生天天玩电脑、打游戏，小周对电脑游戏不感兴趣，却对电脑本身感到好奇，小周来自偏远山区，他哪里接触过这些高科技的东西。对此，想研究电脑，并想把这样一台机器当做自己的生活方式成为了小周当初的梦想。后来，小周回忆说：“当时我买不起电脑，或许，那时候就决定了将来我会是一个卖电脑的人吧。”

小周对电脑太痴迷了，回家与父母商量，凑钱买了一台电脑，不过，小周并不是拿电脑来玩游戏，而是研究多媒体制作，包括电脑方方面面的知识。大学毕业后，父母希望小周能成为一名教师，可小周一心扑在电脑上，对“铁饭碗”的教师工作根本不放在心上。在征得父母的同意下，小周只身来到一家软件公司做电脑软件销售。

在那里做了三年的电脑销售，小周积累了许多资源，业绩也十分不错。这时，他毅然决定辞职，自己开一家电脑店，朋友开玩笑说：“以前也卖电脑，现在还是卖电脑，看来，你这辈子就只能靠电脑挣钱了。”小周自嘲：“是啊，我对人生没有太高的要求，能够做一份自己喜欢的工作就行啦。”如今，小周的电脑销售公司已经正式走上了轨道，规模也日益扩大，对此，小周说：“现在的大学生好高骛远，志向太高，与现实相差太大，其实，作为大学生来说，我觉得他们要踏实肯干，充满激情但低调做事，不能不切实际地树立一些远大的理想，只要适合自己，那么，你的梦想就一定能实现。”

可能，在许多人看来，“卖电脑”似乎并不是多么高远的目标，谁都可以去卖电脑。但是，小周却把这样一份不高的志向当做事业来做，刚开始只是帮别人卖电脑，最后，自己成了电脑销售公司的老板，当初立下的志向也实现了。

因此，对于生活中的每一个人来说，志向并不在于有多高，而是在于你

那份为目标拼搏奋斗的劲儿，只要坚持不懈地走下去，梦想就一定会实现。可能，每个人都想坐上领导的位置，但现实情况却是，领导人毕竟是少数，那么，不如顺应自己的条件，为自己立下一个适当的志向，并朝着这个方向而努力，那么，你就是一个有志之人。因为，志不在高，有心则灵。

周密悉心，谨慎稳妥为事不败
——上班有细心，谨慎多心不出错

曾国藩认为，为人处世须在“稳慎”二字上用心。身在职场，时而平静如水，时而风云变幻，处处藏着危机，一不小心就有可能使事业陷入困境，而谨慎稳妥则可以使人平稳，少犯错误，从而有助于自身事业的长远发展。如果你在职场想成就一番事业，凡事需要谨慎稳妥，这是曾国藩事业成功的关键，同时，也是每一个上班族需要牢记的真理。

第一节◆遵循规律、按部就班亦是稳妥之道

曾国藩说："安分竭力，泊然如一无所求者，不过二年，则必为上官僚友所钦属也。"意思是说，只要你在工作岗位上安守本分，竭力做事，内心淡泊宁静，一无所求，不超过两年，一定会受到上司、同事的钦佩和认可。对于每一位上班族来说，遵循规律、按部就班才是稳妥之道。在自己还没有受到重用的时候，千万不要心绪浮躁，或者通过某些行为刻意表现，以此吸引上司的注意力。曾国藩说："做一件事，无论艰险还是容易，都必须埋头去做，掘井只要不停地去挖，终究有一天会出水的。"现在社会，人们常常对"按部就班"略有微词，似乎觉得这样一种工作态度是消极的，没有创新可言，对自己的事业发展根本没有什么帮助。但是，俗话说："职场如战场。"当自己还只是一个羽翼未丰的新人时，只需要遵循规律、按部就班即可，否则，风云变幻，你将会惹来一些不必要的麻烦。

在中国近代史上，王闿运一向以霸才自居，他曾先后三次奉劝曾国藩自立，但曾国藩都予以了拒绝。首次劝其自立不成，王闿运又再度入府，喋喋不休地谈论，意为"彼可取而代之"，但是，曾国藩却正襟危坐，以食指蘸杯中的茶汁，点点划划，写下一个"妄"字。

几年过去了，当时，曾国藩正准备北上，王闿运再次拜访，这一次，王闿运像换了一个人似的，刚开始并不说规劝的话，只是与曾国藩聊学问，他对曾国藩说："公之文，从韩愈以追西汉，逆而难，若自诸葛、魏武帝以入东汉，则顺而易。"曾国藩听得津津有味，时而颔首微笑，不过，王闿运说着说着，就转移了话题，隐隐透出话外之意，想让曾国藩做曹操。曾国藩表现得异常平静，假装没听懂话中之意，王闿运只好悻悻而归。

或许，许多人都会问“曾国藩为什么不自立为王?”在当时，他手中有兵权，有作战的能力，而且，心中也有宏大的志向，为什么他不选择自立呢?可能，真正的原因只有曾国藩自己才清楚，不过，即使旁人三番五次地劝说他自立，曾国藩始终恪守本分，不为所动，不敢越雷池一步，如此的忠君行为，令人赞叹不已。

1. 有势不可用尽

曾国藩说:“有福不可享尽，有势不可用尽。”当我们初入职场的时候，需要勇气，不能求平、求稳，但是，在得意时需求平、求稳，这也是一种为人的哲学。有的人在势头正盛的时候，会头脑发热，欲望的火焰遮蔽了双眼，总是想着跨越雷池。在这样的心理状态下，极有可能做出一些难以挽回的行为来。

小李在公司工作五年了，一直担任总经理秘书的职位。在公司，大家都知道这位红人，他几乎可以决定公司大大小小的事情，其风头都快盖过总经理本人了。有时候，与朋友闲聊之间，小李也忍不住大放厥词:“现在这个公司，差不多都是我说了算，说到底，还是对得起我在这里待的五年啊。”要好的朋友相劝:“你这样的状态比较危险啊，如果你的上司察觉到你的威胁性，就会毫不犹豫地选择弃用你，还是谨慎一点的好，毕竟在这么大的公司，那些风言风语免不了会传进上司的耳朵里。”这时候，小李总是哈哈大笑:“没事，他最看重的就是我。”

有一次，总经理去外地出差了，公司只留了小李这个秘书。赶巧的是，公司来了一位大客户，小李决定不请示总经理，自己将这个客户接待了下来，等谈成了这笔业务，再打电话给总经理，给他一个惊喜，同时，也可以稳固自己在公司的地位。可是，没想到，小李高估了自己的能力，大客户并没有答应签订合约，而是给予考虑之词。小李当即打电话给总经理，在外地的总经理大发脾气:“谁让你自作主张的?”再加上总经理时常在公司听到一些

风言风语,使得他对小李完全失去了信任。

在公司,时常有一些地位高、名气大的人会陷入事业的困境,原因之一就在于他们不懂得谨慎,功高盖主,总认为这样才能展现自己的才能。可是,他们都忽视了一个重要的问题,那就是遵循公司的规律,如果你真的为公司尽力了,上司也会看在心里的,不用刻意地表现出来。事实上,每一位上司都会有危机感,当身边的人号召力越来越强,他会毫不犹豫地选择"排除异己"。因此,遵循规律、按部就班才是稳妥之道。

2. 遵循规律是一种智慧

如此看来,遵循规律、按部就班也是一种智慧,更是一种操守。在现代社会,许多人无所顾忌,任意妄为,大胆跨越雷池,总是事事敢为人先。其实,他们并不知道,在任何一个名利之下的诱惑,可能都隐藏着一个陷阱,你的言行稍有松弛,就有可能落入圈套,到时候,你就再也没机会起来。曾国藩的话启示我们:想成就大事,尤其对于地位高、名气大的人,更应该谨慎,遵循规律、按部就班才是上上之策。

第二节◆细心行事,凡事还要多想一步

俗话说:"小心驶得万年船。"理智地处理事情的方法是细心、冷静地研究,凡事多想一步,安全就会长久一点。尤其是越是混乱的时候,越需要注意这一点。曾国藩为官一生,活跃于政治舞台上,伴君数十年仍然得以自保,这是十分难得的。正所谓"伴君如伴虎",离上司越近,危险性就越大,自己的一言一行都需要特别注意。曾国藩能成功自保,其主要原因就是他比较善于细心行事,哪怕是一件小事,他也会多想一步,这样一来,给自己留了足够的后路,自然就能保全自己了。因此,活跃在职场的我们,更应该学会

细心行事，凡事多想一步，我们的职场之路将会走得更远。

有一次，曾国藩坐着轿子正要出门，没想，听到帘子外有人叫自己的乳名：“宽一！”他连忙叫轿夫停轿，看到来人他又惊又喜：“这不是干爹吗？您老人家怎么到了这里？”说完，赶忙将干爹迎到了家中。

面对远道而来的干爹，曾国藩不住地问家乡的情况，可是，干爹却是满腹委屈，他找了个机会将自己在家乡受到知府大人不公正对待的遭遇一一告诉了干儿媳，儿媳妇安慰他说：“不要担心，除非他的官比你干儿子大。”老人家听了，悬着的心放下了一半。

过了几天，夫人特意说起了干爹的事情，她劝曾国藩：“你就给干爹写个条子到衡州吧。”曾国藩大声叹气：“这怎么行呢？我不是多次给澄弟写信让他们不要干预地方官的公事吗？如今自己倒在几千里外干预了起来，岂不是自己打自己嘴巴？”夫人说：“可干爹是个老实本分的人，你总不能看老实人被欺负，你得为他主持公道啊！”曾国藩思考了片刻，说道：“好！让我再想想。”

第二天，曾国藩接到了奉谕升官，顿时，许多达官显贵都来庆贺，曾国藩将干爹迎到了上座，向大家介绍了他。这时，曾国藩拿出了一把折扇，说道：“干爹执意要返回家乡，我准备送干爹一份小礼物，列位看得起的话，也请在扇上留下宝墨，以作纪念。”文武官员一听，都争相留名，不一会儿，折扇两面都写满了名字。干爹带着这把折扇回到了家乡，知府大人一看，气焰顿时矮了半截。

虽然，曾国藩官运亨通，但是，他从来不以此为傲，平日里，他常常告诫家里人要内敛，不可嚣张。这次，干爹有一些事情求助于他，并且确实是冤屈的事情，如果不帮于情于理都说不过去，但是，若直接出面帮助，难免会落人口实。因此，面对诸如此类的事情，曾国藩总是小心行事，什么时候都多想一步，既帮助了别人，同时，又保全了自己。

1. 三思而后行

俗话说:"三思而后行。"意在告诉我们,做任何一件事情,都需要仔细考虑。慎重考虑清楚我们还没有预料到的事情,以防万一,这样我们才能更好地保全自己。在现代职场中,许多人做事风风火火,全凭着一股劲儿,做事从来不动脑子,这样的人虽然加快了做事的速度,但是,他们却常常得为冲动的事情买单。

在职场中,当我们决定要去做一件事情的时候,需要思考这件事值得不值得去做,如果做了对自己有没有好处,会不会有什么后果。同时,还需要考虑下一步会发生什么,考虑利弊后做出更有利的选择。

2. 多想一步,安全就多一点

在曾国藩帮助干爹这件事中,折扇虽然小,但是,他却谨慎行事,巧妙借他人之力达成了自己的目的,这其中有智慧,更多的是细心。曾国藩为官那么多年,深知官场的险恶,即使是一件小事,他也会谨慎处理,多想一步,安全就会多一点,越是困境的时候,越需要注意这一点。

现代社会的职场如官场,任何时候,我们都需要谨慎行事,稍有不慎,就会摔一个大跟头,到时候,就难以东山再起了。多学学曾国藩的谨慎,细心处事,遇到事情多想想,这样,你才有转身的余地。

第三节 ◆ 浮躁的情绪不可有,稳重才能成事

曾国藩说:"做事须以耐烦为第一要义。"有时候,身在职场,我们会遇到许多看起来麻烦的事情,同时,还需要处理这些麻烦事儿。对于一些人来说,可能处理一件麻烦事算不了什么,处理两件这样的事儿也还支撑得住,但是,三件或三件以上的事情就忍不住了。不管是一件琐碎的小事,还是一

件令人头疼的大事，时间长了，就可能会使自己变得心浮气躁，甚至做出一些不符合理性的事情，同时，也给自己带来了不好的后果。身处水深火热的职场，我们应该戒掉浮躁的情绪，时刻保持冷静的头脑，因为只有头脑清醒才能保持安静，保持安静才能稳住场面，稳住场面才能做出正确的决断。否则，浮躁的情绪会影响自己的判断，另外，心急如火的样子只会让事情变得更加混乱。所以，在职场里，浮躁的情绪不可有，只有稳重才能成大事。

弟弟曾国荃曾写信给曾国藩，在信中说："仰鼻息于傀儡膻腥之辈，又岂吾心之所乐。"对此，曾国藩就告诫弟弟："你已经露出了浮躁的情绪，将来恐怕难以与人相处。"在曾国藩看来，能耐烦的好处就是从容平静，一个人只有在安静时才能产生智慧，这样才能处变不惊，才能安稳如山。

有一次，曾国藩率部追击捻军。可是，在那天夜晚，捻军却突然来袭，当时，曾国藩手下的湘军护卫仅有一千余人。眼见捻军来袭，许多湘军情绪变得异常浮躁，躁动不安，对此，当时的文书急忙向曾国藩报告说："现在已经到了半夜，如果出战肯定不行，突围又恐外面危险重重，但是，如果我军按兵不动，假装不知道，捻军一定会生疑心，或许能够不战自退。"曾国藩对此计策大为赞赏，他高卧不起，文书也十分镇静。湘军看见曾国藩那么镇静，大家也都平静了下来，军队恢复了常态。这时，捻军见状，怀疑曾国藩布有埋伏，徘徊不前，不敢贸然进攻，最终只得匆匆撤去。

曾国藩说："本部堂常常用'平实'二字来告诫自己，想来这一次必能虚心求善，谋划周全以后再去打，不会像以前那样草率行事了。"情绪浮躁之人，很容易干出草率的事情来，因为情绪一旦变得躁动不安，就难以平静地思考，反而会有可能做出一些不理性的行为，这样一来，岂不是自惹麻烦。

现代社会，人们的心情变得越来越浮躁，做事没有恒心，心绪不宁，脾气大，忧虑感强烈。在工作中，常常遇到一点点困难就想到放弃，心生浮躁，结果什么都干不好。如果有人指出了其缺点，他还会大发脾气，同时，又深感

忧虑，感到自己总是处处不如人，产生严重的自卑心理。事实上，一个人要想谨慎做事，要想成就一番大的事业，就必须戒掉浮躁的情绪。

1. 要耐烦

曾国藩说："吴竹如教诲我'耐'字的重要性，我曾经说过：做到了'贞'，足够干一番事业了，而我所欠缺的，正是'贞'。竹如教给我一个'耐'字，其意在让我要在急躁的心情中镇静下来，达到虚静的境界，以渐渐地向'贞'靠近，这一个字就完全能够医治我的心病了。"如此说来，要戒掉浮躁的情绪，我们应该表现得有耐心。

小松是一个情绪浮躁的人，在公司，有时候，他需要请求别人的帮助。可是，当别人正愁思着该怎么做的时候，他常常是一副不耐烦的样子："哎呀，要是想不出来，还是我自己去吧，真是，愁死我了，你还来跟我整这套。"时间长了，同事一听说他请求帮助，都会委婉拒绝。谁知道，这样一来，他的情绪更加浮躁了，整天在办公室指桑骂槐，整个人就没有安静下来的时候。就连经理也听闻了他的一些事情，开始将一些重要的工作交给其他人去做，对他也不那么重视了。

曾国藩告诉我们：不仅当官需要有耐心，而且，一个人做任何事情都需要耐烦。俗话说："人生不如意十之八九。"面对那些不合自己心意的事情，总是怨天尤人也不是办法，只有将浮躁的情绪压制下来，才能平静地思考，慎重处理事情才是根本解决问题的办法。否则，任由情绪浮躁，只会让事态变得更加严重，最后，自己也难以控制大局。

2. 知足常乐

避免浮躁的情绪，最重要的一点就是要知足。许多人对自己目前的处境并不满意，心中就会产生浮躁的情绪，比如，不满工资的待遇而辞职，不满上司而故意拖延工作等。其实，当你懂得知足，心就会平静下来，一个人没有过多的欲望就不会浮躁。在工作中，一步一个脚印，踏踏实实向前走，你

会发现,杂乱的心绪已经平静了下来。

第四节 ◆ 说话前要三思,小心祸从口出

青年的曾国藩曾为自己制订了严格的修身计划,名为“日课十二条”,其中第六条是这样写得:谨言,出言谨慎,时时以“祸从口出”为念。年轻人往往比较争强好胜、有野心,这对于曾国藩来说,并没有太大的不同。曾国藩自己也承认:“好名之意,又自谓比他人高一层。”当时,每到夜晚的时候,当他看到“谨言”这个课程时,常常是愧疚不已,白日里总是话比较多,而且,许多语言比较尖刻,令人厌烦。当时,曾国藩身居翰林,与同僚谈学论道是常事,在谈论之间,曾国藩也忍不住强言争辩,一不小心,就会祸从口出。他在年轻时也曾因说话而犯了不少小错误。

有一次,曾国藩与好友为学业争论了起来,后来,他回家反省:“彼此持论不合,反复辩诘。余内有矜气,自是特甚,反疑别人不虚心,何以明于责人而暗于责己也?”后来,曾国藩到友人那里为其母亲拜寿,席间,浮躁的语言多,在与同僚讨论诗文时多有浮夸之语,对此,曾国藩又回家反省:“平日辩论夸诞之人,不能遽变聋哑,惟当谈论渐低卑,开口必诚,力去狂妄之习。此二习痼弊于吾心已深。前日云,除谨言静坐,无下手处,今忘之耶?”

几天过后,曾国藩设家宴为父亲祝寿,在席间又因为虚妄之语而与友人发生了口角。父亲曾麟书看不过去,就责令曾国藩亲自登门向朋友道歉。父亲的一席话,使其醒悟了过来,对此,曾国藩在日记中这样写道:“小珊前与予有隙,细思皆我之不是。苟我素以忠信待人,何至人不见信?苟我素能礼人以敬,何至人有谩言?且即令人有不是,何至肆口谩骂,忿戾不顾,几于忘身及亲若此!此事余有三大过:平日不信不敬,相恃太深,一也;比时一语

不合，忿恨无礼，二也；龃龉之后，人之平易，我反悍然不近人情，三也。恶言不出于口，忿言不反于身，此之不知，遑问其他？谨记于此，以为切戒。”

一直以来，曾国藩都主张“谨言慎行”，由于身居要职，他对自己更是要求严格，一言一行都需要慎重考虑，这一修身行为成为其事业成功的绝对保证。现代社会，身在职场，更应该懂得“谨言”，最好是少说话为妙，以避免言多必失，祸从口出。公司是一个极其微妙的地方，它看似平静如水，实则暗藏汹涌，因此，作为活跃于职场中的一员，说话要三思，哪些话该说，哪些话不该说。

在工作场合，我们要学会谨言慎行，平时在与同事的交往中一定要把好口风，什么话该说，什么话不该说，什么话可以信，什么话不可信，这都需要“三思”，在大脑里多绕几个圈子，心中有个衡量，这样才能与上司、同事和谐相处，避免犯下不可挽回的错误。办公室是人多的地方，自然而然就会有闲言碎语，有时候，你可能不小心冒出一句话而得罪了同事；有时候，你也可能无意中成为别人攻击的对象。

那么，身在职场，哪些话需要经过思考才能说出口呢？

1. 浮夸之语

很多人一遇到工作上的难题，就会抱怨连天，甚至在办公室大谈自己的理想。其实，你作为一名员工就应该尽心尽责地把自己的分内工作做好，而不是整天在办公室念叨“我要当老板”，你这样的宣言很容易被上司当成敌人，或者被同事看成异类。因为每个人都有在事业上的野心，但是这些壮志雄心的话还是回去跟家人或者朋友说，而不是说给同事们听。做人要放低自己的姿态，这才是自我保护的最好办法，你的价值更多的体现在工作效率、工作质量上，而不在说了多大的话上。

2. 没有事实根据的话

办公室本来就是一个是非之地，在这样一个环境下，很容易就惹出是

非，传出风言风语来。有的人在公司看到了一点小事，不管有没有真凭实据，就到处乱说一通，到最后，根本不是这么回事。有时候，可能仅仅因为一句话就有可能引来一场是非，这对于自己的职场生涯也是极为不利的。所以，在办公室说话要讲究技巧，避开办公室敏感话题，该说的话需要三思而后说，不该说的话千万不要随便乱说，以免给自己招来麻烦。

3. 敏感问题

在办公室，我们需要了解哪些问题是不该问的，哪些话是不该说的，这样才会有备无患地在职场中应付自如。这里说的包括一些敏感的话题，如果不经大脑一说出口，祸乱就会来临，比如家庭财产、个人隐私、薪水问题等，这些都是需要经过思考的，或者说，对于这类问题，缄默不语才是上策。

第五节 ◆ 做事还要缜密点，亡羊补牢于事无补

曾国藩说："情愿旷日持久而不战，不可出境一战而不胜。"意思是说，情愿多天持久不出战，也不愿意出一战却不能战胜敌人。从这里，可以看出曾国藩是一个做事缜密的人，他深深地懂得"亡羊补牢，于事无补"的道理。孔子曾说："乱之所生也，则言语以为阶。君不密则失臣，臣不密则失身，几事不密则害成。是以君子缜密而不出也。"有时候，之所以会出现混乱的局面，主要是做事不缜密。如果君主的言语不缜密，就会失去有才能的臣子，如果臣子的言语不缜密，就会招祸失掉生命；机密的大事不缜密，就会造成灾害。因此，做事一定要缜密，否则，亡羊补牢，为时已晚。

曾国藩一生求缜密，他认为凡事不可操之过急。在攻占金陵的时候，他曾五次告诫弟弟曾国荃："望弟不贪功之速成，但求事之稳适"、"专在'稳慎'二字上用心"、"务望老弟不求奇功，但求稳着。至嘱！至嘱！"过了一个

月,湘军占领了金陵。如此说,曾国藩的那番嘱咐,对急功贪利的曾国荃来说,确实是一剂良药。

曾国藩的战略思想即是“稳慎”,他曾对萧启江说:“阁下一军,向以‘坚稳’二字著名。”有一次,当湘军正在迅速进军的时候,曾国藩写信给胡林翼说:“十一日全军获胜后,罗溪河实已无虞,山内一军,其妙无穷,脑后一针,百病皆除,但此后仍当以‘稳’字为主,不可过求速效。”

关于“慎”曾国藩自有一番理解,他说:“凡吏治之最忌者,在不分皂白,使贤者寒心,不肖者无忌惮,若犯此症,则百病丛生,不可救药。”对曾国藩来说,在战场上需要缜密作战,官场上依然需要缜密为官。曾国藩本身就是一个缜密的人,身在官场,需要与不同的人打交道。初入官场的时候,曾国藩并不知晓其中的秘密,他总是处处争强,表现得极为果敢,后来吃了不少亏,才渐渐发现了官场的秘密。因此,他做事变得更加缜密起来,十分低调,而且,善于隐藏自己。

或许,我们每个人都听过“亡羊补牢”的寓言故事,羊已经被狼叼走了,才想要修补羊圈,这似乎对事情本身起不了太大的作用。在现实生活中,许多人都在做着“亡羊补牢”的事情。在事情开始之前,考虑不周到,到事情发生至中途,才想到补救的措施,而这时候,事情的发展已经不受自己控制了。因此,为了避免“亡羊补牢”这样的情况出现,我们在做事情的时候就应该缜密一点。

1. 考虑周到

做任何一件事情,我们都要考虑周到细致,防止可能发生的一切情况,事前就做好应对准备,如此这般,才能做成一件事。尤其对于时下一些年轻人,他们做事情顾头不顾尾,毛毛躁躁,常常缺乏周密的思考。其实,作为上司,他们更欣赏那些做事缜密的人,这样,他们自己就会减少一些心理上的顾虑。

陈阿姨是一个妇联干部，他们单位开展的活动比较多，因此，邀请领导出席讲话的情况也就比较多。另外，大部分领导工作都比较忙，有时尽管答应参加活动，可临时也会发生变动，这时候可就要考验陈阿姨这个活动组织者的能力了。

有一次开会，因为领导有事，开会时间需要向后顺延十几分钟，可是，没过多久，秘书就打电话来说，领导有急事不能出席这个会议。以前，领导讲话稿一般是放在秘书那里，陈阿姨只需要等着领导讲话就可以了。没想，这次，陈阿姨多长了个心眼，她提前将领导讲话稿拿到手，以备急用。既然这个领导有事来不了，那就换个领导讲话，这样一来，讲话稿也不愁了。

在工作中，有的事情是出乎我们意料之外的，事实上，每一件事情都是有它的变化的，没有一成不变的事情。因此，事情的变化将意味着我们思绪的变化，懂得灵活处理，事前多准备几个预备方案，有备无患。当然，要想做一件缜密的事情，还必须得有一个缜密的思维。如果一个人想事情总是那么一根筋，他就很难想得周到。

另外，在工作中，做事情不要只顾自己的感受，任意而为，应该想想会不会给同事、上司带来麻烦。要想不给别人添麻烦，就需要考虑周全，多方面考虑，多替别人想一想，这样我们做事的成功率就会大一些。

2. 防患于未然

面对任何一件事情，我们都要有个预见性，如果自己没有意识到，那么，听听旁人的意见也是好的，防患于未然总比出现了问题再去补救好。俗话说："凡事预则立，不预则废。"比如，当我们要去拜见一位重要的客户，事前若是做好了充分的准备工作，那么，一切问题都会迎刃而解，否则，谈判就将面临失败。

第六节◆该沉默时请沉默，否则落下把柄

曾国藩的从政八经，其中有一条：沉默是一种态度，拖也是一种工作方法。一个人需要卓越的口才，相应地，他同样需要适当的沉默。可能，在许多人眼中，沉默比较负面，如果作为一名领导常常沉默的话，感觉会被人看不起。其实，在很多时候，沉默是职场高手们经常使用的方法。沉默，相当于迷魂阵，让别人看不透你的真实目的，对手也就不知道该从哪里下手了。而且，之所以保持沉默，是因为时机还不成熟，一旦这件事已经演变到不可逆转的程度，再出言就可以定乾坤。当然，在职场中，局势可谓是瞬息万变，沉默可以给自己从容的思考时间，寻找出最佳的方案。然而，最为重要的是，需要沉默时就保持沉默，否则，定会落下把柄。

曾国藩曾经这样说："做官的人，比一般人办事方便得多，做大官的人，往往自己想都没有想到，就已有人帮他把事办好了。不仅他自己是这样，就连他的家人往往也是一言九鼎，颐指气使，翻手为云，覆手为雨，无限风光尽被占，这就是'一人得道，鸡犬升天'。所以，那些位高权贵的人，就需要对自己的言语格外小心，包括自己家人的言语也应谨慎有加。"

以曾国藩的身份和地位，平日自然会有许多同乡找他商量，请求帮助。对此，他所遵循的是"银钱则量力相助，办事则竭力经营"。同时，他嘱咐家人，不能到衙门里说公事，即使碰到了也要保持沉默。如果闯入了衙门，一方面会有失乡绅的气度，另一方面也会使自家受辱。哪怕是自家有事，也宁愿吃亏，不可与他人争辩，以免留下话柄。

等到升职为两江总督的时候，曾国藩手中的权势更大了，他也变得更加谨慎。他曾写信给弟弟曾国荃："捐务公事，我的意思是老弟绝不多说一句

话为妙。大凡人官运极盛的时候，他们的子弟经手去办公务也格外顺手，一唱百和，一和百应。然而闲言碎语也因此而起，怨恨诽谤也由此而生。”

曾国藩最怕的就是言语不当而留下话柄，紧接着那些闲言、诽谤、怨恨就因此而来了。他觉得在任何时候，语言要谨慎，该沉默时就一定要沉默。以至于许多后人在评论他时，所用到的形容词是：固执、高傲、不多言。在官场活跃了十多年的曾国藩，自然十分清楚官场的险恶，有可能会因为一句话不当而丢性命，因此，他索性选择沉默，不说话似乎会更安全些。

相比较官场，职场何尝不是一个处处充满危机的地方呢，正所谓言多必失，为了不惹祸上身，我们最好是少说或三思后再说。在工作场合中，如果自己不能很好地表达自己的想法，那么最好什么也别说。在沉默时保持沉默，这是一种智慧，在实际工作中，如果我们能够灵活运用，会对自己的事业起到不小的帮助。

1. 不了解情况请沉默

在公司，无论是职场新人，还是长老级别的人，在面对一些不了解的情况时，还是少说为妙，或者保持沉默。如果明明不知道具体情况，还争着说，只会表现出一个人的浮躁和轻狂，同时，还有可能因为口不择言而留下话柄。

总公司的销售经理王乐最近才到分公司来指导工作，与下面的同事还不是很熟悉。为了与同事建立融洽的关系，从而更好地完成自己的工作，她在来公司的第一个周末就邀请同一个部门的同事一起吃饭。

大家在吃饭的时候，不知道是谁无意间谈起了一位刚刚离职的副总经理张慧，入职不久的小李心直口快地说张慧脾气不好，经常无故对下属发脾气，很难相处。王乐这时候，插了一句：“是吗？是不是她的工作压力太大造成心情不好？”小李撇撇嘴，说：“我看不像是工作压力大的原因，三十多岁的女人嫁不出去，既没有结婚的兆头也没有男朋友，老处女都是这样的，显得有点心理变态。”说完，一个人笑了起来。听了小李的话，刚才还争相发言的

同事都闭上了自己的嘴巴。因为，除了入职不久的小李，很多在座的老员工可都知道，王乐也是一位还没有结婚的老姑娘。好在一位同事及时转换话题，才抹去了王乐隐隐的难堪。

饭后，小李从老员工那里得知了事情的真相，不禁为自己那句话悔青了肠子。

心直口快的小李并不是有意去揭他人的伤疤，她内心里根本就没有这样的想法。但是由于自己是一个职场新人，对公司的很多情况都不了解就开始随便说话，从而无意中伤害到身边的同事，进而也会对自己的职场发展极为不利。

2. 三缄其口

有人总羡慕那些运气好的人，在危机时刻，总是有贵人相助，化险为夷。其实，如果你仔细观察，就会发现，他们的运气固然比较好，但更重要的是，他们往往属于那种"沉默是金"的人。在职场，"沉默"是制胜的法宝之一，我们应该深谙这其中的道理和利害关系，不到关键时刻不开口。

第七节◆谨慎并非唯唯诺诺，而是让你多留个心眼儿

有人一说到谦虚谨慎，就表现出一副唯唯诺诺的样子来。遇到什么事情，总是没有自己的主见，一味地附和，恭顺听话，似乎认为这就是谨慎。其实，谨慎并非唯唯诺诺，谦虚谨慎是一种美德，而唯唯诺诺给人的感觉是：一个人过分胆小或者过分小心，不喜欢表露真正的意图，只喜欢附和别人，时常会给人留下没有个性没有主见的印象。因此，谦虚谨慎有利于我们处理好人际关系，而唯唯诺诺则对一个人的人际交往很不利。曾国藩是难得的

忠臣，但是，这并不是说他在君主面前就是一位唯唯诺诺的臣子，在任何时候，他都有自己的想法，既能做忠臣，同时，又能很好地保全自己，而这全在于他的智慧。因此，谨慎并不是唯唯诺诺，而是让我们多长个心眼。

在平定太平天国运动以后，曾国藩身居将相之位，面对如此皇恩，他早已满足，甚至，有点喜不自禁。但是，同时，他清醒地意识到自己之所以被重用，关键在于太平天国运动，如果没有太平天国运动，自己有可能是一无所有。然而，对于朝廷来说，不希望在消灭了太平军以后，又有湘军造反。当时，曾国藩攻陷武昌后，捷报连传，咸丰帝十分高兴，立即下旨封曾国藩为湖北巡抚，夸奖曾国藩："虽然是一介书生，却能够立下大功，实为难得！"但同时，朝廷也意识到了曾国藩的号召力和凝聚力，奖赏是需要的，但权力却不能给。

过了不久，朝廷就出现了"裁军"的问题，如果不裁湘军，恐怕会权高震主，危及朝廷；如果裁淮军，自己手中不再有军队，就会任人宰割。经过了仔细的思量，曾国藩做出了大胆的决策，裁湘军，留存淮军，他让李鸿章按淮军不动，从自己处先开刀。最后，裁了湘军，他得以保全了自己。

俗话说："人怕出名猪怕壮。"曾国藩"裁湘军"的决定是相当明智的，而且，这是一种谨慎的自我保护的生存之道。他有做大事的远大志向，同时，他从不认为自己才能很高，而是善于装傻充愣，有了这样一把保护伞，曾国藩的官场之路还会愁吗？从古至今，那些恃才傲物、目中无人的人是没有一个落得好下场的。相反，懂得谦虚谨慎，等待时机，蓄势待发，则往往能成就自我。

身在职场，凡事应该谨慎，该说的话要说，不该说的话一定不要说；该自己做的事情要去做，那些越权的事情就应该委婉拒绝。不要将"谨慎"二字当做是唯唯诺诺，上司吩咐你说什么就说什么，让你做什么就做什么，我们应该保持自己的意见，凡事多想想，多一个心眼，你的职场之路就会走得更远一些。

1. 凡事应三思

无论是说话还是办事，我们都需要认真思量，上司有他的吩咐，我们也

应该思考自己的未来，不能凡事都顺着，多为自己着想，该装傻的时候，一定要装得彻底。在公司，上司是掌控一切事情的人，你的一言一行都将影响其对你的判断和重用。

公司准备提拔一名年轻人做办公室主任，小李和小王都是候选人，他们俩实力相当，同时，两人关系还非常要好。

有一天，经理把小李喊进了办公室，告诉他公司初步决定由他来接任办公室主任。小李很高兴，心中一块石头总算落了地。顿时，喜悦之情溢于言表，说话也特别放得开，经理随口问道："你觉得小王这个人怎么样？他做事怎么样呢？"小李满脸不屑之意，说起了小王曾闹过的一些笑话，以及对小王不利的一些事情。

几天以后，正式的任命下来了，让小李感到惊讶的是，主任并不是他，而是小王。经理再次找到了小李，对他说："年轻人，说话做事都要谨慎啊！"原来，经理在和小李谈话后，又找了小王谈话，当时，经理透露办公室主任将由小李担任，对此，小王积极地表示支持小李的工作，而且，对小李本人的能力更是赞不绝口。就是因为这一点，经理改变了主意，让小王担任了办公室主任。

无论我们的情绪处于一个什么样的状态，说话做事都应该谨慎。谦虚谨慎体现着一个人的修养，显示着一个人的度量。小李的多言让经理看到了他内心的浮躁和轻狂，不够稳重，因此，到最后，经理改变了主意，让谨慎的小王担任了办公室主任。

2. 凡事应谨慎

曾国藩说："身居高位的规律，大约有三端，一是不参与，就像是于自己没有丝毫的交涉；二是没有结局，古人说'一天比一天谨慎，唯恐高位不长久'，身居高位、行走危险之地，而能够善终的人太少了；三是不胜任，古人说'惊心啊，就像以腐朽的缰绳驾驭着六匹马，万分危惧，就好像将要坠落在深渊里'。"身在职场，凡事应谨慎，这样，我们的职场之路走得才会长久。

第三章

机敏果敢，出奇制胜取得头筹

——工作要果断，赢先机事事顺

曾国藩是一个机敏果敢的人，在风云变幻的官场中，他能出奇制胜，取得头筹，这是一份难得的智慧。其实，对于我们每一个人来说，在工作中也需要果断，如此才能赢得先机，稳操胜券。在工作中，要懂得察言观色，善于洞悉他人的真心，一旦势头有变，就需要果断做出决定，灵活应付，顺势做出权宜之计，如此这般，我们才能驰骋于职场。

第一节◆工作多点心，上班的时候要有点眼力见儿

在工作中，曾国藩毫不含糊，自建湘军，亲自办团练，后来，他率领着湘军平定了浩浩荡荡的太平天国运动，这时，曾国藩的功劳业绩达到了顶峰。当然，促使他真正成功的并不仅仅是军功战绩，而在于他懂得察言观色。战功屡屡的曾国藩自然明白，锋芒太露，难保长久，功成名就，应激流勇退，这才是明智之举。对于位高权贵的曾国藩来说，权力就是一把双刃剑，露出锋芒的同时，更需要拥有好的眼力见儿。因为有了好的眼力见儿，才能够更好地洞悉上司的意图，做出明智的决策，从而保全自己。在现代社会，在职场也是同样的道理，要想在职场这片天地博出自己那片天空来，除了卖力地工作，还需要学会察言观色，弄清楚上司和同事的意图，才能更好地对症下药。

太平天国运动平定以后，虽然，曾国藩官职升高了，但是，曾国藩以敏锐的眼光看到了自身的危机，心中十分矛盾，想精忠报国，又想做到功成身退，这似乎是一件困难的事情。对此，曾国藩在日记中这样写道："日内因户部奏折似有意与此间为难，寸心抑郁不自得。用事太久，恐人疑我兵权太重、利权太大。意欲解去兵权，引退数年，以息疑谤，故本日具折请病，以明不敢久握重柄之义。"

过了几天，曾国藩又在日记中写道："是日，接奏廷寄，因十二月十八日秦兵之败，霞仙革职。业经告病开缺之员，留办军务，致有此厄，宦途风波，真难测矣！然得回籍安处，脱然无累，犹为乱世居位者不幸中之幸。"在日记中，曾国藩已经表明了自己的隐退之意，同时，在给李鸿章的信中，他也表示了类似的意思。

正是曾国藩那敏锐的眼光，使他及早地注意到自己的处境，并想好了保全自身的办法。否则，手中的权力定将伤了自己。对清廷吩咐下来的任务，曾国藩是尽心尽力地完成，同时，他知晓，官场比战场更险恶，至少，在战场人与人之间的战争是明显的，而在官场，那些看不见的陷阱似乎更危险。对此，朝廷的一举一动，他都会留心观察，哪怕是皇帝的一个眼神，他也会仔细思量。这样一种好眼力，使得他能对自己的处境及早做好了应对措施，从而摆脱了险境，得以成功地保全了自己。

我们身在职场中，面对工作，需要多花一点心思；面对上司，我们要有点眼力见儿。察言观色是一切人情往来中的基本技术，身在职场，如果不懂得察言观色，就不知道该怎么去附和上司的心思，稍有不慎，就会在小风浪里翻了船。好眼力，不仅仅能洞悉他人的心思，同时，我们还能够明白对方内心的情绪。诸如，从表情眼神窥探他人的内心，从衣着、坐姿洞悉对方的性格、品质，从话语中听出“弦外之音”。

1. 工作多花心思

当然，上班时需要点眼力，并不是说上班时就什么都不干，专门观察上司和同事。工作毕竟是工作，连你的本职工作都没干好，怎么能受到上司的重用呢？因此，作为一名职员，摆在我们面前的首要任务是尽心地工作，即使你不太善于察言观色，但只要尽心工作，上司是会看在眼里，记在心里的。

2. 拥有一份好眼力

在与上司和同事接触过程中，懂得察言观色，随机应变，也是一种本领。比如，当我们与上司交谈时，不仅能够全神贯注地与上司交谈，同时，还要对一些意料以外的信息敏锐地感知到，并进行恰当的处理。

有一天，老总打电话叫小娜到他的办公室去一趟。小娜放下电话，马上就过去了，进去一看，办公室坐着两位客户，这时，小娜问道：“老总有什么吩

咐吗?”老总说:“你把我办公室窗户的玻璃擦一擦。”小娜有点惊讶,难道是现在吗?细想了一会,应该不是,现在客户都在呢,于是,她对老总说:“好,我马上叫人来。”说完,小娜就走了,等客户走了她才来。

如果小娜看不明事情,就马上拿着抹布擦了起来,老总肯定会生气地责骂:“谁叫你在这里擦的,你一点也不动脑筋吗?”如果一个人缺乏一份好眼力,同时,他也缺少了随机应变的能力。

3. 会辨风才会使好舵

如果同事一面跟你说话,一面眼睛又往别处看,还有人在小声讲话,那表明你的不小心插嘴已经打断了什么重要的事情。同事心中正惦记着那件事情呢,虽然,他在应付你,但却心不在焉。这时候,你应该果断地打住,说:“您一定很忙,我就不打扰了,过两天咱们再细说。”这样,同事对你的善解人意定会充满感激。

一个举人经过三科,又参加候选,担任了某县县令的职位。

第一次去拜见上司,想不出该说什么话。沉默了一会,忽然问道:“大人尊姓?”这位上司很吃惊,勉强说了姓某。县令低头想了很久,说:“大人的姓,百家姓中没有。”上司更加惊异,说:“我是旗人,贵县不知道吗?”县令站起来,说:“大人在哪一旗?”上司说:“正红旗。”县令说:“正黄旗最好,大人怎么不在正黄旗呢?”上司勃然大怒,问:“贵县是哪一省的人?”县令说:“广西。”上司说:“广东最好,你为什么不在广东?”县令吃了一惊,这才发现上司满脸怒气,赶快走了出去。

在日常的交际中,我们要善于对他人言语、表情、手势看似不经意的行为进行敏锐细致的观察,这样才能洞悉对方心中的情绪。尤其是在跟上司打交道的时候,对其的细致观察,能够为我们赢得先机。

第二节◆察觉势头有变，果断进行灵活应对

在近代历史上，曾国藩无疑算得上一个机敏果敢的人，他手握军权，自然明白权力带来的两面性。面对朝廷的变化，他采取了相应的决策，果断地进行灵活应付。在这一方面，曾国藩采取了放权但不全放的办法应对潜在的危机，这样，自己手中的军权适度，不仅不被清廷猜忌，而且还能更好地为国效力，更好地保全自己。其实，在这一方面，官场与职场是一样的，职场看似表面平静如水，实则暗涛汹涌，形势多变，特别是职权方面。作为一名普通的职员，一旦察觉到势头有变，不要慌张，而是果断地进行灵活应付。正所谓"兵来将挡，水来土掩"，局势动荡，我们自有自己的一套办法来帮助自己度过危机。当然，在这一方面，我们首先来看看曾国藩是如何灵活应付的。

无论是湘军的组建、人事安排、还是湘军的裁撤方面，曾国藩都是一一按照前方局势灵活应付的。当初，由于旗兵的腐败无能，清政府任命曾国藩组建湘军，但是，清廷却又担心汉人带兵。而深谙官场的曾国藩自然也明白，自己既需要组建一支强大的军队，同时，又不能触犯清廷的大忌。于是，在组建湘军的时候，曾国藩亲自安排满人塔齐布为副将，以换取统治者的信任，后来，直接推荐军政大臣李鸿章掌管湘军，而不是湘籍将士，以此消除清廷对自己的怀疑。

太平天国运动被镇压以后，湘军已经达到了三十万人，能够受曾国藩调动的就有十几万人。面对这样的情况，清廷感到自己最大的威胁不再是太平天国，而是手握重兵的曾国藩。而且，这时清政府对曾国藩的态度也冷淡了下来。当曾国藩与沈葆桢争饷时，清政府明显偏袒沈葆桢，刻意裁抑曾国

藩。清政府还采取了一系列措施，比如迅速提拔和扶植湘军将领，使之与曾国藩地位相近，打破从属关系，而对曾国藩的弟弟曾国荃则恰好相反，处处排挤，对于攻破天京一事百加追问。

因而，曾国藩果断决定自裁湘军，首先就拿自己的弟弟开刀，另外，还规劝弟弟回老家调养身体。这一灵活措施不仅应付了清廷的不良势头，同时，很好地保全了自己和弟弟的既得利益。

在事业如日中天的时候，势头却发生了变化，这对于曾国藩来说，的确是一个打击。但是，陷入困境的他并不慌张，而是有条不紊地灵活应付，无论是裁撤湘军，还是规劝弟弟归隐，都是经过仔细思考的。事实证明，曾国藩当初的决策是相当明智的，不仅保全了弟弟的性命，而且还能够保全自己，这不仅仅是一种智慧，更是一种机敏和果敢。

有人说："职场如江湖，一入职场，便入江湖；江湖之险，在于人心的深不可测；职场之恶，在于欲望的如影随形。"或许，职场不如曾国藩所处的官场那么险恶，但是，其中还是隐藏着我们看不见的战争与硝烟。在公司，我们遇见的都是笑脸，但谁能料想某某与某某正在争夺高职位呢，谁又和谁暗地里勾心斗角呢？可能，我们是其中的一位，也有可能我们只是旁边的路人甲，不过，职场的任何风吹草动都可以影响我们，小到秘书离职，大到上司易主，都有可能影响我们的工作和情绪。所以，身在职场，一旦察觉到势头有变，我们就要果断应付，只有这样，才能无往而不胜。

1. 上司易主

在公司里，人事调动是常有的事情，有可能你才跟上司搞好关系，他就要被调走了，而新来的上司是跟自己毫不相干的人，这可怎么办呢？其实，曾国藩也曾有同样的遭遇，当光绪帝被软禁起来，慈禧掌控了大权，曾国藩依然得以保住自己的位置。这其中的诀窍在于形势变，我们也要恰当调整自己的行为，面对新来的上司，尽显忠心，努力完成工作任务，这样，你还会

害怕新上司难为你吗？

2. 讨厌的同事成为自己的上司

有人常感叹“那个讨厌的同事竟然成了我的上司，这工作没法做了”，难道真的有那么严重吗？这时候，需要灵活应付，而不是任意妄为。先分析自己到底讨厌他什么，两人有私怨，还是工作上的冲突，如果是私怨，那就不要放在工作中，只要你把工作做好，他是不会针对你的；如果是工作中的冲突，最好与同事商量再做打算。总而言之，哪怕是讨厌的人成了自己的上司，我们也要做好本职工作，灵活应对突变的形势。

第三节 ◆ 当断则断，绝不拖拉延误时机

曾国藩说：“能忍人方能胜人。”关于“忍”字，他提出了“忍”字四义，其中，第四义是“当断则断，不留后患”。曾国藩之前是文官，后来中途从戎，成为湘军的统帅，对于这样一个既活跃于官场，又能驰骋于战场的人来说，曾国藩深谙处事果断的重要性。在战场上，绝不允许拖泥带水，面对一件事情，决策时必须当机立断，绝不拖拉，以免延误了时机。的确，一件事情的成功并不在于你有多大的能力，多完美的计划，而在于你的决断力，有时候，面对大好的机会，有人总是迟迟不肯做出决定，时而犹豫不决，时而担忧，最后错失了良机。曾国藩自然知晓这样的道理，因此，在很多时候，他心中若是有了决定，就不会拖拉，不会犹豫，因为他知道自己目前最需要做的是什么。

曾国藩组建湘军的时候，他的外号“曾剃头”却不胫而走。其实，人们称他为“曾剃头”并不是因为他杀太平军，而是他在长沙杀了太多的土匪。原来，当时在长沙，曾国藩除了组练新军，另外一件事就是“治安严打”，为此，他设立了一个机构，名为“审案局”，整个湖南省所有刑事案件，尤其是与土

匪、通敌有关的案件，都必须到“审案局”来审理。

“曾剃头”的源起是一起抢米事件，当时，曾国藩调查出其中十几人是土匪，当即决定将这批人杀头示众。旁边的人惊问道：“全部杀头？”曾国藩沉下脸：“全部杀头。”旁边的人说道：“其中有一个十七岁的孩子、一个六十二岁的老头儿，是不是从宽处理？”不料，曾国藩却坚持决定，说道：“不分老少！这种人，留下一个，就留下一个隐患，与其日后危害国家，不如现在杀掉了事。”对此，民间百姓称“这哪里是杀人啊，简直跟剃头一样”，而“曾剃头”的外号也不胫而走。

土匪横行，曾国藩果断地下了命令，不拖拉，似乎正应了那句“当断则断，不留后患”。就这样，曾国藩在几个月内，杀了200多人，许多人对他的行为很不满，说他这是滥杀。不过，曾国藩信奉乱世就要用重典，只要湖南的治安好了，哪怕大家说他“滥杀无辜”都行。我们姑且不去论曾国藩的这一行为是否正确，他所倡导的“当断则断，不留后患”这一思想却是值得我们学习的。

在职场中，尤其是对于一个领导来说，拥有一定的决断力是相当有必要的。有时候，可能你会听到下属对你这样说：“我们都知道老王不太符合当这一届负责人的条件，但他确实为公司工作了大半辈子，没有功劳也有苦劳啊！何况大家都这么支持他。”这种带有攻心的意见，有可能会让你在关键问题上摇摆不定，在这样的情况下，作为领导者，必须意识到拖拉、犹豫不决是致命的杀手。

1. 切忌优柔寡断

有的人说话做事优柔寡断，以至于分不清事情的轻缓，甚至错失许多良机。可见优柔寡断的个性，对做任何事，任何决定都是一种阻碍。在你犹豫的片刻，被别人占了先机，不仅会导致事情的失败，自己也会懊悔不已。

鸿门宴上，虽不乏美酒佳肴，却暗藏杀机，项羽的亚父范增，一直主张杀

掉刘邦，在酒宴上，一再示意项羽发令，但项羽却犹豫不决，默然不应。范增召项庄舞剑为酒宴助兴，趁机杀掉刘邦，项伯为保护刘邦，也拔剑起舞，掩护了刘邦，在危急关头，刘邦部下樊哙带剑拥盾闯入军门，怒目直视项羽，项羽见此人气度不凡，就问来者何人，当得知是刘邦的参乘时，即命赐酒，樊哙立而饮之，项羽命赐猪腿后，又问能否再饮酒，樊哙说，臣死且不避，一杯酒还有什么值得推辞的。樊哙还乘机说了一通刘邦的好话，项羽无言以对，刘邦乘机一走了之。刘邦部下张良入门为刘邦推脱，说刘邦不胜饮酒，无法前来道别，现向大王献上白璧一双，并向大将军范增献上玉斗一双，请收下。不知深浅的项羽收下了白璧，气得范增拔剑将玉斗击碎。

如果将一个人决定的整个过程比作下棋，每个人都有自己的下法，但最令人讨厌的就是“悔棋”，走棋之前不仔细想一想，出麻烦了，方知走错了一步。正是项羽在鸿门宴时优柔寡断，迟迟不肯开口，最终败于刘邦，自刎乌江。如果项羽在鸿门宴上，能够果断地下决心，抓住机会杀了刘邦，那么历史就会被改写。

2. 抓住机会

当面对一个绝佳的机会时，由于自己优柔寡断的天性，迟迟不肯开口，下不了决定，最终使自己失去了最佳的机会，让别人捷足先登。这样就会使自己在工作上失去很多成功的机会。

3. 勇敢对下属说“不”

在决策的时候，领导是最孤独的。所谓“高处不胜寒”。作为领导，有时候，需要你坚决地做出选择，这时如果有下属表示反对话，需要勇敢地对下属说“不”，说话做事都要当断则断，以绝后患。

第四节 ◆ 看清时务，顺势做出适宜之计

古人云："天下大事，顺势者昌，逆势者亡。"职场是一个风云变幻的舞台，几乎在每一天都有可能出现人事变动，因此，作为一名职员，我们需要看清时务，必要时顺势做出适宜的决定，如此这般，才能保全自己的位置，否则，不顺应形势，迟早会吃亏。在任何时候，只有在顺应形势的前提下谋求发展、寻找机会，才能保全自己。俗话说："识时务者为俊杰。"当形势已经发生了变化，而你还在原地执迷不悟，那么，大势所趋，你将被不可抗拒的洪流所淹没。在官场是如此，在职场也是如此，顺势而为，让自己时刻处于安全的位置，这才是智者所为。在职场中，有可能昨天还得意的某某，今天就被勒令离职了，这都是一件很正常的事情，比如，本来熟悉的上司调走了，来了一个全然陌生的领导。似乎自己这个小职员的命运就一直这么下去了，可是，自己能怎么样呢？只能看清时务，顺势做出权宜之计才是上策。

曾国藩凭着自己几十年的仕宦生涯，对官场的险恶看得最清楚。平定太平天国运动之后，清政府对曾国藩弟弟很不放心，欲其速离军营而不令其赴任浙江巡抚。面对这一形势，曾国藩无奈，只好以病情严重为由，奏请让曾国荃回乡调理，避开锋芒，这其实也是朝廷的意思。

曾国荃回乡修养，本是曾国藩的韬晦之计，顺应形势，暂时退避是为了永久保住自己的既得利益。不过，曾国荃却是一个不甘寂寞的人，尤其对于朝廷有意牵制曾家兄弟的举措很不满，心中流露出憎恨。曾国藩却自有计策，他多次嘱咐弟弟不要轻易出山，如今时局严重，不可惹祸上身，最好在家静养一年。对此，曾国藩在日记中写道："有见识的人士和相爱的朋友大多奉劝弟弟暂缓出山，我的意思是让弟弟多调养一段有病的身体，在家闭门三

年，再出山，担当天下的艰巨任务。”同时，他还嘱咐弟弟：“弟弟子素的性情就是好打抱不平，同时又对朋友情谊深厚，非常仗义，这个时候告病在家，千万不要对地方公事干预丝毫。”在曾国藩的耐心劝导下，曾国荃耐着性子在湖南老家待了一年多。

直到清政府颁布诏令命曾国荃改任湖北巡抚，并帮办“剿捻”军务，这时，曾国藩认为形势已经好转，才力促弟弟出山任事，他说：“惟决计出山，则不可再请续假，恐人讥为自装身份太重。余此信已为定论，下次不再商矣。”

曾国荃的退隐和出山，均是曾国藩的权宜之计，时局严重，清廷对曾氏兄弟起了疑心，这时，曾国藩看清了局势，规劝弟弟暂时退隐，如此一来，才能永久保住自己的利益。如果执意不肯，有可能曾国荃的官运不长久。在曾国藩的权宜之计下，弟弟回老家修养了一年多，这时，清廷已经放下了疑心，打算请曾国荃出山。于是，在顺势的条件下，曾国藩觉得弟弟出山的机会成熟了。这才有了后来曾氏家族在清廷的美名。

在《三国志》里，司马徽说：“平庸的书生文士怎么会认清天下的大势呢？能认清天下大势的人才是杰出的人物。”的确，只有看清了局势，方能顺势而为。在现实生活中，我们常常用“顺”来表示美好，那些懂得顺水推舟、顺势而为的人，才能达到圆满的人生。

1. 顺应局势的变化

在工作中，一个人无论有多么大的能力，总会受到周围环境以及诸多因素的制约，不能够为所欲为。在局势变化的情况下，如果你一意孤行，最后吃亏的只能是自己。所以，一个人要懂得认清局势，并顺应局势的变化，明时务，灵活处理自己的相关事宜。

2. 顺势而谋

松下幸之助说：“经营，其实就是一种顺势。”在职场中，要想成就一番事业，就必须顺势而谋，在局势变化的过程中，有许多值得我们学习的东西，而

只有不断学习才能积累“能量”，就像曾国荃在老家调养身体一样，一旦时机成熟，我们就可以获得成功。

3. 韬光养晦，蓄势待发

当局势发生了变化，自己之前所渴望的机遇也擦肩而过，这时候，我们该怎么办呢？怨天尤人？还是韬光养晦、蓄势待发？俗话说：“不飞则已，一飞冲天；不鸣则已，一鸣惊人。”如何面对既成的局面，唯有不断地提高自己的能力，等待机遇的到来，再迅猛出击，奋起拼搏。我们要想获得成功，就要学会顺势，做到蓄势待发，时刻准备着，积蓄能量，等待机遇的到来。

第五节 ◆ 规则是死的，人是活的

在工作中，我们常常说：“要严格遵守公司的规章制度。”每个公司都有自己的规则，规则代表着权威，是不可侵犯的神圣制度，公司的成员都必须遵守，这就如同古代帝王颁布的圣旨一般，在理论上说是不可违抗的，否则，将会受到惩罚。不过，规则是死的，它再怎么样，也是人制定出来的，而每个人是灵活的。所以，在工作中，我们面对那些硬性规则，需要灵活运用，把握其实质，而不是受那些条条框框的约束。在中国近代史上，曾国藩就是一个机敏果敢的人，对于皇帝的旨谕，他能够灵活应付，比如，在组建湘军这件事上，他就是灵活应付皇帝圣旨的。

咸丰年间，太平天国运动风起云涌，一封寄谕传来：“前任丁忧侍郎曾国藩籍隶湘乡，闻其在籍，其于湖南地方人情自必熟悉，着该抚传旨，令其帮同办理本省团练乡民、搜查土匪诸事务，伊必尽力，不负委任。钦此。”

面对这样一封寄谕，曾国藩陷入了矛盾的心理中，到底是出山，还是不出山呢？思考了良久，在同僚的规劝下，曾国藩还是决定出山操办团练的事

情。不过，对于团练的事情，曾国藩自有他的主张，他觉得乱世须用重典，提出了“宁可失之于严，不可失之于宽”的方略，他主张从各县的乡勇中选拔出优秀人才，招募到省城，经过严格训练，在省城建一个大团，从而保卫省城的安全。随后，曾国藩向皇上呈递了奏折，要求在长沙建大团，这样就能与太平军抗衡了。

原来，虽然曾国藩是一个没有带过兵的文官，但是，他对当今军队的诸多事宜还是十分清楚的。说到底，曾国藩对所谓的正规军没有信心，自己想要另起炉灶，因此，他对皇上要求帮办团练的事情没有兴趣，反而对编练新军劲头十足。不过，曾国藩明白朝廷不希望汉人掌握兵权，因此，他在奏折里写得很含糊，这时，局势相当危急，咸丰皇帝亲批朱谕：“悉心办理，以资防剿。”有了这道圣旨，曾国藩组建湘军就名正言顺了，他开始编练新军，而不是帮办团练。后来，朝廷对曾国藩组建湘军大加赞赏，从而使湘军得以顺利地发展起来。

其实，在组建湘军的过程中，曾国藩就是以编练新军的目的开始的，对朝廷来说，他的任务是帮办团练。对此，不得不说，面对皇帝的手谕，曾国藩很善于灵活运用。后来，曾国藩向皇上呈递了奏折，含糊地表明了自己的意思，又恰逢当时情况危急，咸丰帝二话没说就答应了。如此一来，恰是曾国藩的灵活与智慧，浩浩荡荡的湘军最终得以组建了起来。

在现代职场中，上司无疑是颁布“手谕”的“帝王”，他所说的每句话，所规定的每个制度，都是不可侵犯的。而下面的职员需要严格遵守那些规定，因此，我们常常听到这样的话：“这是公司规定的，我们也没有办法”、“老总已经说过了，这事就得按这样的方式办”、“其实，我也没办法，公司就这样规定，我能有什么办法呢”，在任何时候，他们总是说“这就是规定”，难道所有没能解决的问题都是“规定”导致的吗？当然不是，有的问题之所以没能得到较好的解决，那是因为职员本身缺乏一定的灵活性。

1. 做人要厚道,办事要灵活

在工作中,如果不会灵活办事,事情的结果往往是不可预料的。罗大经说:"大凡临事无大小,皆贵乎智。智者何?随机应变,足以得患济事者是也。"由此可见,所谓的智者就是能够随机应变,见风使舵的人。

2. 大胆尝试

如果心中有好的想法,哪怕有规则阻碍,我们也要大胆去尝试,毕竟规则是死的,人是活的。林肯曾回忆童年的经历:"我父亲有一座农场,上面有许多石头,母亲坚持要把上面的石头搬走。父亲却说,它们是与大山连着的,搬不动。后来,我无意中发现,那些只是一块块孤零零的石头,而并不是父亲所想象的那样,只要往地下挖一英尺,就有可能将他们移动。"

其实,在现实工作中,有的事情人们之所以不去做,只是有些规则在阻碍他们的思考,他们认为这是不可能的事情。事实上,许多事情都是在没有做之前就被人们认为不可能成功就放弃了,那么,成功的机会就等于零。

3. 懂得随机应变,不为规则所束缚

《孙子兵法·虚实篇》:"夫兵形象水,水之形,避高而趋下;兵之形,避实而击虚。水因地而制流,兵因敌而制胜……能因敌变化而取胜者,谓之神。"其实,无论是用兵还是工作,我们都应该像水一样,因地而变化,懂得随机应变,不为规则所束缚。日益变化的工作要求你在不同时期采取不同的解决方法,因地制宜,如此才能灵活地做好每一件工作。

第六节◆灵感来了,就要马上付诸实施

在职场中,许多人想改变自己的处境,想比现在做得更好,甚至,梦想着做一番事业;但是,他们往往是有了想法却总是瞻前顾后,犹豫不决,以至于

许多好的想法、计划都死于腹中，最后，依然一事无成，在职位上平庸地度过了一生。同样是一些敢想的人，他们没有犹豫，而是马上将自己的想法付诸实践，最后，他们成功了。出现这样截然相反的情况，是什么原因呢？因为前者缺少了行动力，他们只愿意想，而不敢去做，因此，成功的机会总是与他们擦肩而过。孔子说："君子耻其言而过其行。"意思是说，君子认为说得多而做得少是可耻的，在现实生活中，总是有这样一些夸夸其谈的人，他们口若悬河，说尽了大话，到最后，一件事情都没有完成，给上司和同事留下"浮夸"的印象。一个人如果想要去做一件事，无论计划多么完美，倘若没有付诸实际行动，就不能体现出事情本身的价值来。对此，曾国藩认为，只要灵感来了，就要马上付诸实施，唯有这样，你才有可能获得成功。

在洋务运动还没有正式开展之前，曾国藩就在其日记中提到了自己的想法，他这样写道："与幕府诸君畅谈，眉生言及'夷'务。余以为欲制'夷'人，不宜在关税之多寡、礼节之恭倨上着眼。即内地民人处处媚'夷'，艳'夷'而鄙华，借'夷'而压华，虽极可恨可恶，而远识者尚不宜在此等处着眼。欲求自强之道，总以修政事、求贤才为急务，以学作炸炮、学造轮舟为下手工夫。"在曾国藩看来，洋务运动是"师夷长技以制夷"。

随后，曾国藩就将自己的想法付诸实施。咸丰十一年，曾国藩在安庆设内军械所，制造新式枪炮与子弹火药，第二年又开始制造轮船。后来，为了扩大规模，改进了相应的技术设备，希望制造出更大、更先进的轮船。不久，曾国藩奏拨专款设立了船厂，专门从事新轮船试制工作，并将江南制造局迁址扩建，内设翻译馆与一些分厂，使之成为当时国内规模最大、技术设备最好的综合性军事工厂。

在洋务运动中，第一个上奏提出"师夷长技以制夷"的是曾国藩，第一个造出轮船的是他，第一个派人出洋购买"制器之器"的还是他，第一个提出"官督商办"的依然是他。在近代历史上，无论是左宗棠还是李鸿章，其地位

与影响都不能与曾国藩比。不为别的，曾国藩总是敢为人先，敢想敢做，在这一点上，深得他人的敬重。

人们常常会陷入这样的境地：想得多，做得少。事实上，当我们大脑中有了灵感就应该付诸实践，现在就去，马上就去，“现在”这一词语可以推进成功，而“明天”、“以后”、“某一天”就代表着“永远也做不到”。如果现在你的脑中有一些好的计划，那么，就应该对自己说“我现在就去做，马上开始”，而不是说“我总有一天会去把它完成的”。

当然，将灵感转化为实际行动，所需要的因素还有很多，下面我们就一一道来：

1. 主动力

在现实生活中，有许多人渴望成功，但却从未想过自己应该下怎么样的决心才能达到成功。那些坐在办公室里无所事事的职员，永远都是等待机会自动来到自己眼前，唾手可得，自己毫不费力。在他们身上，缺少强大的决心，缺乏主动，只会在等待中碌碌无为地过一生。

2. 要有胆识

大多数聪明的人，遇事冷静，他们不希望自己的智慧被淹没在平淡的日子里。因此，一旦他们脑中有了好的想法，总是敢于去实现它，无论最后的结果是成功还是失败，他们总是先做了再说。

有一天，一位园艺师傅向井植岁男说：“社长先生，您的事业如日中天，而我却像一只蚂蚁一样在地上爬来爬去，根本没有出息，什么时候我才能赚到钱呢，才能像您一样成功呢？”井植岁男说：“这样吧，我看你比较精通园艺，在我工厂边有几万平方米的空地，咱们合伙种树苗吧。那么，你告诉我，一棵树苗多少钱？”园艺师傅回答说：“40 元。”

井植岁男说：“那么以一平方米地种两棵树苗计算，扣除道路，如果是两万平方米就能够种植 2.5 万棵树苗，树苗成本是 100 万元，你算算，3 年后，

一棵树苗能卖多少钱?”园艺师傅回答说:“大约3000元。”井植岁男说:“那么,这样,那100万元的树苗成本与肥料由我来支付,你就负责浇水、除草和施肥,3年后,我们就有600万的利润,到那个时候,我们每个人从中就能取得一半。”那位园艺师傅听了吓了一跳,拒绝说:“哇!我不敢做那么大的生意,我看还是算了吧。”

一句“算了吧”让园艺师傅错失了一个成功的机会,或许,我们每天都在梦想着成功,然而,当自己有了好的想法,即将投入实践的时候,却缺乏勇气,在心中有的只是对失败的顾虑,导致最后失去了成功的机会。曾国藩的故事告诉我们:成功是离不开勇气和智慧的,相比智慧,我们更需要勇于去尝试!

第四章

深谋远虑，巧妙筹划顾全大局
——上班有谋算，迎战有胜算

曾国藩说：“凡行公事，须深谋远虑。”从古至今，凡成大事者，无论是帝王还是英雄，他们往往是深谋远虑之人。在这一点上，曾国藩做到了，如果不是深谋远虑，他怎么可能在暗藏险恶的官场中度过十几个年头；如果不是深谋远虑，他怎么可能培养出三个封侯拜将的兄弟，几代人才辈出的子孙。因为深谋远虑，巧妙筹划，才得以顾全大局。正所谓心中有谋算，迎战时才会有胜算，这一点是值得我们每一个人学习的。

第一节 ◆ 做事有远见，不要吝惜眼前利益

在生活中，老人常常说："做事之前就要想到后面四步。"其实，向前每走一步，我们都需要想好应对的方法，如果不能看得太远，至少我们需要看见后面一步。做事情，不仅需要稳当、周全，而且，不要急于求成，不能只顾眼前利益。一个成大事的人，眼光总是比身边的人看得稍远一点，他不着眼于眼前的利益，而是看得更远。许多人之所以会不断地失败，那是因为他们只看到了眼前的利益，做事不彻底，往往做到离成功尚差一步就停止不做了，自然，他们也就与成功失之交臂了。对于活跃于职场的我们来说，在做每一件事情时更需要有长远的眼光，不计较眼前的利益，而关注长远的根本利益，宁愿舍小利而保大局。但是，在现实生活中，偏偏有的人鼠目寸光，吃不得眼前亏，心胸狭隘，容不得一点损失，最终，他们难以成就大事。纵观近代历史，曾国藩无疑算是一个有远见的人，在任何时候，他都不吝惜眼前的利益，其最终的理想抱负是"修身、治国、平天下"，誓死效忠清廷。

1858 年，在清政府的不断催促下，曾国藩第二次戴孝出山。届时，他率领湘军，经过 6 年的艰苦奋战，终于攻克了金陵。这一次，宣告了太平天国运动的结束，平定了天下，而另一方面，由于湘军号称 30 万大军，意味着清朝的军权第一次从满人转移到了汉人手中。这时，曾国藩的名声与威望都达到了顶峰。

在弟弟曾国荃看来，这是多么兴奋的事情，大好的利益就在眼前，于是，他极力鼓动哥哥曾国藩"自立"。不仅如此，其他一些追随曾国藩出生入死的将领也一起暗示要拥立他为皇帝。究竟是继续做万人景仰的"中兴名臣"，还是冒着成为乱臣贼子的风险君临天下，曾国藩为此思考了很久很久。

其实，最初同治皇帝曾做出承诺，谁能解除太平天国对清朝的威胁，谁能够打下南京就封谁为王。可是，等到曾国藩真的打下了南京，功高震主，又手握兵权，同治皇帝却食言了，他只封了曾国藩“一等毅勇侯”。“飞鸟尽、良弓藏”的道理，曾国藩自然明白。最后，经过思考之后，他做出了惊人的决定，自剪羽翼，解散了湘军。

历史证明，曾国藩的确是一位深谋远虑之人。在当时的情况下，皇帝宝座无疑是眼前最大的利益，凭着他当时的军事力量、能力，都有把握自立为王，但他毅然选择了放弃，这是为什么呢？据一些史学家分析，其中原因有二：曾国藩很有远见，他看清了当时的局势：自己攻破南京后，清政府派遣了许多将领驻扎在长江，一旦自己叛乱，定然会予以反击；另外，清政府开始有意识地培养自己身边的将领，分化湘军内部力量，真的自立，那些将领绝不会与自己同谋。另外一个原因就是，按曾国藩的理想抱负，他只想为国家效力，几乎从来没想到自立为王。如此看来，曾国藩当初的决定无疑是有远见的。

在现实生活中，小到一个职员，大到一个公司，都需要有长远的打算，如果你只着眼于眼前的小恩小惠，那么，迟早有一天你将被利益所吞噬，职场生涯同时也宣告结束。其实，上班也是一件大事，这样一件事情也需要我们的谋算，将自己的眼光放得更长一些，不为眼前的利益所动，这样，我们的职场之路才会走得更远。

最近，公司打算提拔一批年轻人进入管理层，对此，年轻有为的小李兴奋不已。机会终于来了，煎熬的日子总算是过去了。小李其实在很久以前就瞄准了这个机会，当时，经理就话里有话：“以后发展的机会多得是，不久以后，我们就有一次大的人事调动。”这么久以来，他都不为任何职位所动，就等待着这一天。

原来，早在六个月以前，公司就进行了部门内部的人事调整，当时，刚刚

进入公司不久的小李很兴奋，希望借此机会能够翻身。谁料想，整个部门十几个人，为了部门经理这一个位置，每个人都报了名。小李当时就泄气了，还去不去争取呢？如果去争取吧，自己又是一个新人，估计成功率很小；如果不去争取吧，又怕错失了这个机会。

正在小李思考的时候，坐在旁边的经理说道："年轻人，我挺欣赏你的，不过，这一次，我奉劝你还是按兵不动，你去争取根本没有多大的胜算，首先，你的资历还不够，工作经验都没有，怎么有资格去争取；其次，你还年轻，后面的机会还多的是，以后我们公司还会进行大的人事调动，到那时候，你已经羽翼丰满，可以赢得最好的职位。"小李听了，顿时醒悟了。

果然，经过了六个月的历练，小李在公司已小有名气，凭着他在工作上优秀的表现，在这次人事变动中，小李轻轻松松就坐上了销售总监的位置。

小李不吝惜眼前的利益，而是着眼于长远的计划，有了这样的心态，自然能够轻松坐上总监的位置。著名的美孚公司曾做了一次赔本买卖，可是，从最后的结果来看，公司虽然放弃了眼前的利益却收获了长远的利益，小利变大利、利滚利、利翻利，先前看似赔本的"买卖"，最终却收获了高额的利润。这是一种商业中的计谋，也是每一个人需要的智慧。在工作中，之所以需要我们放弃眼前的利益，其实是为了以后更长远的发展，寻找更长远的利益。曾国藩的为官智慧值得我们敬佩，但是，我们更需要学习这其中蕴含的智慧，学习他，做一个有远见的人，这样，我们才会在职场之路上走得更远。

第二节 ◆ 不打无准备之仗，出招就要制胜

当过兵的人，都知道军营里有一句耳熟能详的话："不打无准备之仗。"简单地说，要想取得战斗的胜利，就必须做好充分的准备，如果准备不充分，

打起仗来十有八九是要吃亏的。在这一点上，湘军统帅曾国藩也是比较赞同的。其实，且不说打仗如何如何，就是在商业谈判中也不例外，每一次谈判都需要周密部署，精心准备，这样，心中有了详细的筹划，一出招就有可能制胜对方。当然，要打有准备的仗，就需要进行许多的准备工作，也就是说不能急于求成，如果什么都没准备，就冒然拜访客户，那么，这一"仗"绝对是输。因而，这样的谋略的精髓就是"战前做好准备工作，战中出手要快"，出手就能制胜才是关键。作为职场人员来说，这确实是不得不学的谋略之术，要记住，与每一位客户的谈判都是一场战役，如果你要想赢得这场战役，就必须做好准备，诸如了解对方的详细资料、背景、产品等，正所谓"知己知彼，百战不殆"。

对于打仗，曾国藩是十分反对速战速决的，他说："兵，犹如火，易于见过，难于见功。"一向做事谨慎的曾国藩极力反对浪战，极力反对不知敌我、不知深浅的轻浮举措。对于打仗，他自有自己的一番心得："未经战阵之勇，每好言战。带兵者亦然，若稍有阅历，但觉我军处处瑕隙，无一可恃，不轻言战矣。"这里所说的"不轻言战"，意思就是不打无准备之仗。

弟弟曾国荃在吉安前线时，曾国藩多次叮嘱："凡与贼相持日久，最戒浪战。兵勇以浪战而玩，玩则疲；贼匪以浪战而猾，猾则巧。以我之疲敌贼之巧，终不免有受害之一日。故余昔在营中诫诸将曰：'宁可数月不开一仗，不可开仗而毫无安排算计。'"后来，曾国荃在金陵前线的时候，曾国藩又在信中嘱咐他说："总以'不出壕浪战'五字为主。"对于不打无准备之仗，曾国藩则时常赞赏李续宾："用兵得一'暇'字诀，不特平日从容整理，即使临阵，也回翔审慎，定静安虑。迪安善战，其得诀在'不轻进，不轻退'六字。"

纵然，职场比不上战场的硝烟弥漫，但是，曾国藩所崇尚的"不打无准备之仗"同样适宜于职场。它启示我们：凡事需要谋划，有准备才能有胜利的把握。无论是向上司进谏，还是与客户谈判，都需要我们做一定的准备，否

则，无一不会失败。哪怕是请求上司加薪这样的小事情，也不能冒冒失失就提出，在提出请求之前，需要我们考虑措词、语气、语言表达等，各方面都需要考量，否则，有可能一句话不对，上司就拒绝了你的加薪请求。

王先生是一家乳制品公司的经理，最近，为了让公司产品上市，他每天都往返于各个超市，希望能在市场中占据一席之地。

这天，经过一番周折，王先生和助手终于见到了超市里负责乳品的麦先生。事前，他了解到这是一位傲气而冷漠的先生，果然，麦先生与了解到的情况一样。按照事先的约定，先由助手跟麦先生谈，可是，不到十分钟，谈话就有了结束的趋势。麦先生面有难色："现在的排面很紧张，你们的产品虽然看上去不错，但现在竞争也很激烈，能不能卖好很难说……"说完，麦先生就要起身了，他说了一句："这样吧，你先把资料和样品放下，过后我再看看。"

其实，助手在与麦先生谈话的时候，王先生一直在旁边静静地观察，再结合他事先了解到的情况，对策已经在脑海中形成了。就在麦先生快要起身送客的时候，王先生开口了："麦先生，我能不能跟你谈一下。"或许，见了太多的老板，麦先生几乎无动于衷，显得很不耐烦，王先生说："我只耽误你几分钟，如果几分钟内你对我的话不感兴趣，那我们就走人。"麦先生愣了一下，王先生趁热打铁："我听说麦先生在专业上很有造诣，我只是想跟你交流一下，你不会拒绝我吧？"麦先生脸上露出了笑容，说道："好吧，好吧！"

王先生继续说："麦先生，据我所知，本市的乳制品虽然品种很多，但在包装、质量、口感上能上点档次的产品没有几个，你同意吗？"麦先生点点头："是这种情况！"王先生说道："我想，贵超市也希望在这一类产品中能有一个拳头产品，一方面，可以吸引顾客，另一方面，也是你的业绩嘛！"就这样，两人攀谈了起来，后来，在王先生的建议下，麦先生亲自尝了带来的部分酸奶。最终，谈判取得了胜利。

王先生这样总结此次谈判："俗话说，不打无准备之仗，在事前做好充分的准备，再在谈判中，出奇招制胜。"事实就是如此，如果你事前不做好准备工作，临到与对方沟通的时候，就很容易吃亏，任凭你耗尽口舌，对方就是不同意，你之前的努力就化为了乌有。因此，在每一次做事之前，一定要做好充分准备，正如曾国藩所说"不打无准备之仗"，明确自己的目的，想要达到什么样的结果，因为只有确定了目标，才能把一切因素尽量往有利于自己的方向转化。

第三节 ◆ 机会不是天赐，而是自己创造的

曾国藩说："人之所资，须自挣而勿待人予。成大事者须善用时机，借梯而上。"意思是，人生的资本，不是靠别人送来的，只能靠自己挣来，大丈夫成事就需要善于创造各种机会，关键时刻要借梯而上。是的，机会并不是天赐的，而是需要我们创造。机会，不仅给勇敢者以勇气，同时，也能给善良者以欢乐，只要我们抓住它的真谛，它就能为我们提供更上一层楼的台阶。当然，机会并不是命运，并非需要"碰"才能得到，只有我们自己去寻找、去创造，才能把握人生中的机会，才有可能使自己在人生道路上获得一次次成功。怀特·菲利普说："我发现，如果超过了某种限度，还一直不停地去思考问题的话，一定会造成混乱和忧虑，当调查和思考对我们有害的时候，就是我们下决心，付诸行动，不再回头的时候了。"有的人总是在等待上天降临的机遇，因此，他们很少能够成功，或者，有的人虽然有了想法，但是犹豫不决，下不了决心，最后还是与机会失之交臂。在很多时候，机会并不会主动敲响我们的门，而是需要我们自己去创造，这样，才能开启职场之路。

曾国藩一生博览群书，拥有超群的智慧，其实，这些成就都是他自己创

造的。曾国藩的父亲是一个16次都没有考中秀才的人，因此，他把全部希望寄托在儿子的身上。当时，为了让儿子受到良好的教育，父亲倾其所有建立了私塾，不过，小时候的曾国藩并不喜欢读书，而是热衷于与祖父做农活。对此，祖父不惜编造了一个“玄武有紫砚”的梦来教育曾国藩。这时，曾国藩才领悟到家人对自己的期望，立下志向，发奋读书。

潜心学问的曾国藩在28岁时终于考中了进士，由于考场上的一篇文章受到了道光皇帝的赞赏，被钦定为一等第二名。曾国藩踏上了仕途，这对于几代人没有做官的曾家来说，无疑是最大的光荣。雄心壮志的曾国藩对自己的前途充满了希望，但是，令自己没有想到的是，自己每天所做的工作不过是抄写，根本没有机会见到君主。不过，曾国藩并没有就此放弃，他深知，机会不是天赐的，而是需要自己创造的，自己的学问还差得远，怎么能放弃呢？于是，他花了很多时间博览群书，潜心学问，同时，结交了许多文人学者。

正是那份坚韧的执著，曾国藩为自己创造了机会，由不知名的翰林成为内阁学士，后来，成为侍郎，他创造了清朝官场上的奇迹。在短短十年之内，连升七次，不得不说是曾国藩为自己创造了成功的机会。

机会并不是上天恩赐的，而是需要我们自己来创造。对于刚刚踏上仕途的曾国藩来说，残酷的现实无疑是最大的打击，试想，一个将未来前途描绘得无比完美的年轻人，得知自己每天的工作不过是抄写，他会有诸多选择。或者，站在原地，得过且过，等待上天恩赐的机会；或者，发奋努力，充实自己，为自己创造机会。曾国藩是智者，他当然选择了后者，同样面对这样的情境，现代职场人却不见得能做到曾国藩那样。

在公司，很多时候，我们都可以看到这样一群人，百无聊赖地混着日子，抱怨着：“为什么好的机会总是给了别人，上天真是不公平啊，我当了这么多年的普通职员，就是等待机会，可是机会偏偏不来我这里。”那些与机会失之

交臂的人，事实上是他们自己缺乏创造机会的勇气和智慧。

1. 义无反顾地坚持自己

当我们义无反顾地去做一件事情的时候，应该做好充分的准备，不要停留在空想中，如果只是一味地空想，机会是不会出现的。当你预见事情的变化后，事实上，你就创造了一个成功的机会。所以，只要你认定了目标，就应该义无反顾地坚持自己，不能瞻前顾后，不要患得患失，这样很容易丧失机会。

2. 大胆出手

在工作中，无时无刻不存在着机遇和挑战，如果你迎接了挑战，就为自己创造了机会，而一旦错失了机会则会悔恨交加，品尝到失败的滋味。其实，人生也是如此，面对挑战，要大胆出击，要有决断力，有时候，机会就是在你犹豫中丧失的。在工作中，做事情要胆大心细，看清楚局势，看准时机出手，为自己赢得一个良好的机会。

第四节 ◆ 目光放长远，机遇险中求

有一位农夫，由于勤劳发奋，善于经营，没过几年他就成了远近闻名的养牛专业户，但是，突如其来的一场大火导致整个牛棚葬身火海，农夫一下子陷入了困境，悲痛之余他并没有放弃，而是到处筹集资金买了两头奶牛，不断地繁衍，仅仅用了几年的时间，他的奶业公司又发展了起来。席勒曾说："任何一个苦难与问题的背后，都有一个更大的祝福。"其实，艰难的背后，隐藏着无限的机遇。在工作中，我们会遇到许多困难，如果你缺乏自信，会使沮丧、畏惧之心蔓延开来，不仅抓不住机遇，反而会被困难所吞噬。有时候，这就是一道选择题，当你选择了忍耐，机会就有可能降临；但是，如果

你选择了放弃，机会就永远放弃了你。因此，面对艰难险阻，我们的目光要放得更长远，保持平和的心态，机遇会在不知不觉中到来。

曾国藩曾两次退隐，两次出山。第一次隐退，正值曾国藩官场得意之时，恰在这时，母亲去世了。他毅然选择了隐退，回到老家默默为母亲守孝，度过了一段他一生中少有的宁静时光。不过，在这一年，洪秀全在广西金田发动了农民起义，太平天国运动已浩浩荡荡而来，势不可挡，而清政府所倚仗的绿营军队却一败涂地。对此，清廷感到束手无策，而曾国藩却感到自己的机会来了。

果然，咸丰帝下旨，让守孝半年的曾国藩在湖南帮办团练。对于曾国藩来说，这是一项艰巨的任务，因为他之前只是一名文官，如此一来，不是弃文从戎吗？而且，这对对军队一知半解的他无疑是最大的挑战，思考了良久的曾国藩决定接下这一任务。因为对于他来说，这是一次机会，之前他早就对清廷政府的绿营军队投以不屑，在做文官时，他还向咸丰帝进谏，要求对军队进行改革。有这样的念头存在，曾国藩决定自己组建一支军队，效力朝廷，以抗衡太平天国运动。于是，湘军诞生了。

曾国藩高瞻远瞩，明明知道自己即使身为文官，若是接下这个帮办团练的任务，倘若失败了也是要杀头的。但是，着眼于清廷目前的军队，内心担忧国家社稷安危的曾国藩更倾向于重新组建军队，如此，才能更好地保家卫国。湘军由此而诞生，并且很快声震全国，而且，创立湘军不仅仅是一次挑战，更是一次机会。曾国藩作为湘军的最高统帅，在平定太平天国之后，其功劳与威望达到了顶峰。

19 世纪，有人在美国加利福尼亚州发现了黄金，于是，出现了一股淘金热潮，人们纷纷来淘金。当时，小农夫亚摩尔只有 17 岁，他也准备去碰碰运气。由于穷得买不起船票，他只能跟着大篷车风餐露宿奔向加州。

淘金完全是力气活，而且，周围环境恶劣，亚摩尔感觉很不适应。过了

一段时间，他决定放弃。有一天，他无意听到了淘金人的抱怨："谁能给我一壶凉水，我就给他一块金币。"后来，因为没有水喝，有人甚至说："谁要是让我痛饮一顿，老子就出两个金币报答他也无所谓。"原来，矿山里气候干燥，水源奇缺，对淘金人来说，最痛苦的事情就是没有水喝。

淘金工人不经意发的牢骚却给了亚摩尔一个启发。他想：既然自己不适合挖金矿，不如卖水给找金矿的人喝，也许比找金子赚钱更快。于是，他开始挖水渠引水，再将水过滤一遍，变成饮用水，把水装进桶里、壶里，卖给淘金工人。当时有人嘲笑他："大家来加州是为了淘金发大财，你想做这种蝇头小利的生意，又何必千里迢迢跑到加州呢？"由于淘金工人很多，对饮用水的需求量比较大。很快，亚摩尔就赚到了6000美元，这是一笔十分可观的收入。

同样是一件事情，有的人觉得这就是灾难、险境，有的人却因此而看到了机遇，原因在于人们的眼光不同。如果只是将眼光着眼于眼前，你会觉得事情毫无希望；但是，倘若能将眼光看得更远，你会发现，摆在你面前的就是一次机会。

同样的道理在工作中一样适用，有时候，面对上司吩咐的工作任务，有的人抱怨："每次都是这样大难度的工作，好运都让身边的人捡了，我的命怎么这么苦啊？"有的人却从中看到了机会："如果我能顺利完成这项任务，上司对我肯定会刮目相看，升职、加薪也就指日可待了。"面对工作中的困难，我们必须明白：自己应牢牢抓住隐藏在险境中的机遇，才能走得更远。同时，眼光要看远一点，不要仅仅着眼于眼前的困难，最重要的是，我们要善于在这样的困境中发掘机遇，抓住机遇。在通往成功的路上，有荆棘、有鲜花，荆棘代表着困难，鲜花预示着机遇，只要你踏过了荆棘地，就会达到美丽的花园。

第五节 ◆ 万事烂熟于心，每步需顾全大局

俗话说："万事烂熟于心。"如果我们在做每一件事情之前，都能将每一步、每一个细节考虑清楚，那么，每走一步，都是在向成功迈进。在工作中，在做一件事情之前，需要将之前所做的类似事情联想一遍，仔细揣摩其中的经验教训，这样，我们着手做事的时候，每走一步都是稳健的。众所周知，曾国藩强调："第一是要做事，为了做事坚忍不拔，偶尔还会一意孤行；第二是有谋略，有韬略，将中国历史烂熟于心，有事可参借；第三才是做人，修身养心。"许多后人觉得不可思议，曾国藩在官场十多年，几乎每一步都走得稳当而谨慎，从来没有出过乱子，这到底是什么原因呢？原来，曾国藩喜欢读书，特别是历史书，从史书中，曾国藩知晓了为官的智慧，并将方方面面的历史故事烂熟于心，一旦自己在相关的事上拿不定主意，他就会参借历史。这样一来，每向前走一步，他都考虑是否顾全了大局，正因为这样，在旁人看来，曾国藩一生的每一步都是稳健的。

为了让自己每一步走得更稳健，曾国藩曾说："古今亿万年，无有穷期。人生其同，数十寒暑，仅须臾耳，当思一搏。大地数万里，不可纪极，人于其中，寝处游息，昼仅一室，夜仅一榻耳，当思珍惜。古人书籍，近人著述，浩如烟海，人生目光之所能及者，不过九牛之一毛耳，当思多览。事变万端，美名百途，人生才力之所能及者，不过太仓一粟耳，当思奋争。然知天之长，而吾所历者短，则遇忧患横逆之来，当少忍以待其定；知地之大，而吾所居者小，则遇荣利争夺之境，当退让以守其雌；知书籍之多，而吾所见者寡，则不敢以一得自喜，而当思择善而约守之；知事变之多，而吾所办者少，则不敢以功名自矜，而当思举贤而共图之。夫如是则自私自满之见，可渐渐剔除矣！"

在平定太平天国运动的过程中，父亲去世了，曾国藩决定回家守孝，前方却传来清军的节节胜利。曾国藩思索："难道自己当初上折请求在家终制时，对全局形势的估计是完全错误的？太平天国之乱不可遽除，绿营兵不可复用，剿灭太平军之重任，非湘军莫属？"在痛苦的思索中，曾国藩坚信了自己的想法，同时，他已经想好了下一步需要做的，那就是在"忍耐"中等待时机。

第二次出山以后，曾国藩迎来了人生最辉煌的时刻，但是，初次听闻曾国荃攻破了天京，曾国藩身上却泛起阵阵寒意，他想到了历史，那些手握重兵、功高震主的人都没有什么好下场，何况自己只是个汉人？于是，愁思良久的曾国藩在请功奏章上，有意谦让，将功劳拱手让给别人，主动要求裁撤湘军，让九弟曾国荃回老家养病。

将历史烂熟于心，每走一步都需要顾全大局，这就是深谋远虑的曾国藩。在其人生最辉煌的时刻，他以自己的韬略来了个釜底抽薪，让那场大火烧不到自己头上，巧妙地躲过了一场杀身之祸。同时，离自己的人生理想似乎更近了一步，因为曾国藩所追求的是"修身、齐家、治国、平天下"。

其实，曾国藩的深谋远虑不仅仅体现在为官上，而且，他还是一位很有远见的父亲，他说："吾细思凡天下官宦之家，多只一代享用便尽。其子孙始而骄佚，继而流荡，终而沟壑，能庆延一二代者鲜矣。商贾之家，勤俭者能延三四代；耕读之家，谨朴者能延五六代；孝友之家，则可以绵延十代八代。"

作为生存在现代职场的我们来说，需要学习曾国藩深谋远虑的智慧。无论是工作，还是与人相处，我们都应该仔细思量事情的始末、细节、方方面面，既要着眼于全局，同时，也要不放过细节问题。这样，每成功一步，就是向前走了一大步。相反，如果你只着眼于大局，而不考虑细节，稍有不慎，一小步就会毁了整个局面。这其中蕴含的智慧就相当于下棋一般，摆上棋盘，在我们心中萦绕的除了细节，还有以往的经验与教训，之前走错的都将得到

改正，之前正确的将继续沿袭下去。在下棋的过程中，每走一步，我们都需要顾全大局，如此综合考虑，我们才能赢得整盘棋局。

第六节 ◆ 利用手中资源，为今后铺好路

在办公室，我们经常听到这样的声音："小王真有本事，才来公司两个月，不论是老板，还是同事都成了他的朋友，有这样良好的人际关系，职场之路还愁什么啊！""小李更不得了，他爸爸与我们公司老总是老同学，唉，难道这就是传说中的人脉资源么？""是啊，小梁虽然没有关系，但是，家里有钱，今天为公司投资，明天为公司筹资做买卖，我看，很快他就不再是公司的员工而是合伙人了。""唉，只剩下我们这些可怜的，没有任何资源，拿什么为自己铺路呢？"不知道在什么时候，资源已经成了我们口中频频提到的词语，有人更是宣称："要用尽手中可用的一切资源，为今后的职场之路铺好道路。"是的，如今的职场可谓风云变幻，汹涌暗生，如果仅仅依靠自己的力量，很难说能走多远。但是，如果能凭借着手中的资源，建构一定的人际关系，为今后铺好道路，那么，职场之路将会走得更加顺畅，自然也会走得更远了。

曾国藩，一个曾经手无缚鸡之力的书生，因兵败走投无路，两次投水自杀，多次以剑自刎未遂。不过，就是这样一个人，最后成了湘军的最高统帅，铸就了"无湘不成军"的传奇。同时，他被朝廷封为一等勇毅侯，成为了清代"文人封武侯"第一人。十几年的官场生涯，对曾国藩来说，却走得异常平稳，即使在晚年落幕之时，他在朝廷大臣中的分量依旧是那么沉甸甸的。那么，是什么成就了曾国藩的一生呢？原因在于他能很好地运用手中的资源，为自己铺好后路。

在统帅湘军的时候，曾国藩自知领兵打仗并不是自己的长项，他唯一能

做的就是编织人脉资源。他说："集众人之长，补一己之短。合众人之私，成一己之功。"在二十多年间，曾国藩召集的幕僚达400多人，这些幕僚中，后来官至三品的就达到了47人，官位至督抚者达到了33人。晚清政府的栋梁之才，诸如左宗棠、李鸿章、彭玉麟、郭嵩焘、沈葆桢、罗泽南等，无一不受到曾国藩的举荐。后人感叹："国之重臣，悉出曾门矣！"

左宗棠自视甚高，目中无人，但是，他对同乡曾国藩却是心悦诚服，他曾说："知人之明，自愧弗如元辅。"李鸿章也不止一次向别人表示："办理外交的本领亦全仗曾国藩'一言指示之力'。"并将自己前半生的功名事业归功于老师曾国藩的提携，甚至，就连对手石达开也对曾国藩赞赏有加："虽不以善战闻名，却能识拔贤将，规划精严。"

传统的中国人素来尊崇"滴水之恩，定当涌泉相报"，诸如左宗棠、李鸿章、彭玉麟、郭嵩焘、沈葆桢、罗泽南等，都对曾国藩怀有知遇之恩、师授之恩、举荐之恩，那么，他们对曾国藩岂能不尽忠卖命呢？有了如此庞大的人脉资源网，曾国藩又何愁平定太平天国之业不成？又何愁以后的路不平坦？曾国藩的确是深谋远虑之人，他懂得利用自己手中的资源，为自己铺好后路。

阎焱，软银亚洲信息基础投资基金CEO，他于1982年毕业于南京航空学院飞机系，1986年获北京大学社会及经济学硕士学位，1987年研读于美国普林斯顿大学，获国际政治经济学博士学位，1996年研读EMBA于Wharton School。

作为软银赛富基金首席合伙人，他之所以能赴美留学，就是因为他就读北大研究生时一个外籍老师——来自美国普林斯顿大学的访问学者Roger Michiner。Roger Michiner很欣赏阎焱，两人经常一起聊天，有一次他主动说："你应该去美国读书，我可以帮你写推荐信。"

不久之后，阎焱通过托福考试，取得了美国普林斯顿大学录取通知书和四年全额奖学金，Roger Michiner又在生活上给予阎焱帮助。1986年8月，阎焱回忆说："我到美国的第一天晚上，就住在Michiner教授家里，他的家也在普林

斯顿。Michiner 教授待我非常好，在普林斯顿，他仍然是我的专业教授。我毕业多年以后，他也离开了普林斯顿大学。我们的友谊一直延续到现在。”

阎焱在求学时结识了名师，并且与其关系甚密。这看似一件再正常不过的事情，却无意间结下了一个有潜力的人脉资源，果然，后来，由于老师的推荐，他得以顺利出国求学。当今社会人脉资源很重要，或许，你本身资历平平，但是，你有许多优秀的朋友，那么，你还担心什么呢？利用自己手中的人脉资源，为自己铺好路，这才是最大的智慧。刘备不过是百无一用的书生，但是，结识了张飞、关羽，拜谒了诸葛亮，他就成为了三国时期的明主；洪秀全不过是科举不中的穷书生，通过拜上帝会结识了许多义士，翻身成为了太平天国的统帅。手中既然有了可以利用的资源，又何愁前面的路难走呢？

第七节◆与时俱进，思维计划更要超前

毛主席有诗曰：“牢骚太盛防断肠，风物长宜放眼量。”做任何事，我们都需要将目光放长远，与时俱进，无论是思维还是计划都需要超前，不能只盯着眼前，因为鼠目寸光是永远不可能做成大事的。在工作中，解放思想就是一种与时俱进，一些陈旧的思维和观念在我们头脑中根深蒂固，随着时间的推移，慢慢地，它就成了我们做事情的阻碍，心中有了什么好的想法，可思维和计划却总受到陈旧观念的束缚，最后，我们什么事情都做不好。懂得与时俱进，就是要摒弃心中那些不合适的陈腐观点，为大脑注入新的思想和观念。当然，这样的放弃是需要勇气的，毕竟思想已经成为习惯，而新思想未出现之前，陈旧的思想和观念是一种权威，所以说，与时俱进也是一种勇气。诚然，传统的思想是值得尊崇的，但是，尊崇归尊崇，故步自封，当身边的事物已经发生了变化，而思想和观念依然不变，你就会被时代所抛弃。纵观近

现代历史，曾国藩无疑是解放思想第一人，他不仅仅是传统文化的典范，更是与时俱进的先驱。

曾国藩是传统文化的代表，可是，他本身并不拘泥于传统，他懂得，一个人要务实，就不能因循守旧。于是，在他的一生中，思想经历了几次大的变化，对于"解放思想"这几个字，他是说到做到。

刚开始的时候，曾国藩致力于辞章之道，希望成为一名理学大师。不过，在这其中，加入了经济的思想，而且，在他的推动下，编撰了《船山遗书》，彰显了经世哲学。后来，在太平天国时期，曾国藩一改传统思想，一个文弱书生竟然带起了兵。在平定太平天国的时候，他解放了申韩之术，对待敌人，他异常冷漠，杀人如麻，由此获得了"曾剃头"这个绰号。等到太平天国平定以后，曾国藩开始修身养性，他主动裁撤湘军，并让功劳最大的弟弟回家养病，对此，曾国藩不仅能灵活运用传统文化，而且，他懂得了与时俱进。

曾国藩说："前世所袭误者，可以自我更之，前世所未及者，可以自我创之。"这话揭示了与时俱进精神的实质。曾国藩成为了最早推动洋务运动之人，他派出了第一批留学生留学国外，学习西方科学技术。另外，他还引进了一系列科技人才和翻译人才，希望能够为国人所用。今天，我们不得不说，曾国藩与时俱进的思想，对中国近现代社会的发展产生了积极的作用。

有的人一想到传统文化，就会想到思想陈旧的老顽固，事实并非如此，对于曾国藩来说，他的解放思想不仅仅体现在为官上，更形象地体现在家庭教育上。熟悉曾国藩的人都知道，他有两个儿子，一个是会说一口流利英文的外交家曾纪泽，一个是著名数学家曾纪鸿。与曾国藩同一个时代的人，他们所读的书都是程朱理学，都是四书五经，但是，曾国藩却从其中超脱了出来，这应该得益于他不唯书，敢于突破程朱理学的新思想。

威尔逊在创业之初，他的全部家当就只有一台分期付款的爆米花机，价值50美元。第二次世界大战之后，威尔逊做生意赚了点钱，他决定从事地皮

生意。当时，在美国从事地皮生意的人并不多，战后大多数人都比较穷，买地皮修房子、建商店的人很少，地皮的价格也很低。

当威尔逊骄傲地宣布自己的决定时，遭到了亲朋好友的反对，大家都对他说："你的决策是不是有问题，你应该慎重考虑一下。"然而，威尔逊却坚信自己的决策是正确的，他认为家人和朋友的目光太短浅了，美国毕竟是战胜国，其经济应该很快就能进入发展期，而那时买地皮的人增多，地皮的价格就会暴涨。

于是，威尔逊用自己的积蓄再加上贷款在市郊买下了很大的一片荒地，然而，这块土地地势低洼，不适宜耕种，简直无人问津。不过，威尔逊还是决定买下这块土地，他预测：美国经济很快就会繁荣，城市人口增多，市区会不断地扩大，必然向郊区延伸，在不久之后，这块荒地就会变成黄金地段。

一两年过去了，威尔逊的预言成真了，美国城市人口剧增，市区迅速发展，大马路一直修到了威尔逊那块土地上。这时，人们发现这块土地风景宜人，是一个夏天避暑的好地方。于是，这块土地的价格倍增，很多商人竞相出高价购买，但是，威尔逊却有着长远的打算。他在这块土地上盖起了一座"假日旅馆"，由于地理位置比较好，开业后生意非常兴隆，从这以后，威尔逊的生意越做越大，在世界各地都有威尔逊的"假日旅馆"。

威尔逊创业的决定遭到了亲朋好友的反对，他们对于威尔逊的计划颇为不屑，甚至，认为他的思想有问题。但是，威尔逊自有一番见解，他认清了当下时局，分析了经济的走向，他没有局限在陈旧的思维和观念里，事实证明，他的决定是明智的，他凭着长远而敏锐的眼光开创了自己的事业。如果，威尔逊当初没有坚持自己的意见，放弃了地皮生意，那么他的命运将会是另外一种结果了。其实，对于任何一项工作任务，我们要善于超前思维，这样，一方面可预料到即将发生的问题，以早做准备；同时，灵活的思维将为你的成功多增添一个筹码。

第五章

坚韧不拔，不畏危难砥砺方成器

——上班有毅力，坚强铸造事业

曾国藩说："不为圣贤，便为禽兽；不问收获，只问耕耘。"一个人若不通过磨砺来提升自己、完善自己，其心中的私欲便会不断膨胀，同时，让自己意志变得薄弱，浪费时间与精力，从而阻碍自己走向成功。唯有坚韧不拔，不畏危难方能砥砺成器。在日常工作中，我们需要有毅力，做任何事情都要坚持下去，不管前方有什么困难、险阻。因为，只有坚强才能铸造成功。

第一节◆面对上级的批评，勇于接受并改正

身在职场，随时都会面临各种挑战，比如来自上级的批评，而且，这会给我们泰山压顶之感。那么，作为下属，我们该如何面对上级的批评呢？是愤怒地拂袖而去，还是隐忍，接受批评并改正呢？清朝末期，曾国藩活跃于官场几十年，却能够完好地保全自己，其中的原因，就在于他既能接受上级的赞赏，更为重要的是能接受上级的批评。作为一个下属，其行为均是服从于上级，如果你在某些方面设想得不周到而出了纰漏，这时候，我们应该勇于接受，并承诺改正自己的行为与观念，这是下属应该遵从的原则之一。相反，面对上级的批评，如果你针锋相对，将不服气化为怨气，向上级抱怨，那么，不仅平息不了上级的怒火，反而是火上浇油，当然，后果绝对是惨不忍睹。曾国藩作为下属，在面对上级的批评时，每次都能凭着自己的磨砺之功，忍住怨气，化险为夷，变不利为有利。

咸丰三年十月，曾国藩所创建的湘军已经初具规模，这时，正值鄂州战事紧急，咸丰帝下令让曾国藩全师援鄂，攻击太平天国西征军。后来，咸丰帝看曾国藩迟迟不行动，又催令出征，曾国藩表示为难，说："惟炮船一件，实在不能草率从事，臣前发折后，就试行造办，成造样船数只，皆因工匠太生，规模太小，不足以压长江之浪，统计船、炮、水勇三者，皆非一月所能办就。臣北望宸极，念父君之忧劳；东望皖、江，痛舒、庐之危急，寸心如捣，片刻难安。而事势所在，关系甚重，不能草草一出，必须明年春天乃可行。臣之斟酌迟速，规划大局，不得不一一屈陈"。

当时，朝廷都将镇压太平军的希望寄托在绿营军身上，咸丰让曾国藩出征，目的是让湘军配合绿营作战，但是，曾国藩却有另一番想法，这使得咸丰

帝大为生气，他训斥道："今观你奏，以几省军务一身克当，问你之才力能行得通吗？平日漫自矜诩，以为没有谁比得上你，及到临事，如果能说到、做到再好不过，若稍涉大言不惭，岂不贻笑天下！你既然已经说了，必须尽你所言，办与朕看！"

接到圣旨后的曾国藩，心中十分惶恐，在经过思量之后，曾国藩接受了这样的训斥，深刻地检讨了自己，他在奏折中这样写道："且待船将办齐，炮将到齐，再将各勇撤回带赴下游。臣自惟才智浅薄，惟有愚诚不敢避死而已……皇上若遽责臣以成效，则臣惶悚无地。与其将来毫无功受大言欺君之罪，不如此时据实奏明，受畏缩不前之罪……臣亦何颜自立于天地之间乎！中夜焦思，但有痛哭而已。伏乞圣慈垂鉴，怜臣之进退两难，诫臣以敬慎，不遽责臣以成效。臣自当殚竭血诚，断不敢妄自矜诩，亦不敢稍涉退缩！"

当时，曾国藩确陷入两难境地，湘军的准备工作还没能完成，咸丰帝又接连催令出征，而曾国藩一再推托，同时，表明希望湘军作为镇压太平天国的主力军，这下可惹怒了咸丰帝，紧接着，一顿训斥就来了。面对上级的批评，曾国藩心中无怨气，而是怀着无比惶恐的心情，毕竟，上级一生气，什么事情都可能发生。于是，在奏折里，曾国藩接受了批评，并一再检讨自己，以求上级的谅解："臣自惟才智浅薄，惟有愚诚不敢避死而已……不如此时据实奏明，受畏缩不前之罪……臣自当殚竭血诚，断不敢妄自矜诩，亦不敢稍涉退缩！"奏折里，句句诚恳，字字显诚意，如此，咸丰帝的怒火自然就熄灭了。

有时候，我们在办公室里会有这样的经历：明明不是自己的错误，可是，却遭遇了上级的批评，心中感到十分委屈。这时，我们该如何是好呢？极力申辩自己的理由，还是接受上级的批评，改正自己的错误？如果我们坚持说："我没有错。"结果可想而知，事情只会变得越来越糟糕。对此，我们唯一

的做法就是接受上级的批评，并改正自己的错误。

最近，组长交了一个很急的稿子给小菲，没过多久，组长又打电话叫小菲立即到他办公室去，说是出了问题。当小菲赶到组长的办公室以后，麻烦就来了，组长满脸不悦，似乎终于找到挑剔的机会了。

组长当即责备了小菲一顿，面对批评，小菲诚恳地回答："组长，如果你的话不错，我的失误一定不可原谅，我为您工作这么多年，应该知道怎么做，我觉得十分惭愧。"小菲继续说："我应该更小心一点才对，您平时很看重我，照理说我的工作应该使您满意，这件工作我会重新再做的。"组长似乎有点过意不去，站起来说道："不用，不用！我不想那样麻烦你，你只要稍微修改一下就可以了，不值得为这点小错担心。"

林肯说："凡事最大限度发挥自己作用的人，决不会把时间花费在与别人争论上，因为他花不起时间去承担后果。在大事的决策上，如果你不能够比别人正确，那你就放弃；在小事的决定上，即使你是正确的，也要适当放弃。"小菲的主动承认错误赢得了上级的谅解，降低了事情的严重性。在工作中，如果是我们真的犯了错，与其被动挨批评，不如主动承认错误，这样，一方面减少了不必要的争执，另一方面，自己的错误也更容易得到上级的原谅。

第二节◆吃得苦中苦，方为人上人

曾国藩说："困心恒虑，正是磨炼英雄，玉汝于成，李申夫尝谓余叹气从不说出，一味忍耐，徐图自强。因引谚曰：'好汉打脱牙，和血吞。'此二语，是余生平咬牙立志之诀。余庚戌辛亥间，为京师权贵所唾骂，癸丑甲寅为长沙所唾骂，乙卯丙辰为江西所唾骂，以及岳州之败、靖港之败、湖口之败，盖打

脱牙之时多矣，无一次不和血吞之。”曾国藩认为，一个人如果不通过不断的磨砺来提升自己、完善自己，就会让自己私欲膨胀，自己的意志也变得软弱。一个人若是要想成就一番事业，那就必须要不断地磨砺自己，除此之外，别无他法。在生活中，曾国藩相当简朴，这对于一个统领数十万人的元帅来说，实属不易。俗话说：“吃得苦中苦，方为人上人。”这话用在曾国藩身上一点都不足为奇，这不仅仅体现在日常生活上，更体现在其工作中。

曾国藩刚开始办团练的时候，其中除了大量的湘军勇士，还有不少的绿营军，这使得曾国藩面临着更多的问题。而且，在操练中，曾国藩始终坚守着“吃得苦中苦”，对将士们要求十分严格，风雨烈日，操练不休，来自田间的乡勇并不觉得太苦。但是，对于那些平日里只会喝酒、赌钱、抽鸦片的绿营兵来说，却像是“酷刑”，对此，绿营上上下下怨声载道。副将不到场操练，根本不把曾国藩放在眼里，甚至，对底下的士兵宣称：“大热天还要出来操练，这不是存心跟我们过不去吗？”曾国藩一方面忧心军队的操练，一方面还要应付绿营军的捣乱，日子过得十分辛苦。

当时，在长沙城内驻扎着绿营兵和湘勇，绿营军战斗力极差，受到了乡勇的轻视，对此，绿营兵十分愤怒，经常与乡勇发生摩擦。双方水火不容，开始由一些小争执变为战斗。而且，绿营军是朝廷的正规军队，深得清朝庇护，曾国藩所操练的湘军不过是乡间勇士，无人庇护，于是，曾国藩只能严格要求自己的军队，不得与绿营军发生冲突。即使曾国藩一再忍受绿营军的欺辱之苦，仍改变不了现状，绿营军更加横行霸道，湘军进出城门都会受到公然侮辱。朋友看见曾国藩如此辛苦，劝他参奏绿营军，不料，他却推托：“做臣子的，不能为国家平乱，反以琐碎小事，使君父烦心，实在惭愧得很。”过了一阵子，曾国藩就将湘勇遣往外县，将自己的司令部也移到了衡州。

其实，曾国藩在组建湘军之际，确实是吃了不少苦头，本身组建军队就

面临着很多苦难,而同时还遭受绿营军的挑衅,那确实是一段异常辛苦的日子。当时,咸丰帝下令曾国藩办团练,由于朝廷战事甚紧,也没给军队发军饷,曾国藩作为军队的创办者必须解决军队的军饷问题,对于这一切困难,曾国藩都以坚韧的意志忍了过来,他明白"只有吃得苦中苦,方才能为人上人"。历史向我们证明了这一真理,在后来的历史中,湘军成为了曾国藩的骄傲,也使得他成为镇压太平天国运动的最大功臣。

一直以来,曾国藩都比较注重自己的磨砺之功,在他看来,自己所经历的苦难其实就是一笔财富,而他一直等着成功的一天。的确,对于生活在现代社会的我们,苦难何尝不是一笔财富呢?在日常工作中,或许,我们每天都会遇到这样或那样的苦难,在短时期内,我们可能难以接受,也感觉自己跨越不了,但是,只要我们坚定意志,不畏困难,终会成为大器。无论是工作,还是为自己那份理想而努力,只要我们将苦难当成朋友,就一定能熬过去,最后成为"人上人"。

帕格尼尼的人生是充满苦难的:在他4岁时,一场麻疹和强直性昏厥症,差点要了他的命;7岁时,他患上了严重的肺炎,不得不进行放血治疗;46岁时,他的牙床突然长满脓疮,只好拔掉几乎所有的牙齿;牙病刚刚好,他又染上了可怕的眼疾,幼小的儿子成了他手中的拐杖;年过半百后,关节炎、肠胃炎等多种疾病时刻吞噬着他的肌体;后来,他的声带也坏掉了,只能靠儿子按口型翻译他的思想;57岁时,他口吐鲜血而亡。

但是,面对人生中这么多的苦难,帕格尼尼并没有沉沦,他不仅用独特的指法弓法和充满魔力的旋律征服了整个世界,而且发展了指挥艺术,创作出《随想曲》、《无穷动》、《女妖舞》和6部小提琴协奏曲以及许多闻名世界的小提琴独奏曲,可以说他是一位善于用苦难的琴弦将天才演奏到极致的奇人。

听了帕格尼尼的悲苦演绎,李斯特大喊:"天啊,在这4根琴弦中包含着

多少苦难、痛苦和受到残害的挣扎着的生灵啊！”在工作中，在追求事业的过程中，苦难是不可避免的，有可能是降职，有可能是被炒鱿鱼，有可能是工作不顺利……面对这些苦难，每个人都有自己的选择，有的人选择抱怨，有的人选择自暴自弃，有的人选择隐忍、奋进。其实，在很多时候，我们都忽视了苦难本身的意义。从古至今，大凡取得成就的人，无一不承认苦难是自己成功的基石。虽然，苦难让我们变得脆弱，但与此同时，却让我们变得聪慧。所以，学习曾国藩的官场哲学，忍受工作中的苦，不断地磨炼自己，终有一天，你也会成为人上人。

第三节◆拥有自己的见地，不因困难轻易改变

唐代诗人韦应物曾写了这样一首诗：“独怜幽草涧边生，上有黄鹂深树鸣。春潮带雨晚来急，野渡无人舟自横。”在日常生活中，当我们遇到一件具体的事情，需要拥有自己的见地，能辨别对与错、是与非、美与丑，这样，才有可能成大器。德纳姆说：“我们绝不可被盲目所左右，每个人都有他自己的见地。”那么，当自己的见地受到了巨大阻碍，又该怎么办呢？在这一点上，曾国藩为我们树立了榜样。在任何时候，曾国藩对于自己的工作都有一番独到的见地，哪怕遭遇了困难，他也不会轻易改变。在操办团练之初，曾国藩不过是一介文官，他却向咸丰帝提出了自己的真知灼见，怒斥绿营军的腐败无能，在这时，曾国藩心中就萌生了一个念头：一定要操办一支真正的军队，这样才能与太平天国抗衡。虽然，咸丰帝觉得曾国藩这样的想法简直是不自量力，但是，曾国藩并没有放弃，而是坚持自己的见地，最终，成功地组建了湘军。其实，曾国藩的坚韧不仅仅体现在这一点上，还体现在其处理诸多其他事情上，他始终坚持自己的想法，无论面对多大的困难，都不会轻易

改变。

咸丰四年，曾国藩陷入了两难境地：一方面是咸丰帝连下谕旨，对自己拒不从命、延误战机的严厉指责，一方面是形势紧张的湖北、江西战场，当时，自己的得意门生以及恩师吴文荣在与太平军的战争中遭受重创，苦苦求援于曾国藩。可是，曾国藩却有自己的一番想法，他觉得自己组建的湘军还尚未形成规模，如果在这时匆忙征军，实在难敌太平天国的军队，不仅帮不了他们，反而会重创湘军。可是，如果不加以支援，咸丰帝肯定会严厉查办，这可如何是好呢？曾国藩面临着巨大的困难，正所谓军命难违，可这样做实在是有失妥当啊。

思量了很久，曾国藩感到愧对恩师、君父，他含泪提笔，回信给恩师吴文荣，详细诉说了自己不能赴援的原因，希望能得到恩师的谅解。吴文荣深感曾国藩的诚心，也了解到事情的利害关系，在绝命书中，这样写道："我以死报国，不再有别的希望，你所训练的水陆各军，一定要等到稍有把握，才能出征迎敌，千万不要因为我的原因，轻率东下。我赴国难之后，东南大局就靠你一个人了，务必沉着稳重。我担忧你一旦有不测，今后再难有人继你而起。我虽为你老师，但你所肩负的是国家重担！"

就这样，曾国藩一直坚持自己的想法，等到湘军船、炮具备，却传来了恩师战败自杀的消息，他内心感到极其悲苦。这时，曾国藩又接到了圣旨，不过，这次，咸丰帝并没有严厉指责，而是赞赏曾国藩的见地，在圣旨中这样说道："成败利钝，固不可逆睹，然汝之心可质天日，非独朕知。"自己的一番想法得到了理解，曾国藩手捧圣旨，不禁百感交集，失声痛哭。

面对身处的境地，曾国藩自有一番见解，虽然，恩师的支援迫在眉睫，但为了保全湘军的战斗力，以及做好必要的准备工作，曾国藩含泪婉拒了支援，并向恩师诉说了自己的难处，这样的想法终赢得了恩师的谅解。即使赢得了恩师的谅解，自己还将面对咸丰帝的严厉指责，在这时要想坚定自己的

见地，确实是困难重重，稍有不慎，就有杀头的危险。不过，曾国藩万事以大局为重，坚定自己的想法，得以保全了湘军的实力，庆幸的是，最后，自己的满腔热血以及所思所想均得到了咸丰帝的赞赏。面对困难，曾国藩仍旧不改变自己的见地，以坚韧的意志坚持了下去，不得不说，其磨砺之功不可小觑。

在公司议会上，董事长就目前正在着手准备的方案提议，希望公司员工们能够踊跃提出自己的见解。可是，面对董事长的发话，大家都面面相觑，听说，这份方案是公司最顶尖的设计师制订的，应该不存在什么问题，自己若是冒冒失失提出一些意见，那不是闹笑话吗？于是，大家都正襟危坐，不做声，这时，小李站了起来，说道："我觉得整个方案设计都十分合理，很多我们没能想到的地方都想到了，不过，我觉得其中有一个小问题。"旁边的同事小声议论"敢质疑设计师的能力，真不想混了？""就是啊，今天他可能是吃了熊心豹子胆。"不过，小李并没有理会同事们的声音，而是提出了自己的建议："在园林设计方面，我觉得有点美中不足……"可话还没说完，那位负责方案的设计师就大声说："好像你只是协助设计工作的，至于设计上的事情，我想你应该是外行吧。"而坐在旁边的董事长也静默不语，似乎等着看一场好戏。

小李豁出去了，顶着自己被开除的压力，硬是将自己的意见表达了出来。话音刚落，董事长带头鼓掌，赞赏道："且不论小李的见地是否正确，光是这份坚持，我们就有理由将掌声送给他。"

在日常工作中，面对一件具体的事情，我们常常会有自己不同的想法。可是，在这个时候，难免会遭遇上司以及同事的反对，有了这样的阻碍，我们该怎么办呢？放弃自己的想法，追随大流，还是坚持自己的见地，不畏困难呢？许多人畏于上司的权威，担心同事的奚落，总是强忍心中想表达的欲望，硬生生地将自己的见地抛弃，等到实践证明自己当初的见地是正确的，

到那时又追悔莫及。其实，在工作中，大多数的上司都喜欢有真知灼见的下属，他们不喜欢“人云亦云”的人，而且，如果你能坚持自己的想法，不畏困难，他会为你的坚韧而喝彩。

第四节 ◆ 百炼成钢，勇气在心有何畏惧

在曾国藩晚年的时候，将自己的书房叫做“求阙斋”，意思是要求自己坦然面对缺憾，百炼成钢，只要心中有勇气，就没有什么好畏惧的。熟悉炼钢原理的人都知道，生铁必须经过高温煅烧，多次冶炼，才会成为钢。如此看来，早年的曾国藩或许就是一块生铁，经过人生反复的锤炼，终究成为了一块坚韧的钢。人生的种种历练，对于我们来说，可能是一种折磨，但是，它更是一种锤炼，暂时的痛苦算不了什么，只要心中有勇气，一次次经受住磨炼，不畏困难，最后，我们定能练就出一块坚韧的钢。在日常工作中，我们也会遇到种种困难，有成功就有失败，有喜悦就有眼泪，但是，哪怕是失败和眼泪，它所能带给我们的依旧是不断的尝试，而不是最终的结果。失败算不了什么，关键是你不能失去坚持下去的信心，以及那份深藏内心的坚韧。心怀勇气，有信心攻克难关，最后，你就会赢得工作上的成功。历数从古至今的大人物，曾国藩算是其中最坚韧的一位了，他以心中的那份坚韧成就了自己的一生。因为坚韧，他百炼成钢，他明白，只要心中怀着勇气，自己就毫不畏惧。

从前有两块石头，它们曾经是难兄难弟。后来，它们的命运却发生了很大的变化：一块受到敬仰和膜拜，受人敬仰的是被人雕成佛像的石头；一块则没人理睬，经常被人踩在脚下，而那块被人踩在脚下的是铺在大殿地面上的石头。

铺在地面上的石头，就报怨命运不公平。它说：“咱俩本来都差不多，凭什么你受人尊敬，我受人踩踏呢？”另一块石头静默不语，一会儿，它缓缓说道：“人家跪着膜拜我而踩着你，你可知其中的原因？我被雕成佛像，那是忍着千刀万剐的疼痛，被一刀一刀地雕成的，而你担心身上一刀刀被挖被割的痛苦，所以你只能躺在地上，让千人踩、万人踏。”

如果把人比做这两块石头，那曾国藩绝对是属于受人敬仰的被人雕成佛像的石头。在其一生中，他忍着千刀万剐的疼痛，被一刀一刀地雕成，他从来不担心自己被挖被割的痛苦，以坚韧的意志铸就了后世的英名。

纵观曾国藩的一生，其实就是磨砺的一生。早年，努力求学，虽仕途稳当，但是，却无缘受到朝廷的重用，只能缩在翰林院，做一些勤杂工作。恰逢这时，母亲去世，曾国藩只好退隐回家，为母亲守孝，可自己却是前途渺茫。后来，咸丰帝邀他出山，操办团练，曾国藩想到自己机会来了，可是，随之所面临的却是组建湘军之苦，这样的苦有精神上的，也有物质上的。湘军创建了，初战却喜中含悲，战事一再失利，忍受不住，选择自杀，却阴差阳错数次都被救了下来。这时，曾国藩想到，自己终是那块生铁，需要不断磨炼，才能成为坚韧不摧的钢。于是，他在最迷茫、最困惑的时候，始终保持着那份勇气。等到湘军大举成功地镇压了太平天国运动，曾国藩却不得不选择裁军，以求保全自己，一次次的历练，使得曾国藩变得无坚不摧，开始稳妥地走上了自己的仕途之路。

曾国藩所走的坚韧之路，值得我们每一个职场中的人学习。职场之路能走多远，将取决于心中的那份坚韧和勇气，将每一次失败当做尝试，将每一次困难当做磨炼，在工作的种种经历中，我们将会被炼成那块坚韧不摧的钢。虽然，我们所受的磨砺不及曾国藩那么沉重，我们所受的不过是日常的小挫折，有可能是上级的一顿批评，有可能是一次谈判的失败，有可能是一次降职的经历。但是，挫折不论大小，只要我们怀揣着勇气，坚持下去，就一

定能顺利走过职场之路。

美国总统亚伯拉罕·林肯曾有这样一份人生简历:1818 年,母亲去世。1831 年,经商失败。1832 年,竞选州议员落选,同年丢了工作。想就读法学院,但未获入学资格。1833 年,向朋友借钱经商,同年年底再次破产。接下来,他花了 16 年时间才把债还清。1834 年,再次竞选州议员,这次赢了。1835 年,订婚后即将结婚时,未婚妻死了。1836 年,精神完全崩溃,卧病在床 6 个月。1838 年,争取成为州议员的发言人,依然没有成功。1840 年,争取成为选举人,再次落选。1843 年,参加国会大选,不幸的是,他又落选了。1846 年,再次参加国会大选,幸运的是,他这次终于当选了。1848 年,寻求国会议员连任,失败了。1849 年,想在自己州内担任土地局长的工作,遭到无情拒绝。1854 年,竞选美国参议员,落选了。1856 年,在共和党内争取副总统的提名——得票不足 100 张。1860 年,当他 51 岁时,经历过无数失败和挫折后,终于当选美国总统,成为美国历史上最伟大的总统之一。

经过了千锤百炼,林肯如愿成为了美国总统,对他而言,工作的失败并不算什么。只要自己能够坚持下去,心怀必胜的勇气,自己就一定能获得成功。虽然,命运给予林肯如此一份失败的人生经历,但是,在最后,却给了他最完美的结局。在追求自己理想、事业的过程中,林肯从未被失败打倒,最终,百炼成钢,他和曾国藩一样成为了世人敬仰的名人。

第五节◆心向高远,眼前之难只是过眼云烟

曾国藩说:“同一境而登山者独见其远,乘城者独见其旷,此‘高明’之说也。”意思是,面对同一片境地,只有登上山峰的人才能见到它的高远,只有登上城墙的人才能感受空旷,这才是“高明之处”。一个人要心向高远,不能

纠缠于眼前的苦难之中，因为纵观人生，眼前之难不过是过眼云烟，一切都会好起来的。曾国藩就是以如此乐观的心态，以及面对苦难的坚韧意志支撑到了人生最辉煌的时刻。在日常生活中，苦难是我们不可避免的，既然它是避免不了的，那么，就让我们平静地接受它吧。面对眼前的苦难，定下高远的志向，以坚忍不拔的意志支撑自己，告诉自己，暂时的苦难不过是过眼云烟，很快，我们就能战胜苦难，迎来美好的一天。曾国藩早年就涉足官场，深知官场结党营私、苟且偷生、贪图享乐的官僚风气，在这样一个变化莫测的环境里，他凡事求稳，但是，有时候难免会遭遇苦难。在这时，曾国藩一向这样安慰自己“眼前之难只是过眼云烟”，同时，以心中那份坚韧坚持下去，于是，心向高远的他每次都能化险为夷。

翻开曾国藩的一生，进入眼帘的是他入世征途中的跌跌撞撞，受尽苦难，几次都差点魂归故里。曾国藩所走的路并不平坦，是在他自己和别人的血与泪的泥泞中开创出来的。面对人生的每一次苦难，曾国藩总是安慰自己，一切都会过去，并以坚韧的心境熬了过去。就在湘军打败太平天国之际，曾国藩自身却面临着巨大的灾难，自己功高震主，该如何是好呢？于是，他毅然决定裁撤湘军，规劝弟弟退隐归山，兄弟曾国荃难掩心中之恨，曾国藩还需要细心安慰，他自己也是咬牙挺过了这一关。因为他知道，暂时的苦难终究会过去，自己将迎来更为平坦的仕途之路。

在每年的七八月份，北极地区的冰雪开始大面积融化，气温也逐渐开始回升，出现了短暂的春天景象，十分美丽。但是，随着气温的升高，大量的蚊虫出现了，由于当地物种稀少，那些饥饿的蚊虫就会飞到人们聚居的地方，吸食人们的血液来维持自己的生命。让人感到奇怪的是，当地的居民却对这些嗡嗡乱叫的蚊虫十分仁慈，从来不轻易伤害它们。有的游客拿出杀虫剂喷洒，还会被当地居民制止，居民温和地告诉游客：“蚊虫带来的疼痛只不过是暂时的，可因它而带来的利益却是长久的。”这是为什么呢？

原来，一种被称为驯鹿的动物是当地居民过冬的主要肉食来源。可是，在天气比较暖和的时候，大批的驯鹿会自发地成群结队向低纬地区迁移，因为那里有大量的水草，如果没有人驱赶它们，它们就不愿意在严寒到来的时候准时回来。在北极地区，如果你想靠人力来驱赶，这根本是不可能的事情。这时候，那些讨人厌的蚊虫就显示了它们的威力，天气开始降温，蚊虫就会向低纬地区逃命，自然会与驯鹿不期而遇。那些吸食血液的蚊虫是驯鹿无法抵御的天敌，所以那些驯鹿走投无路之下只能往回跑。这一跑，正好钻进了人们事先已经设计好的陷阱里。

聪明的印第安人掌握了自然界的规律，所以甘愿忍受蚊虫吸食的痛苦，来求得长远的生存。在他们看来，眼前的苦难并不需要挂在心上，那些长远的考虑才是智慧者的生存之道。所以，在那些被蚊虫吸食的痛苦日子里，印第安人并没有过多的埋怨，而是保持着乐观豁达的胸怀以及那份难得的坚韧之心。

小王大学毕业后，一直在做业务方面的工作。这样，逐渐地积累了一些经验，他为了更好地发展，跳槽到一家大型公司的业务部，担任的职位是协助新来的业务经理开展工作。小王在工作中与他相处了一段时间，发现那位经理不但工作存在着许多问题，而且脾气也很坏。他业务能力很差，几乎都是依靠下面的业务员拿业绩，而且心胸狭隘，也不懂得尊重人，总是带着命令的口吻与下属讲话。如果工作中不小心出了错，他也不顾及你的颜面，当众就把你教训一顿。因此，许多业务员实在受不了，和他发生了争执就辞职走人了。

面对这样的经理，小王心里也很窝火，因为他自己也经常被训斥。但是，他并没有发作，而是始终赔着笑脸，因为他心里很清楚，摆在他面前的只有两个选择，要么和他大吵一架，然后走人；要么就忍辱负重，等待机会。朋友取笑他："你这样也太委屈了。"小王笑着说："没事，就把眼前之难当做是

过眼云烟吧。”

半年以后，公司高层也发现了业务经理的问题，通过调查，认为他不适合做业务经理，就找了个理由把他辞退了。而小王，因为一直表现不错，被公司任命为业务经理，这下子，小王如鱼得水了，很快把业务开展了起来，为公司创造了很大的经济效益，赢得了公司上上下下的尊重。又过了几年，他被提拔为主管业务的副总经理，过上了有房有车的生活。每当谈起这一切的时候，小王就不无感慨地说：“我能有今天，就是因为我当初心向高远，没有把眼前的苦难放在眼里。”

在工作中，我们难免会遇到一些坎坷与挫折，时常会遇到一些不尽如人意的事情。在这时候，我们要心向高远，以坚韧的态度来面对，以一份从容的心态去面对眼前的苦难，告诉自己“眼前之难不过是过眼云烟”。只要我们坚持下去，苦难过后，必将迎来事业的春天。

第六节◆打磨自己，天降大任必先苦其心志

曾国藩说：“古来大有为之人，每于艰险之时，坚韧撑得住，可做出非常事业。”简单地说，凡能成就大事的人，在碰到艰险的时候，都能坚强地忍受，这样才能做出一番伟大的事业。曾国藩能够数次战胜失败，走向成功，其诀窍就在于他懂得打磨自己，他甚至把幕僚所写的奏折上的“屡战屡败”改成“屡败屡战”。在这样的过程中，曾国藩不断磨炼自己，在苦难中成长，在失败中吸取经验与教训，最终，他走向了成功。孟子曰：“天将降大任于斯人也，必先苦其心志，劳其筋骨，饿其体肤，空乏其身，行拂乱其所为，所以动心忍性，增益其所不能。人恒过，然后能改。困于心，衡于虑，而后作；征于色，发于声，而后喻。”而曾国藩以自己的一生证明了这个道理，命运给予了他苦

难与失败,但是,他却还命运一个最灿烂的未来。在日常工作中的我们,应该学习曾国藩那份坚韧的意志,在工作中历练打磨自己,苦难过后,我们一样能赢得事业的成功。

咸丰四年,曾国藩率领湘军北上,向靖港浩浩荡荡进发。不料,在进发途中,突遇太平军,只听一声炮响,埋伏在港外的太平军一齐杀出。湘军初战就受挫,而且又遭遇伏兵,一下子就乱了阵脚,纷纷开始撤退。顿时,一片喊杀声响起"活捉曾国藩",曾国藩心惊胆战,但是,自己不能一败再败,面对溃逃的湘军,他十分生气,自己执剑站立在旗下,高声喊道:"过旗者斩!"即使如此,湘军还是选择了后退,而太平军冲入湘军队伍中,一片喊杀声响起,湘军完全失败了。在卫兵的保护下,曾国藩匆匆而逃。

坐在船舱内,曾国藩五内俱焚,自己苦练了一年的湘军,竟是这般无用,回到长沙,如何面对官绅们的冷眼呢?左思右想,曾国藩觉得自己不如一死,免得自取其辱。于是,他一跃跳入江中,身边的卫兵大惊,赶紧跳入江中,很快救出了曾国藩,将他扶进了船舱中。虽然,自己捡回了一条性命,但是,内心的悲苦却是无人诉说。想到两次失败都是自己指挥不当造成的,这样的羞愤足以令他以死相谢了。但是,想着自己当初组建湘军的抱负"死在沙场是善终",曾国藩就放弃了自杀的念头。这是磨炼,只有咬着牙坚持下去,才能办成大事。

于是,在这样的信念下,曾国藩重组了剩下的湘军,重新排练,从上一次失败中吸取教训。最终,训练有素的湘军打败了太平天国军队,赢得了最后的胜利。

人生最悲苦的莫过于到了自杀的境地,试想,曾国藩的心该有多悲苦。其实,曾国藩作为一介文官,勉为其难来带兵,如果期望难以达成,那么,但求一死的选择也是难能可贵的。可是,曾国藩并不是寻常人,在几次自杀失败后,他明白,这就是自己的磨砺之路,不能拒绝,不能躲避,只有硬着头皮

上，如此才能成大事。

在日常工作中，许多人遇到了一点点挫折就选择放弃，甘愿承认自己无能，到最后，终是一事无成。但是，有的人遭遇了挫折与困难，却不轻言放弃，因为在他们心中有一个信念：如果这些挫折是无法避免的，那么，自己一定有可以磨砺的价值，自己一定能胜任某项重要的工作。坚持着这样的信念，不断地打磨自己，他们在最后无一不成就了一番伟大的事业。

张明是一位留美的计算机博士，毕业之后，他打算在美国找工作。其实，书柜里放满了自己的各种证书，以及一些在学校所获得的奖章，而且，他又是一个博士生，如果以这样好的条件去找工作，肯定很容易。但是，张明却有自己的想法，他收起了自己所有的证书和奖章，只以最普通的学生身份去应聘工作，希望借此机会磨炼自己。

没过多久，他就被一家公司录用为程序输入员，这份工作相当简单，对一个博士生来说简直就是大材小用。但张明并没有抱怨什么，即使是最简单的工作，他依然干得一丝不苟。这样干了一个多月，上司发现他能迅速看出程序中的错误，这可不是一般的程序输入员能够相比的，知道了他的能力，马上给他换了一份更难的工作。又过了一个月，上司发现他经常能够提出一些独到的有价值的见解，远远比一般员工要高明，又立即提升了他的职位。

又过了一个月，上司觉得他工作十分优秀，就开始有意识地询问他，意外得知张明竟然是一名博士，大惊："如此的高学历，怎么甘心做这样的工作呢？"张明笑了笑："学历所证明的不过是理论上的东西，我想锻炼自己的实际能力，以最普通的学生身份进入公司，这样才能得到不断的磨炼。"看到张明如此坚韧的意志，上司毫不犹豫地重用了他。

张明能赢得上司的信任，源于他那份坚韧的意志。想想，如果张明一开始就以博士身份进入公司，或许，他的职场之路走得并不顺利。毕竟，在很

多时候，上司所能够欣赏的是那些有实际能力，懂得吃苦的员工，而不是空有一张文凭的员工。所以，在工作中，我们需要有意识地打磨自己，锻炼自己的心志，等待机会，这样到了必要的时刻，我们定能爆发出前所未有的威力，赢得成功。

第六章

方圆并用，深藏心机以柔化刚

——上班藏心机，应对困难自有招

曾国藩说："天地之道，刚柔并用，不可偏废，太柔则靡，太刚则折。"对此，他认为，为人处世也应刚柔并用，其做人的基本准则是"圆融"。圆融，即方圆并用，这是一种做人的智慧。这一处世智慧有其妙处，在日常工作中，我们要根据客观情况审时度势，把握好方圆，深藏心机，以柔化刚，灵活处理事情的意外情况，这样，在任何情况下，我们都能游刃有余、应付自如。

第一节 ◆上班不要什么都说,留点事在心里

曾国藩在官场从来都是缄口自重,慎言慎语,不是什么都说,而是善于将一些事情留在心里,避免祸从口出,这也是其在官场上立于不败之地的诀窍。在这一点上,曾国藩在给弟弟的信中说得很清楚:“天下的事变化很多,变化的道理更是深不可测。人情难知,天道更难测,别处的事情不要毫无忌惮地大加议论。孔子曰‘多闻阙疑,慎言其余’,弟的听闻本来不多,多疑则全不阙,言则尤不慎。捕风捉影,扣盘扪烛,就要硬断天下之事。天下的事情果真就这样容易了断吗?”曾国藩所论述的道理值得我们学习,在日常工作中,哪怕你知道很多的秘密,但是切忌,不要什么话都说,留点事情在心里,这样,一方面避免祸从口出,另一方面能够做到圆融处世,对你处理人际关系有很大的帮助。有的人心里藏不住话,只要是自己知道的,不管是道听途说也好,还是流言蜚语也罢,他总是“知无不言,言无不尽”,岂料,自己像白纸一样呈现在人们面前,却还是不招人喜欢。这其中的原因就是缺乏心机,所以,在上班时需要方圆并用,暗藏心机,方能轻松应对困难。

自从曾国藩率领湘军东征以来,有胜利也有失败,经常是四处碰壁。其中的原因,不仅仅在于其没能受到清政府的信任,而且还在于曾国藩本身的弱点,这时,曾国藩在为人处事方面总是固执己见,自命不凡,一意孤行,什么话都敢说,这也使得他得罪了不少人。

曾国藩清楚自己的弱点,于是,他在给弟弟的信中这样写道:“兄自问近年得力惟有一悔字诀。兄昔年自负本领甚大,可屈可伸,可行可藏,又每见得人家不是。自从丁巳、戊午大悔大悟之后,乃知自己全无本领,凡事都见得人家有几分是处。故自戊午至今九载,与四十岁以前迥不相同,大约以能

立能达为体，以不怨不尤为用。立者，发奋自强，站得住也；达者，办事圆融，行得通也。”

父亲去世后，曾国藩告别湘军回乡守孝，再次出山后，曾国藩变得善于应酬，尤其是说话方面，不会将话说完，那些不该说的则留在心里。同时，他自己承认：“余此次再出，已满十个月。论寸心之沉毅愤发志在平贼，尚不如前次之志；至于应酬周到，有信必复，公牍必于本日完毕，则远胜于前。”之前，曾国藩对官场的逢迎、谄媚十分厌恶，不愿意为伍，面对看不惯之事，他总是有话就说，绝不掩藏，因而所到之处经常与人发生矛盾，受到排挤。再次出山后，曾国藩深知自己一个人的力量是无法改变这种状况的，自己只能融入这个圈子，少说话，多办事。

曾国藩说：“吾往年在官，与官场中落落不合，几至到处荆榛。此次改弦易辙，稍觉相安。”他想：如果自己要继续为官，那么，唯一的办法就是去学习、去适应，在官场这个圈子里，尽量少说话。这种改变使曾国藩在官场中日益变得精明和旷达起来。

在日常工作中，不要信口开河，否则会为自己惹上麻烦，即使不会带来什么大麻烦，但夸夸其谈只会体现你的浅薄。或许，在与上司、同事的接触中，我们知道了许多关于他们的事情，诸如秘密、绯闻之类的敏感话题，这时候，我们就需要多长个心眼，尤其是在公共场合，不能什么话都说，该沉默的时候就沉默，为别人保密，实际上就是保全自己。当然，关于自己的事情也是少说为妙，多说只会徒增烦恼。

最近，小丽的情绪十分低落，同事纷纷猜测：“怎么回事啊？前两天不还很高兴吗？”午餐的时候，几位同事凑在了一起，问小丽：“你这是怎么啦？有什么不开心的事情就说出来吧，我们都是朋友。”“就是啊，有什么伤心、烦心的事情，只要你说出来，心情就好多了。”一语说到了小丽的伤心处，她忍不住，眼泪就流了下来，同事递过来纸巾。小丽用哽咽的声音说：“我失恋了，

男朋友跟别的女的走了。”说完，就忍不住大哭了起来。同事纷纷安慰：“没事，再去找个比他更优秀的。”“就是，你只是失去了一个不够爱你的人，他失去的却是一个很爱他的人，这样算起来，你还是挺值的。”小丽点点头，笑容也一天天多了起来。

过了一周，公司管理层决定多给年轻人一些机会，打算提一批年轻人为干事。听到这个消息，小丽跃跃欲试，自己平时工作还是优秀的，工作能力也有，于是，她毫不犹豫地报了名。刚填完了报名表，小丽就去了卫生间，一会儿，她听到有人说：“听说小丽也拿了报名表。”另一个人回答：“是啊，可是，我看连自己男朋友都不能搞定的人，公司的事情，她怎么能搞得定啊。”小丽心一惊，这不是之前安慰自己的“好朋友”吗？怎么会这样呢？

小丽太过单纯，将自己的事情全盘托出，把同事当成了知己，最后，却没想到，所谓的“好朋友”却在背后议论自己。大多数人在办公室聊天，说起来只图痛快，什么话该说，什么话不该说，从来不仔细思考，往往到最后追悔莫及，可是，说出去的话就像是泼出去的水，再也收不回来了。

在日常工作中，有事没事不要多说，无论是别人的事情，还是自己的事情，都要缄口自重。职场本身就是竞技场，每个人都可能成为你的对手，所以，凡事多留个心眼，暗藏心机，即使面对合作很好的搭档，也要想到，他有可能突然变脸。你的秘密泄露越多，就越容易被他击中。当然，“己所不欲，勿施于人”，如果你不开口打探别人的私事，自己的秘密也不容易被打听。

第二节◆做事要刚柔并济，才能伸屈自如

我们都知道物极必反的道理，但是，在日常生活中，我们却很难把握其尺度。有的人认为，做事需要自立刚强，显示出自己的魄力，然而，太过于刚

强则适得其反，会使自己显得缺乏智慧。在万事万物中，水可以说是“柔”的代表，它能冲毁万物，又能随容器的改变而充盈其中，如果我们能将“刚”与“柔”结合起来，柔中带刚，善于适应环境，那么，做事必定会圆融恰当。曾国藩在早年间，坚持“人只有自立自强才能成就大事”，他阅览历史书，发现那些历史上的王侯将相均有刚毅之气，这一种势不可挡的力量铸就了他们的成功。对此，曾国藩说：“人若无刚则无以自立，若不能自立则无以自强。”也因此，他早年在京城为官的时候，总是刚正不阿，敢于与那些名气大、地位高的人争斗，虽然显示了自己的“刚毅之气”，但与此同时，自己却处处受人排挤，常常成为讽喻的中心话题。后来，曾国藩才意识到，过于刚强易折，不能达到自强的目的。于是，曾国藩总结出来一条真理：刚柔并济，方能达到自立自强的目的。

曾国藩说：“近年来得天地之道，刚柔并用，不可偏废，太柔则靡，太刚则折。刚非暴虐之谓也，强矫而已；柔非卑弱之谓也，谦退而已。趋事赴公，则当强矫，争名逐利，则当谦退。开创家业，则当强矫，守成安乐，则当谦退。出与人物应接，则当强矫，入与妻孥享受，则当谦退。”从其话语中，得知其悟出了天地之间的道理，凡事需要刚柔互用，柔中带刚，不可偏废，太柔了会导致萎靡不振，太刚强了则容易折断。刚并不是暴虐，而是强矫；柔并不是卑弱，而是谦虚退让。为官，就应该强矫，为名利，就应该谦退；开创家业，就应该强矫，享受安乐，就应该谦退；与人应酬，就应该强矫；与家人享受，就应该谦退。

早年的曾国藩吃了“刚”之苦，这使得他明白：做事应刚柔并济，方能伸屈自如。曾国藩常说起老子的“柔弱胜刚强”的论断，他说：“老子曾经说，天下没有比水更柔弱的东西了，但是，水可以冲击任何坚硬强大的东西。没有什么能胜过它，因为没有什么东西能够替代它。如果柔能跟刚结合，柔中带刚，运用在自立自强上，往往会产生巨大的效果。”对此，曾国藩这样总结：

"刚柔并济,才能达到自立自强之目的,人不能只具备骨架,还需要具备血肉,只有如此才能成为一个充满活力的人。"在曾国藩看来,柔是一种处事的手段,而刚则是做事的目的,刚柔并济,实现真正的自立自强,这才是真理所在。

曾国藩博览历史书,不仅仅使其增长了知识,而且,他还从其中汲取了不少先人的智慧。同时,曾国藩将自己所学的知识与人生经验联系起来,总结出在什么样的情势下该伸,在什么样的情势下该屈,在什么样的情势下应依据客观情况审时度势,刚柔并济。在这个世界上,任何事物都不能走极端,单纯地依靠"柔",或者片面地依靠"刚"都将导致失败。而只有刚柔并济,才能达到自立自强的目的,才能铸就出真正的强者。

有一次,宋太祖赵匡胤正手持弹弓在后苑打猎,忽然,传一位大臣有急事求见。赵匡胤听说有急事不敢怠慢,立即召见那位大臣听奏,然而,在听完了大臣的禀报后,他觉得事情远没有自己想象中那么着急,心中十分不悦,因为一件小事扰了自己打猎的兴致。于是,赵匡胤便斥责那位大臣:"这算什么急事?"大臣对皇上的态度十分不满,随口就回答说:"臣觉得这事情再小,也总比打猎的事情大吧!"一听此话,赵匡胤恼羞成怒,随手拿起身边的斧柄就朝这位大臣扔去,大臣躲闪不及,牙齿当即被打掉两颗,可是,大臣不卑不亢地拣起了自己被打落的牙齿。

这时,赵匡胤更生气了,他说:"难道你还想保存这两颗牙齿,日后找我算账?"大臣回答说:"我怎敢与您论是非呢? 这事史官自然会记载下来的。"赵匡胤听了,心中一惊,换了一张笑脸,好言相慰,同时,为了表示自己的歉意,还将许多金帛送给了这位大臣。

虽然,大臣本身的地位是"柔弱"的,无论是权势,还是地位,都无法与至高无上的皇帝抗衡。但是,大臣却善于采用"柔中带刚"的态度,达到了自己人格上的自立,从而征服了至高无上的皇权。试想,如果大臣与皇上硬碰

硬，保持刚强的势头，那吃苦头的只能是自己；如果大臣总是显得软弱，则会受强权压迫之苦。所以，无论从哪个角度，刚柔并济都是最智慧的选择。

在日常工作中，有的人面临挫折与困难就会不知所措，或者一味意气用事，结果撞得头破血流；而真正拥有大智慧的人却选择刚柔并济，能屈能伸，使本来不利的事情朝着有利的方向发展。所以，在日常的工作中，我们需要多一个心眼，凡事应刚柔并济，方能伸屈自如。

第三节 ◆ 看明人和事，斟酌好了再行事

曾国藩常常自谦“近乎拙愚”，实际上他城府很深，颇有心机。翻开他的一生，我们会发现，无论是他位高权重之时，还是在他失意的时候，曾国藩都会保持自己的态度：不与朝中亲贵交往。因为曾国藩明白，每一件事的决策，都需要事先看明人和事，只有自己斟酌好了再行事，才能保证事情的成功。晚清时局混乱，道光倚重穆彰阿，咸丰倚重肃顺，同治倚重恭王，诸如穆彰阿、肃顺、恭王都是红极一时的人物，但是，他们都不能善终。曾国藩在镇压太平天国运动之后，其战功赫赫，成就了一世英名，而懂得斟酌人和事的他却做到了善始善终，不能不说曾国藩确实是颇有心机。在这一点上，值得现代社会的人们学习，做任何事情不能着急，需要仔细斟酌，看清眼前的人和事，想好了再办事，这样事情才有可能成功。反之，如果总是盲目行事，不加思考就朝着前面走去，那么，结局肯定十分悲惨。所以，在日常工作中，要善于运用心机，看清眼前的人和事，仔细斟酌，努力将事情办好。

在曾国藩家乡有一个知县，他与当地乡绅的关系十分密切，而且，与曾国藩家里的关系也十分要好。有一段时间，知县出现了财政赤字，当地的乡绅们担心这位知县因此会被调离或者降职，这将损害自己的利益。于是，就

提倡"全县人民捐钱来弥足财政赤字",以此希望留住这位知县。对此,在家乡的弟弟向曾国藩征求意见,是否该支持乡绅这样的行为呢?

收到家信的曾国藩仔细分析了事情,觉得那些乡绅提出的倡议不过是小把戏,冠冕堂皇地提出来,表面上看似乎为百姓做了好事,实际上却是为自己谋利益。而且,在实际捐钱的时候,乡绅们出多少钱有谁知道呢?只是把那些穷困的百姓推入了深渊,这样想来,曾国藩告诉家人:"持旁观态度,静观事变。"在之后的数十年里,每每遇到事情,他都是仔细斟酌,巧妙周旋,避开了事情的不利之处。

后来,咸丰帝病死,朝政开始由肃顺执掌,这时,肃顺任命湘军首领为总督或巡抚,希望拉拢湘军。另一方面,肃顺多次对曾国藩的工作予以了肯定,不过,看清了局势的曾国藩并没有投桃报李,他只是通过旁人来表示自己的攀附之意。没过多久,当曾国藩看见肃顺杀人之后,就感到不能将自己的命运拴在肃顺这样的人身上。肃顺的阴谋很快被识破,受到了处死抄家的惩罚,同时,在肃顺家中还搜出了许多大吏与之往来的书信,而在其中却没有曾国藩的书信,因为当初曾国藩与他只说了只言片语。曾国藩如此的城府,得以保全了自己,还被慈禧大赞"忠臣"。

凡事需要斟酌才能去行动,这是曾国藩一向的处事风格。无论是在自己得意时,还是在自己失意时,他都不会因眼前所变而乱了心智,在任何时候,他都会冷静地分析眼前的人和事,哪些是需要避免的,哪些是需要亲近的,把这些问题想清楚了,他才会付诸实际行动。正是这样的心机和城府,使得曾国藩在官场能够善始善终。

食品公司销售部经理离职了,这个部门经理的位置就空了出来,虽然下面的销售人才都很不错,但被总经理提名的只有两个候选人。在周一的例会上,总经理公布了这两个名字,并且要求他们各自在一个星期内拿出自己的市场推广方案,谁的方案最优秀就由谁来担任部门经理。小李、小张同时

被列为候选人，两人平时还是好朋友，所以，这样一场竞争非常有意思，公司各部门员工都对此议论纷纷。有人说小李绝对能胜任，因为他善于笼络人心；有人说小张绝对能任职，因为他业绩比较突出。同时，有一个消息在办公室里炸开了锅，原来小李是经理夫人的亲弟弟，这可不得了，那失败者似乎注定了就是小张。

小张分析了其中的利害关系，心想：小李有了关系这一层，看来自己终究是失败，不过，有什么要紧呢。如果自己真的失败了，表现得大度一点，努力配合小李的工作，给人留下好的印象，日后定会有升迁的机会。他就这样一边想着，一边准备市场推广方案。很快，一个星期就过去了，两人同时把方案交到了办公室。总经理在大会上宣布了结果，懂得笼络人心的小李胜出了。小张知道自己已经失败了，心变得坦然，鼓掌表示庆祝，似乎一点也不在意。

小李上任了，开始了管理工作。小张还是积极地跑市场，协助小李的工作，下班后，他与小李还是好朋友。公司里的人都说："小张这人真好，升职机会被好朋友抢了也不说什么。""就是啊，而且，工作比以前更积极，这样踏实能干、谦虚的小伙子上哪去找啊。"三个月后，小张在朋友小李的推荐下，因业绩突出被提升为部门助理。

本来，同事小李有好的关系，这对于处于公平竞争关系的两个人似乎并不公平，小张大可以因不服气而找上司闹，或者在小李胜出后故意与之作对。但是，聪明的小张却很清楚眼前的人和事，自己要想有所作为，就必须将不服埋在心里，努力配合小李的工作，在公司博得一个好名声，这样，自己的能力有了，也没得罪什么人，那高升的机会肯定会有。在这样斟酌之后，小张才将想法投入实际行动，最后，自己的目的达到了。小李和小张的故事告诉我们，在工作中，凡事着急不得，需要分清眼前的人和事，斟酌之后再行事，方能保证事情的成功性。

第四节◆先给人些甜头，自己才能有收获

曾国藩所率领的湘军十几万人，而其中的卓越之士更是不胜枚举，为什么旗下有如此多的将士心甘情愿地为之效力呢？从浩浩荡荡的湘军中，我们发现曾国藩其实是一个善于笼络人心的谋略家，他懂得这样一个道理："先给人些甜头，自己才能有收获。"当然，需要给别人一些甜头，就需要自己能吃亏，在这一点上，曾国藩是相当认同的。在很早以前，曾国藩就阅读过这样一首诗"一纸书来只为墙，让他三尺又何妨。长城万里今犹在，不见当年秦始皇"。多年后，曾国藩家人与邻居为一墙之隔的地界发生争执，甚至闹到了要打官司的地步，对此，弟弟写信告诉了在京师做官的曾国藩。曾国藩收到家信后，联想起了那首诗，便写了一封长信，并附上了那首诗，家人看后心中羞愧，遂让了邻居"三尺"，而邻居一见，心中很感动，索性将自家的地让给曾家修建黄金堂新宅。所以，在日常生活中的我们应该明白，要想自己有所获得，应先给对方一些好处。

其实，曾国藩自己对钱财看得很轻，同时，他也希望湘军的将领们不追逐名利。不过，他也明白，凡是干大事的人，都是由于心中有大的欲望。于是，他在给弟弟的信中这样写道："但凡出来带兵者，都难免会稍肥私囊，你想让他们一点钱都不拿是不可能的。"就在曾国藩第二次出山的时候，朋友李续宜劝他说："对于名将，非花费十万两白银不能请求他出来为你所用，出来之后，又必须每月花费一万两才足以够他使用。"对此，他建议曾国藩："千万不要怕乱花钱，而是要轻视银钱，以重金求人才。你给了他甜头，他自然会为你效力。"曾国藩自然明白其中的智慧，因此，在给朝廷的奏折中，曾国藩说："湘军以当兵为名利两全的事情。"于是，在湘军里，大家都知道这样一

个秘密:薪水很高,甜头很多。

不仅如此,曾国藩除了利用金钱来吸引将士外,还非常重视对将领的举荐。在带兵的过程中,曾国藩发现自己对下属举荐得太少,使得追随自己的人感到升迁无望就离开了。幕僚赵烈文曾对曾国藩说:“阁下爱好贤士,这是天下人都知道的,可是为什么有很多人还是离开了您呢?来投奔您的人,除了少数以天下为己任的人,大部分都是为求利而来的。假如得不到发展的机会,那么,他们就会离开,怎么会甘心为您效力呢?所以,一定要满足他们的欲望,给他们一些好处,他们才会竭尽全力地报答您。”曾国藩知晓了这个道理,马上意识到了举荐下属的重要性。于是,他开始效法胡林翼,改变自己的工作作风,大力举荐人才。这样,给予了自己的将士好处,作为湘军统帅的曾国藩自然能赢得最后的胜利。

湘军是曾国藩的骄傲,因为湘军,他达到了事业的最高峰;因为湘军,他的名字响彻整个清王朝。我们不难发现,湘军对于曾国藩的重要性,但是,单凭曾国藩这个名字,能够吸引那么多将士来归附自己吗?当然不能,曾国藩也不过是一个普通人,他不过是以甜头作为诱饵,使得数十万的将士为其效力,鞠躬尽瘁,死而后已。

在日常生活中,我们在办事过程中总会遇到这样或那样的困难,无论自己怎么说,对方就是不为所动。这时候,我们需要采用一些策略了,不妨先给对方一些甜头,这样,自己最后一定会有所获得。

第五节◆ 学会试探,探明对方心意把事办得漂亮

俗话说:“伴君如伴虎。”在官场混迹几十年的曾国藩自然明白这个道理,在为官那么多年中,他懂得试探,因为他清楚,只有探明了对方的心意,

才能把事情办得漂亮。毕竟，曾国藩再睿智，皇帝在想什么，他的决策是什么，曾国藩并不清楚，所以，只有试探才是最好的应对之计。早年的曾国藩说话做事都十分直接，这使得他常常摸不清楚状况，搞不清楚他人的心意，为此也吃了不少苦头。于是，在休养生息之后，曾国藩明白了，不管是说一句话，还是做一件事，都需要小心翼翼，先试探，弄清楚了对方的心意，再去办事，这样才能符合对方的心意。当然，曾国藩此举并没有谄媚之嫌，而是为了更好地保全自己。现代社会，人心叵测，在很多时候，我们做事不成功，不能得到他人认同的原因在于不知晓对方的心意。所以，学习曾国藩的官场哲学，学会试探，探明对方的心意，再去办事，才能将事情办得顺利。

曾国藩是从识人、识事中恰到好处地修炼自己，坦然应对不利的局面，巧妙试探，化不利为有利。

曾国藩组建湘军之后，因锋芒太露，处处遭人嫉妒，受人暗算，甚至，就连咸丰帝也不再信任他。正在这时，其父亲曾麟书病逝，朝廷给了他三个月的假期，令他假满后去江西带兵作战。休假满了以后，曾国藩想要实权，但是，又怕遭拒绝，随即上书试探咸丰帝，在奏书中，曾国藩这样写道："自问本非有为之才，所处又非得为之地。欲守制，则无以报九重之鸿恩；欲夺情，则无以谢万节之清议。"看了这样的奏书，咸丰帝明白了曾国藩的意图，他看到江西的军务已经有所好转了，这时的曾国藩为朝廷效命是可以，至于授予实权是不行的。于是，咸丰帝批道："江西军务渐有起色，即楚南亦就肃清，汝可暂守礼庐，仍应候旨。"曾国藩已明白朝廷对自己并不信任，虽内心悲苦，却断了要权的念头。

后来，熟悉官场的曾国藩在向朝廷提出请求的时候，总是避免正面提出，而是巧妙试探，旁敲侧击，以此达到自己的目的。在九江劳师后，曾国藩试探性地递上了一份奏折，奏折体现出了几层意思："他不说自己是李续宾所部水陆师的司令，却在奏篇中为其请饷，其实就是以指挥者自居；他在奏

折中反复强调了李续宾所率领的部队原是自己的湘军，言下之意是请求政府将这些部分调拨给自己；赞赏旧部李续宾的战功，实则为自己脸上贴金；强调旧部李续宾的部队力量强大，借此抬高自己的地位。"巧妙试探，最后，清政府果然准了将旧部李续宾归还给曾国藩。

纵观曾国藩的奏折，没有哪一次是明确地表示自己想要什么，而是绕来绕去，巧妙试探，曲意示衷。面对上级领导，保持低调，做事委婉才是明智之举。如果你需要向领导提出什么请求，就学习曾国藩的委婉之术，巧妙试探，探明了对方的心意，再去办事，这样才能得到他人的认同。

据说，有一种以鱼类为生的鸟类，它的嘴型是直直的，上下部分又长又宽阔。在吃东西的时候，它们常常把鱼儿往空中一抛，让那条鱼儿头朝下落下来，然后，一口接住就咽了下去。因为，这样的吃法使鱼儿在经过咽喉时，鱼翅是由前向后的，不会卡在喉咙里。其实，做事也是一样的道理。在日常生活中，做任何一件事情都有可能碰到"刺儿"，这时便不能直接办，而是要想办法试探几次，绕个弯子，避开钉子，这才是做事的基本策略。

西安事变前夕，张学良和杨虎城经常见面，彼此都有心向蒋介石发难。但是，对于这样一件关系到自己性命和国家前途的大事情，彼此都有所顾忌，在对方没有亮明态度之前，谁也不敢轻易开口。眼看着时间越来越近，可两人一见面，却还是一副欲说还休的状态。

在杨虎城将军手下有位共产党员名叫王炳南，这个人张学良也认识。在一次见面中，杨虎城有意试探："王炳南是一个激进分子，他主张扣留蒋介石。"张学良接口回答道："我看这不失为一个办法。"于是，两个人开始商谈行动计划，最后促成了西安事变。

原来，当时张学良的实力比杨虎城大很多，而且，张学良又是蒋介石的拜把子兄弟。杨虎城明白，如果自己直接说出想法，又得不到张学良的认同，那么，后果将不堪设想。于是，杨虎城假借不在场的第三者之口传出心

声，巧妙试探张学良的心意，即使不能成功也能全身而退，另谋他策。如此一番试探，其实就是一张保全自我的“挡箭牌”。

在日常工作中，我们经常会碰到话不好直说的状况，这时，不妨绕个圈子，巧妙试探，等到探明了对方的心意，再做打算，即使事情不能成功，也能全身而退。所以，要想将事情办得漂亮，就要懂得一点心机，学会试探，弄清楚对方的心意，才能对症下药，达到自己的目的。

第六节 ◆ 巧用心机，柔情攻略能成事

白居易说：“感人心者，莫先于情。”意思是说，能打动人心的，莫过于情感，正所谓“人非草木，孰能无情”。以情感打动对方，最终促成大事，这就是我们常说的“柔情攻略”。曾国藩是一个善于运用柔情攻略的人，由文官到武将，特别是组建湘军的时候，有多少人愿意效劳于他至死不渝。这其中很重要的原因就在于，曾国藩很懂得运用柔情攻略，以情感打动他人，令其为自己效力。其实，每个人的内心都有最柔软的地方，在日常生活中，我们不失时机地表现出自己的真情实感，甚至，掉下几滴眼泪，这样都可以打动对方，从而为事情的成功奠定基础。使用“柔情攻略”，能使对方乐意为你效劳。在日常工作中，适当的情感会给对方一种慰藉，一种体贴，突破对方的心理防线。巧用心机，使用柔情攻略，其目的在于打动对方，使对方获得一种心理上的满足，影响对方的心理，而自己的事情也能很好地办成。

塔齐布是曾国藩手下的将领，在一次作战中，因寡不敌众，塔齐布的坐骑陷入了泥潭，而且，又迷了路，幸好被当地的百姓发现，将他带回了家里休息。第二天早上，塔齐布下面的将士都认为他战死了，哭作一团，曾国藩也悲痛不已。在这时，塔齐布回来了，曾国藩听说后，连鞋子都没穿，光着脚就

跑了出去，抱住塔齐布就大哭了起来。这一哭是曾国藩的真情流露，其发挥出来的功效很大，塔齐布十分感动，因而誓死效忠湘军。

另外，曾国藩与李续宜的关系十分好，几乎无话不说。有一次，李续宜在大营中生病了，曾国藩听说后，几乎每天都要到他病床前探视，晚上还要去看他的睡眠情况。这些日常小事，他都会写信给弟弟，在信中，他说："我每天到李续宜那里探视，他身体消瘦，又经常咳嗽，好似有了内伤，但他的精神很好，精心调养，应该可以痊愈。"字里行间，无不表示出对将士的真情。

曾国藩说："湘军内部有一种'家人父子之情'，湘军所建立的是千人同心、万人同力的'死党'。"或许，正是那柔情攻略，才使得数十万将士乐意为曾国藩所用。

情感是有回报力的，看到了湘军后来的成就，我们就知道，曾国藩所付出的真情带来了多大的回报。每一个人都需要情感上的关怀、理解、尊重和信任。现代社会，如果你身处上级领导的位置，也应该将情感作为一种力量、一种策略，用它去影响自己身边的人，这样才能激发出员工的热情与活力，才能帮助自己成就一番事业。当然，这样的情感一定要真诚，曾国藩的情感是真诚的，而且，也只有真实的情感才能打动他人，虚伪的情感是无法打动别人的，稍有不慎，还有可能弄巧成拙。

鲍尔温交通公司总裁福克兰，在年轻的时候因巧妙处理了一项公司的业务而青云直上。当时，公司刚买下了一块地皮，准备建造一座办公大楼。居住在这块土地上的100户居民，都得因此而迁移地方。居民中有一位爱尔兰老妇人，首先跳出来与机车工厂作对。在她的带领下，许多人都拒绝搬走，并决心与机车工厂一拼到底。福克兰对工厂领导说："如果我们建议以法律途径来解决问题，就费时费钱。我们更不能采用其他强硬的办法，以硬对硬，驱逐他们，这样我们将会增加更多仇人，即使建成大楼，我们也将不得安宁。这件事还是交给我来处理吧！"

这一天，他来到了老妇人家门前，坐在石阶上独自流起了眼泪。这种行为自然引起了老妇人的注意。良久，她开口发问："年轻人，有什么伤心事吗？说出来，我一定能帮助你。"福克兰趁机走上前去，他擦擦眼泪，没有直接回答她的问题，却说："您在这儿无事可做，真是天大的浪费呀！我知道您有很强的领导能力，实在应该抓紧时间干成一番大事业。听说这里要建造新大楼，您是不是准备发挥超人的才能，做一件连法官、总统都难以做成的事：劝您的邻居们，让他们找一个快乐的地方永久居住下去。这样，大家一定会记得您的好处！"

第二天，这个强硬顽固的爱尔兰老妇人便成了全费城最忙碌的女人了。她到处寻觅房屋，指挥她的邻人搬走，并把一切办得稳稳妥妥。办公大楼很快便破土动工了。住房搬迁过程不仅速度大大加快，而且所付的代价只有预算的一半。

一开始，福克兰就表明"若是采用强硬的办法，以硬对硬，驱逐他们，将会使自己的仇人增加"，于是，福克兰心生一计，既然硬的不行，那就来软的吧。而"情"则是最好的选择，所以，福克兰并没有摆出所谓拆迁队那种"强硬"的姿态，而是以柔情攻略打动了对方，使得那位老妇人心甘情愿地为自己办成了一件大事。情感是人性的一个特点，利用好这个特点，让其为自己所用，这样做事就很容易成功。

第七节◆该强势时，就要拿出强势的风范来

早年时期的曾国藩崇尚刚直，他认为汉代的樊哙充满了刚直之气，他说："汉初功臣，惟樊哙气质较粗，不能与诸贤并论……未有无阳刚之气而能大有立于世者，有志之君子养之无害可耳。"另外，曾国藩常常写信给弟弟、

子女们，说曾家后代是秉承了母亲江氏的刚猛之气，所以才有所成就，他说："功业文章，皆须此二字贯注其中，皆从倔强二字做出。"水柔软，因其太柔，一旦遇到了强势之风，难免会坏了形体，不成样子。做人也是一样，须方圆并用，你若是太柔弱，只会被别人踩在脚下，永远没有翻身的机会。所以，该柔弱的时候就柔弱，该强势的时候就应该拿出强势的风范，刚柔并用，才能成大器。曾国藩在官场混迹十多年以后，他懂得做人应刚柔并用，虽说他是一个善于忍让的人，但是，有时候也会表现出强势的风范，比如，拒交关防这件事，他的态度就稍显强势。

当时，曾国藩被任命为钦差大臣，以剿捻军为重任。而刘秉璋作为辅佐军事的湘办之官，防守运河。清军在河岸修起了长墙，阻止捻军人马从那里经过，试图将他们围剿在角落里。李鸿章在江督行署，亲自写信给刘秉璋，说道："古代有万里长城，现在有万里长墙，秦始皇没有预料到在两千多年后遇到公等知音。"话语中，颇有嘲讽之意。刘秉璋回信说："粮饷匮乏，不能够增兵。"其实，李鸿章经常会干涉曾国藩的军务，而且，还会经常向朝廷汇报曾国藩的情况，对此，曾国藩心生不满。

时间过去了几个月，还是没有战功。清政府让李鸿章接替曾国藩为统帅，曾国藩虽心中有愧，自己请求留在军营中继续效力。可李鸿章接任后，急忙派人到曾国藩驻所领取钦差大臣的"关防"，曾国藩语气十分强硬："关防，是重要的东西；将帅交接，是大事，他不自重，急着要章去，弄没了怎么办？还是留在我这里吧。"李鸿章派人百般劝说，曾国藩也不答应。

有人给李鸿章出主意说："乾隆年间西征的军队用大学士为管粮草的官，地位与钦差大臣相当。"李鸿章装听不懂，说："你说的是什么？"刘秉璋说："现在您回到两江总督之任，就是大学士管粮草的官职呀。"李鸿章私下告诉曾国藩，说："以公的声望，即使违旨不行，也不会有人说什么，但您的军队屡屡失利，难道不惧怕朝廷的谴责吗？"听了这话，曾国藩才收起了强势的

语气，不再作声。

李鸿章接任后，没有改变之前曾国藩扼制运河而防守的策略，后来，大功告成，李鸿章上疏请求给领兵大臣赏赐。结果，曾国藩仅仅得到了一个“世袭轻车都尉”，他大为恼怒地说道：“他日李鸿章到来，我当在他之下，真是今非昔比了！”

虽说，自己数月没有立下战功，但是，对于将来接任的李鸿章，曾国藩不可能就弱弱地交出“关防”的章子。这样一来，自己以后怎么跟他较量呢？平日里的曾国藩善于忍让，但在这个节骨眼上，他硬是跟李鸿章杠上了。到最后，李鸿章说了一番话，曾国藩才放下强势的派头，但对于围剿捻军，始终沉默不语。做人就应该这样，该强势的时候，绝不软弱，否则只能被别人欺负。

在日常工作中，尤其是商业谈判，非常需要强势的派头。俗话说：“商场如战场。”谁的气势占据了上风，谁就会成为最后的大赢家，而在这时候，强势的风范是必不可少的，它可以为我们的语言增添一种迫人的力量。

吴仪曾说：“我从没想到要投身政治，只想做个企业家。”1967 年，29 岁的吴仪初到燕山石化。她凭着一股子干劲，从开推土机，到做技术员、工程师，再到出任厂长、经理……人们皆以敬佩的口吻说：“她几乎是从男人堆里干出来的。”

美国《福布斯》杂志连续三年把她列在“世界一百位最有影响力女性”的前三甲地位。吴仪，这位共和国历史上第三位女副总理、中国权位最高的女性，曾多次被冠以“铁娘子”、“时代女性”、“拼命三郎”等称号。

在国际谈判桌上，吴仪以其机智、干练和强硬，赢得“中国铁娘子”的美誉。1991 年，中美进行知识产权谈判。一开场，美国人态度嚣张：“我们是在和小偷谈判。”吴仪闻后，立即予以反击：“我们是在和强盗谈判，请看你们博物馆里的展品，有多少是从中国抢来的？”她强势的风范让对手意识到“这个

女人不简单”。美国前商务部长埃文思评价她说:“她总是面带微笑,可在这微笑中能让人感到她的坚强神经和工程师般的思维”。

吴仪那强势的风范,以及干练的谈判风格,令谈判伙伴对她刮目相看,同时,也让我们理解了为什么人们对她冠以“铁娘子”的美誉。在日常生活中,平日的工作我们可以表现得很听话,但一到谈判桌上,该强势的时候到了,那么,就要放下弱小的姿态,该强势就应该拿出强势的风范,如此这般,我们的谈判工作才会更有效率。

第七章

宽容低调，以退为进海阔天空

——上班会忍让，低调行事道更宽

曾国藩说："凡办大事，以识为主，而人生的进退问题，尤其是如此。"其实，人生就是一个不断进退的过程，没有一个人总是前进，也没有一个人总是后退。如果在该前进的时候不前进，在该后退的时候不退却，结局一定是惨遭失败。曾国藩在为官几十年中，把握了进退的智慧，该进则进，该退则退。用曾国藩进退的智慧，应用到日常工作中，则需要我们学会宽容低调，以退为进，懂得忍让，低调行事，未来的职场之路才会越走越宽。

第一节◆凡事让人先行，前路才更为顺畅

《庄子》曰："直木先伐，甘井先竭。"意思是说，一般所用的木材，多选择直的树木来砍伐；一般所饮用的水源，多选择甘甜的井水，因而，有甘甜之水的井会先干涸。其实，这个道理可以运用到我们现实生活中，特别是人才的选用更是如此。在日常工作中，有许多才华横溢的人，他们锋芒毕露，处处争先，虽然会因此受到重用提拔，可是，不懂得藏拙，也很容易遭人暗算。而曾国藩却深谙中庸之道，在其一生中，他多次藏起锋芒来保护自己，甚至，不惜将宽阔的路让给别人走。实际上，曾国藩的"中庸之道"是保全自我的最好方式，同时，也是实现自我价值的生存之道。在工作中，我们经常看到这样两类人：锋芒毕露、藏锋露拙。前者的运气一定不会太好，处处以自己为先，在职场中树立了不少敌人，其职场之路可谓是举步维艰；而后者懂得藏好自己的锋芒，凡事让他人先行，如此一来，前路才会更加顺畅。

湘军攻破天京，红旗报捷，曾国藩将官文列于捷疏之首，让他人先行。这其中，颇有一番谦让之意，而且，在曾国藩心中，已经有了一个决定：裁撤湘军，留存淮军。因为不裁湘军，担心功高震主，危及自己；如同时裁撤淮军，手中不操锋刃，就会任人宰割。于是，曾国藩让李鸿章按淮军不动，从自己处开刀。虽然，曾国藩表面上是李鸿章的老师，但两人之间却有诸多矛盾，用现在的话说，两人就是竞争的同事，在这关键时刻，曾国藩让李鸿章先行，却拿自己开刀，这确实是煞费苦心。

决定了裁撤湘军以后，曾国藩递上了奏折，在奏折中这样写道："臣统军太多，即裁撤三四万人，以节靡费。"当时，曾国藩所统帅的湘军约十二万人，但是，左系湘军进入浙江后就已经独立，而湘军内部将领之下均有数万人，

弟弟曾国荃统帅的有大约五万人。曾国藩明白这才是清政府最担心的，于是，他就先从这五万人开始裁撤。曾国藩只留了张诗日等一万多人防守江宁，裁撤了助攻天京的一万两千五百余人。后来，又裁撤了八营，曾国藩奉命北上山东剿捻，这时裁撤七千五百人。到最后，能够被曾国藩调动的军队只剩下六千人。如此的大刀阔斧，赢得了清政府的信任，得以保全了自己和弟弟的性命。

其实，早在裁撤湘军之前，曾国藩就写信给李鸿章，在信中，他这样写道："惟湘勇强弩之末，锐气全消，力不足以制捻，将来戡定两淮，必须贵部淮勇任之。国藩早持此议，幸阁下为证成此言。兵端未息，自须培养朝气，涤除暮气。淮勇气方强盛，必不宜裁，而湘勇则宜多裁速裁。"

在给李鸿章的信中，曾国藩一再强调"湘勇强弩之末，锐气全消"，另一方面却赞赏淮军的英勇，道出了"裁撤湘军，留存淮军"的决定。作为同为朝廷效力的同僚，曾国藩懂得低调忍让，以保全淮军为目的，不惜拿自己开刀。历史向我们证明了曾国藩这一决定的正确性，在裁撤湘军以后，曾国藩的官场之路变得平坦了许多，同时，成就了其一代中兴名臣的威名。

在日常工作中，一个人有才干、有能力本来是一件好事，这毕竟是事业成功的基础，在工作中能恰当地表现出来是十分必要的。但是，太过于锋芒毕露容易伤人，也会刺伤自己，所以，工作中的才华展露一定要适时、适当。如果你在工作中不懂得低调处事，处处展露才华，恐怕会招致同事的嫉恨和打击，最终导致事业的失败。许多有志向做大事的人，内心大多比较自傲，但是，一定要含而不露，该低调的时候一定要低调，这样，事业才有可能获得成功。

小刚是地地道道的北京人，从小在家就娇生惯养，而且喜欢争强好胜，在过去的学习生涯中，小刚的学习成绩一直很优秀，做什么事情都喜欢"标新立异"。参加工作以后，有些自傲的小刚还是那么好学上进，喜欢发表自己的见解。小刚一向表现得十分聪明，一点都不讨经理的喜欢，有时候，小刚在工作中犯了错误，经理也会毫不客气地批评："小刚，你竟然也能犯下这种低级的错误？精明脑袋是不是白长了？"小刚听到经理的批评，不甘沉默，常常与经理据理力争，弄得经理下不了台。

有一次，在公司大会上，经理针对一个项目提出了自己的见解，可是，经理话还没说完，喜欢表现的小刚就抢白了过去，他发表了一番自己的高见，对经理的意见提出了一些建议，指出其存在这样或那样的缺点，在整个公司员工面前，经理的脸色变得十分难看。从这之后，经理就处处看不惯小刚，无论他把事情办得多么漂亮，经理总是喜欢"鸡蛋里面挑骨头"。小刚感到自己无论怎么努力，走得还是那么辛苦，没过多久，生性锋芒毕露的小刚"被迫"离开了公司。

小刚的"锋芒毕露"为自己职场之路带来了重大的阻碍，其实，在工作中，那些懂得忍让、宽容的人会心甘情愿让他人先行，这样一来，他们的成功道路似乎会更平坦一些。而那些看似精明、锋芒毕露的人，还没有开始工作，就已经被同事当做"假想敌"了。所以，在工作中要想有所作为，必须懂得内敛，收起自己的"锋芒"，凡事让人先行，以后的职场之路自然就会更加顺畅一些。

第二节 ◆ 以退为进，忍耐是门真功夫

俗话说："忍一时风平浪静，退一步海阔天空。"在日常生活中，我们都有这样的体会：遇到了一个斜坡，实在跨不过去，干脆停下来，退一步或者几步，歇息一会，调整自己，鼓足劲，再继续前进，结果往往会一蹴而就。曾国藩作为一名政客，对人生的进退之道深有体会，他曾说："身当时任，首先应

是造就自己进取的资本。”对于人生的进退，我们通常会有这样两种错误的理解：一是盲目前进，行莽撞之事；二是自暴自弃地沉沦。曾国藩是一个善于忍让的人，尤其是不能前进的时候，他一般会选择后退，努力忍耐，最后，退一步却成了前进一大步。《孙子兵法》曰：“不以进为进，不以退为退，进中可退，退中可进。”退一步，表面上看是后退了，实际上在退一步的同时，心中已经为日后进一步做好了准备。以退为进的策略，在于“忍耐”真的是一门功夫。在日常工作中，我们更要将“忍耐”这样的功夫修炼到家，懂得忍让，善于运用以退为进的策略，从而达到自己前进一大步的目的。

裁撤湘军后，曾国藩不得已赴任两江提督，虽然，心中有许多委屈，但是，他深知自己只有忍耐，才能真正做到以退为进。在赴任途中，满城文武士友皆来相送，面对同僚们，曾国藩心绪难平。为了抑制自己复杂的心情，曾国藩将《湘阴县志》阅读了一遍。他说：“念本日送者之众，人情之厚，舟楫仪从之盛，如好花盛开，过于烂漫，凋谢之期恐即相随而至，不胜惴栗。”思前想后，其心中心情却是五味杂陈，本来自己应该是大功臣，却遭朝廷怀疑，不得不心怀委屈赶赴上任。

不过，曾国藩并没有表现出这样的心情，而是忍耐。在整个路途中，他都以看书为乐，离开了与自己血脉相承的弟弟，曾国藩怅有所失，内心十分不安，只希望自己喜爱的书籍能陪伴自己。在途中，曾国藩接到新的寄谕“所奏报销折奉旨，著照所请，只在户部备案，毋须核议”。原来，在这之前，有一些人抓住了曾国藩军费开销巨大的把柄，要对此审计核查，现在自己甘愿接受朝廷安排，一纸圣旨就将这件事一笔勾销了，不再追查他了。曾国藩对此感到高兴，自己的一番苦心终于赢得了清政府的信任，虽然，心中担心“久宦不休，将来恐难善始善终”，但是，心中的一块石头终于落地了。

本来，被朝廷安排为两江提督，似乎是一种贬斥，而善于忍让的曾国藩却并无二话。面对曾国藩的忍耐，朝廷似乎已经看清楚了他的诚心，对其加

以信任，而这正是曾国藩想要的。虽然，自己的官衔、地位有所降低，但是，那份信任却愈加沉甸，这就是曾国藩的以退为进。其实，在曾国藩为官数十年里，进进退退多次，然而，每一次后退都为其赢来了前进的一大步，就这样，他从一名小小的文官走到了中兴名臣的地位，当然，在这其中，曾国藩的忍耐功夫却是不容小觑的。

乔治·奥尼尔说："任何事物都不是十全十美的，一种变化往往要求先退一步，才能再进两步。"所谓"将欲取之必先与之"，在日常工作中，我们应该将曾国藩的"以退为进"之策作为明哲保身的有效方法。当前进的路已经变得举步维艰的时候，我们需要做的就是后退一步或几步，为自己赢得更多的时间和精力，再次前进，我们一定能获得成功。

越王勾践因战败不得不假意投降于吴王，于是，昔日高高在上的大王，如今却成为了吴王的马夫。每天，勾践受到许多人的使唤，但是，勾践明白，自己若是想要复兴越国，就必须忍耐，委曲求全。因此，他表现出忠心耿耿的样子，从来不流露出怨言，内心强忍着痛苦。三年过去了，吴王夫差动了恻隐之心，放勾践回国。

回国后，勾践委托范蠡建城作都，他每天晚上睡在柴垛上，在房门口挂一个苦胆，每天都要舔一舔，卧薪尝胆，念念不忘复仇。对外，他继续讨好吴王，不断送礼，给吴王送去了西施这样的美女和大量的木柴，以削弱吴国的国力。而勾践却休养生息，富国强兵，鼓励增加人口，以增强国力，和群臣一起谋划攻吴之计。几年后，勾践一举歼灭吴国，血洗国耻。

勾践以退为进，终于完成了自己的复国计划，而在这个过程中，他所忍耐的痛苦也得以解脱。有时候，退一步并不是屈服，而是为了更好地生存和发展。在生活中，我们会看见在地上爬行的毛虫，这时，你就会发现，毛虫每向前一步，总是会将身体往后缩，其实，这也是"以退为进，以屈求伸"的方法。在日常工作中，我们所遇到的困难与挫折并不需要我们正面与之对抗，

懂得忍耐，以退为进，我们一样能获得最后的成功。

第三节 ◆ 适时忍辱负重，他日走向辉煌

曾国藩说："自出道以来，无不遭受屈辱，我在庚戌、辛亥年间被京城的权贵们所唾骂，癸丑、甲寅年间被长沙的权贵们所唾骂，乙卯、丙辰年间又被江西人所唾骂，以后又有岳州、靖港、湖口三次被打败，打脱牙的时候，没有一次不是和着鲜血往肚里咽。"对此，曾国藩这样解释忍辱负重之术："好汉打脱牙，和血吞。"但是，正是那份忍耐，曾国藩一路走到了中兴名臣的地位。由此得知，适时的忍辱负重，会让我们他日走向辉煌。俗话说："人生在世不如意十之八九。"在日常工作中，我们总会为这样或那样的事情而烦心，但是，如果我们要想很好地生存在纷繁复杂的职场世界里，最重要的就是学习曾国藩的忍辱负重。正所谓"小不忍则乱大谋"，在千变万化的职场生涯中，难免会发生磕磕绊绊的事情，在深似海的职场中，斗争、受辱更是在所难免，所以，有时候，当我们置身于受辱的环境中，要懂得忍让，这样才能取得最后的胜利。

曾国藩在初办团练的时候，有一次，绿营兵与湘勇哄闹，到了晚上还潜入了曾国藩的府邸。对此，曾国藩亲自告诉了巡抚，然而，巡抚却置之不理，曾国藩只好带着湘勇迁到城外，避开绿营兵的扰乱。有人对此表示不理解，曾国藩叹息："大难未已，吾人敢以私愤渎君父乎？"大敌当前，怎么能为个人利益而泄私愤呢？唯有忍辱负重才好，后来，曾国藩更是将忍辱负重之术发挥到极致。

湘军前期发展得并不顺利，出征之初就大败于太平军，内心悲苦的曾国藩更是跳水自尽，后被救起，当时，曾国藩披头散发，满脸泥沙。战局的困顿

让曾国藩情绪很是低落，心中萌发了退意。不久，曾国藩就以回家为父亲守孝为名，弃军而去。第二年，湘军攻占了九江，已经平复心境的曾国藩决定重新出山。

再次出山并没有赢得清政府的信任，一方面战事不利，另一方面，朝廷长期不给湘军正式的身份，也不授予曾国藩正式的官职。后来，曾国藩才被授职为两江总督统帅湘军，不过，在任职中，朝廷的猜疑使得他战战兢兢，如履薄冰。咸丰年间，朝廷在短时期内连发两道诏书，一道是任命，一道是取消任命。曾国藩大叹："我浴血奋战，受此猜疑，令人心寒，若被谋害，墓志铭里一定要替我鸣冤，否则死不瞑目。"

就这样，曾国藩长期没有官职，没有地盘，没有实权，筹不到军饷。曾国藩率领着湘军孤军奋战，有时候还会被怀疑是伪军。对此，曾国藩忍辱负重，两度自杀，最终，他还是顽强地强忍了下来。直至天京沦陷，湘军镇压了太平天国起义，曾国藩将陷入危机中的清政府拯救了过来，从起兵到胜利，曾国藩忍辱负重地度过了痛苦的十多年。

曾国藩在检讨自己缺点时，这样说道："自己忍得不够，有三大过错：平日不敢信、不尊敬别人，相对傲慢太甚；平时一句话不对劲，就怨恨无礼；抵触分歧之后，别人恢复平静，自己反而悍然不近人情。"检讨了自己的三点不足之处，曾国藩更注重忍辱负重，于是，在经历了漫长的阴霾之后，他终于迎来了人生的艳阳天。

在日常工作中，不管你身处何职，都需要懂得忍辱负重。当上司把某些事故的责任推到你身上的时候，你必须忍。尤其是在工作中，很有可能出现这样的情况，对于一件事情，明明是上级领导失误了或者处理不当，但在追究责任的时候，上级领导却将指责指向你，这时候，没有什么比忍辱负重更有效的方式了。

最近，公司下达了一个关于质量检查的通知，要求各部门届时提供必要

的材料，准备汇报，并安排必要的检查。老王是销售部门的办公室主任，照例是先经过自己的手，再送交有关领导处理。老王看到此事比较着急，当日便把通知送往经理办公室。当时，经理正在接电话，看见老王进来后，只是用眼睛示意了一下，就让他把东西放在桌上了。于是，老王照办了，然而，就在检查小组即将到来的前一天，部里来电话告知到达日期，请安排住宿时，经理才记起此事。他气冲冲地把老王叫来，一顿呵斥，批评他耽误了事。在这种情况下，老王深知自己并没有耽误此事，真正耽误事情的正是经理自己，可他并没有反驳，而是老老实实地接受批评。事过之后，老王立即到经理办公室找出那份通知，连夜加班、打电话、催数字，很快就把需要的材料准备齐整。

事后，经理愈发看重忍辱负重的老王，在一次公司大会上将他推荐了出去。

老王明明知道这件事不是自己的责任，却甘愿闷着头来承担这个罪名。其中的原因在于，老王知道自己应当在必要的时候为上司背黑锅，尽管自己眼下受了点委屈，但是，到最后自己会有相当大的好处，而事实证明他的想法和做法都是正确的。所以，在工作中学会适时忍辱负重，他日定会走向辉煌。

第四节 ◆ 拥有涵养，你能容人人亦容你

曾国藩说：“凡事留余地，雅量能容人。”曾国藩在与人交往方面一直秉承着“能容人时且容人”的理念。在日常工作中，领导用人的最大特点是要看对方有什么特长，能干什么，然后再分配他做最适合的工作。而那些善于用人者会选用比自己能力强的人来为自己服务，其中所蕴含的道理十分简

单，因为一个再优秀的人才，也不可能胜过所有的人，作为领导，决不能因为自己在某一方面不如他人，就故意压制、埋没超过自己的人才。当然，能容人不仅仅体现为“容人之长”，更要“容人之短”。每个人都有自己的短处，要想充分发挥其长处，就要善于容忍其短处。在工作中，许多领导在用人时做不到对人的“忍”，往往会犯下用人不当的错误。对于曾国藩来说，不管是对下属，还是同僚，他都能容人，因为他能容下别人，自然，他也能被人所容。或许，正是那份涵养，才使得他成为了一代中兴名臣。

曾国藩认为，所谓的“忍”，一方面是对自己而言，另一方面却是对他人而言，对他人要宽厚、包容，自己如果想到了什么，就要考虑别人也会想到什么。对此，曾国藩说：“人孰不欲己立己达？若能推以立人达人，则与物同春矣！”曾国藩自认“愚笨”，因此，他对那些奸诈之人心怀厌恶。不过，面对那些投奔自己的人，他自认“不忍欺人”，而是最大限度地容忍他们，曾国藩的诚实态度也令那些人不忍心欺他。另外，为了表现自己对人才的渴望，曾国藩宁愿被人骗也不愿意被人骂为人才之罪人。

有一次，有人巧言令色博得了曾国藩的喜欢，对此，曾国藩大喜，待之为上宾。但是，一时找不到合适的职位给他，暂时就让其督促造船炮。几天以后，有兵卒向曾国藩报告：“此人已挟金而逃，请发兵追捕。”曾国藩沉默了很久，说道：“停下，不要追。”等到兵卒退下后，身边的幕僚问道：“为什么不发兵追捕？”曾国藩回答说：“此人只以骗钱计，若逼之过急，恐入敌营，为害实大，区区之金，与本人受欺之名皆不足道。”还有一次，一位浙江人士上书给曾国藩，曾国藩当即认为此人有才，委任为营官。不久，得知此人奸诈，立即革退，曾国藩还在大门上悬挂了几个大字“此吾无知人之明，可撼可愧”。正是能“容人”，曾国藩彻底扫除了绿营兵的陋习，创建了一支新的军队。

曾国藩的容人之处不仅仅体现在对下属，更深刻地体现在对同僚的态度上。在清朝晚期，曾国藩与左宗棠都是中兴名臣，两人在政见上多有分

歧，但是，曾国藩在举荐左宗棠的时候，却从来没有因为彼此的分歧而记恨于他。反而，对于这位颇有才华的同僚，曾国藩是有功必奏，使得左宗棠在短短三年的时间里，荣登了浙江巡抚，这不能不说是曾国藩的“容人之功”。对于那些才高八斗的人，曾国藩一向施以抬爱的态度。

在日常工作中，许多人看到同事不断晋升加薪，想想自己普通的职位，心里就会失去平衡，总认为那是“瞎猫撞到死耗子”，认为上司不够公正，甚至，怀疑同事背后有着不可告人的潜规则。其实，身为同事，看到别人不断升职加薪，心中不痛快是很正常的，但是，也要适当拿出自己的涵养，容忍那些比自己优秀的人，学会欣赏他们，因为你在欣赏他们的同时，自己也得到了提升和完善。

新年过后，公司又开始新的一轮人事变动，准备提拔一批年轻的干部。小娜、小乐、小慧是很好的朋友，在大学的时候是同班同学，一起进的公司。三个人的工作能力都很突出，又同在一个部门，小娜认为自己绝对能够胜出，因为自己不但工作能力优秀，而且还长得很漂亮，这对于经常在外面与客户洽谈业务是相当有益的；小乐则专注于自己的工作，偶尔会向同事打听一下，并没有多大的关注；小慧则不闻不问，一点也不关心人事变动这件事。

最后结果出来了，业务部提拔的年轻干部是小乐。于是，办公室议论纷纷：论工作能力，小娜比她能干多了；论业绩，小慧丝毫不比她逊色。每天听着这样的议论，小娜心里觉得很愤慨，经常在办公室里发飙：“凭什么就是小乐？她有什么本事啊，上司真不会识人。”最后索性请病假歇班了。而小慧却真诚地向小乐祝贺，不时在同事面前赞赏小乐：“在读书的时候，小乐就是一个各方面都很优秀的人，她在工作中的干劲值得我学习。”同时，她更加积极地投入到工作中。

不久，小娜因为心里有情绪，在工作上提不起劲，还是在原地踏步。而工作出色、能容人的小慧却在两个月之后被提升为办公室主任，她也走向了

成功。

面对同事的高升，能容人的小慧送上了大方的祝福，而不能容人的小娜却口出恶言。最终，缺乏涵养、心胸狭隘的小娜因情绪不佳，工作也陷入了困境；而有涵养，为同事成绩喝彩的小慧却被提升为办公室主任。可以想象，那些有涵养的人更加受到同事们的欣赏，因为，你在容人的同时，也为自己争取了一片天地。

第五节◆心智要成熟，小不忍则乱大谋

一直以来，陪伴曾国藩一生的是“克己之学”，即不断地磨炼自己，让自己的心智变得成熟起来。其中，“忍”字伴随了他一生，使其在潦倒困窘之际坚而不摧，在功成名就之时谦而不傲，沧桑过去，尽是“忍”中求生。老子曾说：“善于领兵作战的将领，不逞其勇武；善于作战的人，不容易被激怒；善于取胜的人，讲究战略战术，一般不与敌方正面交锋；善于用人的人，对人谦虚、忍让。”在为官几十年的人生历程中，曾国藩从青涩走向老练，其中所学到的就是“万事须忍”，做任何事情都需要心智成熟，小不忍则乱大谋。自古以来，“忍”都被称为担当大任的美德，翻开历史，大凡取得卓越成就之人，无不是靠“忍”而成就事业的。由此可见，“忍”是天下修养第一功，在工作中，要想做到不自满，就要学会“忍”，无论你地位有多高，权力有多大，都必须学会忍让，千万不可因一时之气而毁掉你的大好前途。

当曾国藩将名号改为“涤生”，心中就有了磨炼成熟心智的念头。当时，他在日记中这样写道：“忆自辛卯年改号涤生，从前种种，比如昨日死；以后种种，比如今日生。”试想，一个人若是想重生，其中所需要经历的苦难，该是多么难以承受啊，但曾国藩都忍了过来，因为他明白“小不忍则乱大谋”，九

年后，曾国藩身为翰林，他回忆起改号之事，又自省道："改号至今九年，还像从前一样不学习，岂不可叹！我今年三十岁了，资质鲁钝，精神亏损，往后还能有什么成就？只求勤俭有恒，克制自己，不丧元气，做事勉励，希有所得，不失身为翰林的体面。"曾国藩所遵从的"忍"还在于从日常小事做起，他希望自己能从小处着手，减少许多遮掩的丑态，重新做一个光明磊落、坦荡的人。

早年的曾国藩喜欢抽烟，经常是水烟不离手。虽然，他也知道抽烟对自己是有百害而无一益的，不过，戒烟的过程却是难"忍"。他在日记中这样写道："自戒烟以来，感到精神空虚，六神无主，想不到戒烟这么难！看来不挟破釜沉舟之势，就不能成功。"或许，戒烟只能算是一件小事，但是，对于一个已经上瘾的人来说，要想摆脱烟瘾是一件多么困难的事情。但曾国藩反复戒烟，以破釜沉舟之势，强忍戒烟之苦，战胜了自己，成功地戒掉了烟瘾。虽然，戒烟对于曾国藩只能是小事，不过，从这小事中却可以看出，曾国藩的坚韧之"忍"，正是这样的"小忍"，方成就了其谋大事的本领。

在曾国藩一生中，他始终以日常小事来修炼其成熟的心智，通过对小事的"忍"，来练就最坚韧的"忍"。他深知，凡事应考虑清楚，所谓"小不忍则乱大谋"。人生在世，什么都如同过眼云烟，其中，最关键的是要以成就自我为人生目的。当然，成就自我的重点在于完成自我，超越自我，修炼成熟心智，在忍耐中成就自己的事业，而曾国藩做到了。

在工作中，每个人都想搏战出自己的一片新天地。但是，要想有所作为，就必须拥有一份成熟的心智。遇到事情不能莽撞，凡事须"忍"字为第一，忍耐之后，定会赢得事业的成功。自古以来，"忍"字都是人们挂在嘴边、行在心中的处事之首。

有一次，唐高宗在巡察途中，遇到了一家几百人同堂的大家族，大家生活在同一个屋檐下，没有任何风波，十分和睦地生活在一起，这在当时十分

少见。因此，唐高宗特地去拜访这个大家庭，向他们请教家族和睦的诀窍。

当时，这个家族的族长取来了纸和笔，连写了一百多个“忍”字给高宗看，意思是说，大家族和睦的秘诀除了“忍”字以外别无他法。唐高宗看后，深有同感，赐给了这个家族莫大的奖赏。

一个高高在上的皇帝都懂得“忍”字的重要性，更何况是普通的我们呢？在日常工作中，或许我们经常会遇到这样或那样的烦恼，小到同事告了自己黑状，大到上司的批评，面对这样的事情，心中肯定会生气、愤怒，可是，这又能怎么样呢？生气了于事无补，反而会给别人留下不好的印象，不如凡事皆忍，在忍的过程中，修炼成熟的心智；在忍的过程中，等待意外的收获，这就是“忍小而促大谋”。

第六节◆不张扬不炫耀，低调方能从容

曾国藩深谙人情世故，在平日里，他研习古书，深知“水满则溢，月盈则亏”的道理。虽然，在平定太平军以后，曾国藩屡升高官，但是，他一直保持不张扬、不炫耀的低调姿态，在同僚中收敛自己，以避免树立强敌。为什么曾国藩在其事业最辉煌之际依然能保全自己，其中最重要的原因就是不张扬、不炫耀的低调姿态。现代社会里，我们经常在办公室看到这样两类人：张扬、炫耀之人和低调之人。如果你仔细观察他们，就会发现，他们的职场之路是如何迥然不同。前者生性张扬，注定了前进之路充满艰辛，后者惯于低调，做任何事情都能从容淡定，前方之路定会平坦多过坎坷。

道光年间，曾国藩连年被提拔，升迁极快，十年之间连升十级。当他升为正三品大员后，按当时朝廷的规定，需要将乘坐的蓝呢轿子换为绿呢，而且，还需要增加抬轿的人数。当然，这并不是硬性规定，官员可以量力而行。

曾国藩早已经打定主意，绝不坐绿呢轿子，自己收入有限，不想养太多的闲人。另外，平时低调惯了，不想招摇过市。而且，自己乘了绿呢轿子，不仅仅增加几名轿夫，还需要引轿官，扶轿官，排场太高调了。曾国藩虽然升官了，但还是像以前一样低调，如果太张扬，肯定会引起朝廷和同僚的不满。

不久之后，曾国藩又升为二品大员，听到了这样的消息，下人当即为他推举了四名轿夫，要把四人大轿改为八抬大轿，曾国藩却拒绝了，他深知“水满则溢，人满则忌”的道理。对于那些可摆可不摆的架势、可坐可不坐的大轿，一律是不摆不坐。因为这个，曾国藩乘坐蓝呢轿经常会被下级官员欺辱，但是，只要是京城三品以上的大员，在出发之前，都会向轿夫叮嘱一句："长点眼睛，内阁学士曾国藩大人坐的是蓝呢轿呢。"

曾国藩在官场数十年，依然能纵横左右，其原因在于他凭借了自身的低调，一方面化解了凶险，另一方面，知内敛，办事更从容。在官场都流行这样一句话："升官"是一柄双刃剑，你在此时的表现将直接决定你走向的到底是"顺风路"，还是"坎坷路"。曾国藩以自己的低调，在升官后，踏上了顺风之路。

曾国藩升迁的顺风路借鉴给我们现代人的经验就是：在工作中，尤其是在升迁之际，一定要保持低调、内敛的姿态。在晋升职位后，身边的人都会不自觉地暗中观察你的一举一动，目光格外挑剔，这时你若能保持低调的姿态，一定能迎来平坦的前途，否则，太过张扬，只会为自己树立强敌。

小李和小唐是同时进入公司的，在上岗培训时建立了友谊，同事三年多，两人早已经成了死党。最近，小唐被公司提升为部门主管，成了小李的上司，两人的平衡关系被打破了。升职后，小唐一改低调姿态，行事变得异常高调起来，经常在办公室对下属指手画脚，说话毫不客气，处处表现出一副领导样。任职不到一周，就得罪了部门里所有的同事。

有一次，市里领导到公司检查工作，由小唐的部门负责接待和工作汇报会的筹备，小唐安排小李布置会场，结果出现了一个纰漏。当着许多同事的

面，小唐毫不客气地批评了小李，让小李面子上下不来。小李觉得死党太不够意思了，忍不住顶了两句，小唐很生气："怪不得到公司三年多，你还在原地踏步，自己回去好好想想吧。"听了这话，小李很伤心，心想：你真把自己当领导啊，真是，等我把你的糗事说出去以后，看还有谁服你。

在日常工作中，每个人都渴望升职，渴望自己能够高调地表现出自己作为一个领导人的风采。但是，殊不知，表面上看升职的人很得意，其实，他们在人前人后会面临许多风险。因为一旦有人升职，人际关系就发生了很大的变化，有可能昔日的同事变成了下属，有可能之前的上司变成了同事。一时间，稍有不当，就会因太张扬而树立了劲敌。所以，凡事低调内敛为好，不张扬、不炫耀，做事方能从容镇定，而且，未来职场之路也会更加顺畅。

第八章

用心驾驭，下属眼中的好领导
——上班巧管理，恩威并举树威信

曾国藩说："天下人才大抵皆由勉强磨炼而出。"在晚清时代，曾国藩既作为君下之臣，亦作为湘军之首。而铸就其成功的是作为湘军的统领，尤其是他手下人才辈出，这为他成就丰功伟业奠定了良好的基础，这些都离不开曾国藩的用人之智。现代职场，领导这一角色必不可少，要想轻松驾驭下属，扮演好领导角色，不妨学习曾国藩在求才、选才、育才方面的独特方法。

第一节◆取人之式，以有操守而无官气

曾国藩说："取人之式，以有操守而无官气，多条理而少大言为要。"意思是，识人取人的方法，关键之处在于品德高尚而没有官气，做事条理清楚而不说大话。自古以来，求才的标准大多是"唯才是举"，只要是有才能的人，不管其品德还是性情，都可以列为上宾。然而，在官场混迹几十年的曾国藩在求才标准上却有自己的一套看法，他觉得人才的品德、做事的态度往往比本身的才干重要。毕竟，一个人的品德、秉性能直接决定其做事的成败与否，而才干和本领则需要在此基础上发挥才能有相应的效果。试想，一个品德败坏的人，其本领再大，对自己还是有百害而无一利的。在现代社会，领导在求才的时候，大多看重学历、名校，诸如品德、秉性都不细加考虑，殊不知，后者才是真正决定一个人做事成败的条件所在。在名校里，也有品德败坏的人；在高学历的人中，也有低素质的人。如此看来，在求才方面，需要综合运用，正如曾国藩所说"关键之处在于品德高尚而没有官气，做事条理清楚而不说大话"。

在求才方面，曾国藩自己有一套标准，历史证明，其方法是很有益的，值得今天的我们学习和借鉴。

（1）重忠义血性：曾国藩常说："带勇之人，第一要才堪治民，第二要不怕死，第三要不计名利，第四要耐受辛苦。治民之才，不外公、明、勤三字。不公不明，则诸勇必不悦服；不勤，则营务巨细，皆废弛不治，故第一要务在此。不怕死，则临阵当先，士卒乃可效命，故次之……身体羸弱者，过劳则疾；精神匮乏，久用则散，故又次之。四者似过于求备，则苟阙其一，万不可带勇，大抵有忠义血性，则四者相从以俱至，无忠义血腥，则貌似四者，终不可恃。"曾国藩所说的"忠义血性"，就是指能誓死效忠清王朝，自觉维护以三纲五

常为根本的封建统治秩序，用我们现在的话说，就是要“忠”，忠于工作职守。

(2)坚忍耐劳：在曾国藩看来，自己所选用的人才能在打仗时冲锋陷阵，身先士卒。他说：“立坚忍不拔之志，卒能练成劲旅，数年坎坷艰辛，当成败绝续之处，持孤注以争命，当危疑震撼之际，每百折而不回。”为此，他求才不拘一格，不限出身，大量提拔书生为将士，当时，在湘军将领中，书生出身的人就占了百分之五十八。

(3)淳朴之人：曾国藩说：“国家养绿营兵五十余万，二百年来所费何可胜计！今大难之起，无一兵足供一战之用，实以官气太重，心窍太多，漓朴散淳，其意蔼然。”对此，他认为选将必须注重一个人的“淳朴”，即没有官气、脚踏实地、不浮夸，对这样的人委以重任，才能有效地提高湘军的战斗力。

如此的求才标准，使得曾国藩收揽了大量优秀的人才。除了这些他明确提出的标准以外，还有一些实行但不公开的求才标准。诸如表现欲太强的人，不能久用；对于有才能但性格偏激的人，须慎用。就是因为他在求才时的独到眼光，其所选用的人才均是可造之才，而非庸才，在这些有才之士的帮助下，曾国藩最终成就了其一生的赫赫功绩。

在日常工作中，领导求才是一件很正常的事情，但是否能求得好的人才，这就另当别论了。大多数领导者缺乏独到的眼光，不能分辨人才的优劣，常常将一些貌似人才的人招揽进公司后，却发现他们原来是劣等之才。求才是否能成功，关键在于求才的标准，你所看重的是学历、名校，还是品德、态度、经验，不同的求才标准，其结果往往是迥然不同的。在求才标准上，我们可以借鉴曾国藩的那一套理论，才能求得好人才。

最近，公司需要管理方面的人员，王经理带着秘书小李来到了人山人海的招聘会，打算招聘一些有用之才。

刚坐下不久，就来了一个戴眼镜的年轻人，王经理正准备开口询问，那人就迫不及待地说道：“我想来应聘这个职位，因为我觉得自己各方面都比

较优秀，我在大学时是学生会干部，这让我积累了不少与人交往的实际经验……”可能因为在大学时是学生会主席，年轻人在说话间有一股自恃雄才的态度流露而出。王经理饶有兴致地看着他，好不容易等他说完了，王经理说道：“你的自我介绍很精彩，我们公司确实需要相应的管理人才，相信你在学校管理学生会的过程中也相应地学到了一些管理方面的经验，但是，你所流露出来的态度，是我不能欣赏的。我觉得，年轻人说话做事都应该谦和一些，这样，我们合作起来也会更融洽一些，你说呢？”那位刚才还不可一世的年轻人红了脸，一声不响就走了。

旁边的秘书小李感到很疑惑：“我倒觉得他挺优秀的，虽然说话有点狂放不羁，但是，这不正说明他有骄傲的资本么。”王经理笑了笑，说道：“我并没有质疑他的能力，而是由此看出他的缺点，表现欲太强。大家在一个公司上班，如果他总是以自我为中心，处处争强好胜，不给别人表现和施展的机会，其他的同事都会对他产生反感，而这样的情绪会影响合作共事的效果。”

虽然，来应聘的年轻人各方面条件都不错，但是，王经理更看重一个人的为人处世，是谦逊还是狂傲，这对于今后他在公司能发挥出多大的力量是很有关系的。一个总是以自我为中心的人，不仅处理不好与同事之间的关系，而且，由于这样的特点，将会影响到合作共事的效果。如此一来，正应了曾国藩那句“取人之式，以有操守而无官气”，在工作中，把握好求才的标准，才能求得好人才，也才能铸就自己的成功。

第二节 ◆ 求得人才，方能成大事

曾国藩说：“鄙人阅历世变，但觉除得人之外，无一事可恃也。”意思是说，我的阅历虽然在不断变化，但是，我觉得除了求得人才之外，再也没有其

他事物可以依靠了。在皇帝面前，他是下属；在湘军将士面前，他却转而成了上司。作为一支军队的将领，要想获得成功，不仅仅需要个人卓越的才能，更需要人才的聚集。曾国藩曾说：“如白圭之治生，如鹰隼之击物，不得不休。”曾国藩求贤若渴，在求人才的时候，更是什么方法都会使用，而且，每到一处，他都会广揽当地人才。比如在江西、直隶等地的时候，他就求得了陈艾、王必达等人。由于求才心切，曾国藩手下积聚了各式各样优秀的人才，最后，铸就了其事业的成功。俗话说：“一个好汉三个帮。”在日常工作中，如果你只想凭自己的能力做出一番成就，那是不太可能的，因为每一个成功者的背后都有卓越的人才为其出谋划策。在工作中，要想出人头地，就应该有意识地收揽人才、培养人才，彼此同舟共济，方能成就大事。

一直以来，曾氏幕府人才济济，由于曾国藩知人善任，差不多全国人才的精华都汇集于此了。他对人才的广泛收揽和培养，是其事业亨达的一个重要原因。

在与捻军作战的时候，曾国藩曾贴出了“询访英贤”的告示，在告示中这样写道：“淮徐一路自古多英杰之士，山左中州亦为伟人所萃……本部堂久历行间，求贤若渴，如有救时之策，出众之技，均准来营自行呈明，察酌录用……如有举荐贤才者，除赏银外，酌予保奖。借一方之人才，平一方之寇乱，生民或有苏息之日。”在告示贴出后，当地贤才薛福成上了《万言书》，进入了曾氏幕府，为其效力。

除了贴告示求得人才外，曾国藩还将人才分为三科，令下面的州县举报送省，接见特别优秀之人。平日里，曾国藩与友人聊天，大多也是询问地方、军部是否有人才，一旦发现，就调到自己身边。曾氏幕府中的许多人才都是朋友或幕僚推荐的。这为其事业的成功打下了基础。曾国藩会把那些有才的朋友笼络在自己身边，他在长沙求学的时候，与刘蓉深交，在京城做官的时候，更是广交朋友，诸如唐静海、吴竹茹、冯淑堂等人都是这一时期结交

的，后来，他们均成了曾氏幕府中的重要人物。还有不少人是慕名而来的，如王少鹤、庞作人等。曾国藩交友的目的很明确，他曾说："求友以匡己之不逮，此大益也。师友夹持，虽懦夫亦有立志。"

曾氏幕府可谓是人才济济之地，开始办团练的时候，曾国藩就开始有意识地物色人才，将他们汇集在幕府。后来，湘军日益壮大，幕府的人才也越积越多，在安庆大营中，差不多就有两百人。等到曾国藩任两江总督，单单是总督幕府中，就有百人左右。

说到曾国藩的成功，就不得不说湘军，还有其底下的幕僚。他们是一个团队，曾国藩是领导，在平定太平军的过程中，每一个策略，都有幕僚为其策划；每一次战役，都有英勇将士为其效力。最后，湘军成功地剿灭了太平军，曾国藩亦成为最大的功臣。其实，其成功的原因在于曾国藩善于求才，如果曾国藩手底下没有卓越的人才，那么，他领导的人再多，也难以获得成功。

在日常工作中，人才对于领导者的重要性不言而喻。如果领导者不善于求才，不管是什么人，都收拢到自己手下，到真正做事的时候，却拿不出真本事，这只能说领导者不会识人，不善于求才。从古至今，所谓的成功者，其背后都有高水平的人才聚集，比如曹操身边的谋士贾诩、司马懿等，刘备身边的谋士诸葛亮、庞统等。一个人纵有天大的本领，毕竟力量有限，只凭一人之力，难成大事，而如果他能笼络一些卓越之才，那么，成功也就指日可待了。

赵耀东是台湾的钢铁大王，有一次，他打算邀请陈世昌担任其下属公司中钢的财物顾问，但这一要求却被陈世昌婉言拒绝了。赵耀东知道陈世昌有着高超的理财本领，一定要请他前来。

可是，连请了几次都没能奏效，陈世昌还是不为所动。赵耀东索性跪在了这位奇才面前，陈世昌大惊，慌忙下跪还礼，赵耀东说："你若不答应，我就不起来。"陈世昌无奈地说道："何必强我所难。"就这样，两人跪了整整十五

分钟，最后，已年近花甲的老人握手而笑，陈世昌被赵耀东的真诚所打动，答应出山相助。

赵耀东常说："办中钢这样大的事业，最要紧的就是选对人才。"他如此求才的故事，在企业界也被传为了美谈。作为一个领导者，应善于发现千里马，善于利用千里马，如此，你才能成为伯乐。

晏子曾说："国有三不祥：夫有贤而不知，一不祥；知而不用，二不祥；用而不任，三不祥。"意思是，一个国家有了贤才而不知道，发现不了人才；发现了人才却又不用，尽管用了人才，却又不委以重任，如此这般，国家又怎么能兴旺发达呢？往小的方面说，企业、公司是一样的道理。作为领导者，应善于求才，有了人才，奠定了扎实的基础，你才能屹立不倒。

第三节◆扬长避短，尽其所用

曾国藩说："尺有所短，寸有所长，用人应用其长。"一把尺子有它短的地方，寸也有它长的地方，用人也应该用它的长处。作为一个领导者，要善于博采众长，学会去发现下属的优点和长处，记人所长，忘人所短。在处理相关事宜的时候，要尽量扬长避短，用其长处，这样，才能尽其所能。当然，扬长避短的用人策略，应该建立在了解下属长短的基础之上，因为你了解了对方的优点和缺点，才能尽量地用其优点，避开其缺点，这样人才才会被自己所用。要知道，在这个世界上，并没有十全十美的人。一个人的能力再全面，也会有所不能，反之，一个再平庸的人，也会有特长。曾国藩说："那些善用人之长以补己之短的人才能成就大事业。"甚至，在他看来，鸡鸣狗盗之徒也有利用的价值。用他人之才，从常理来说，有一定的必要性，一个人的能力毕竟是有限的，只有借助他人的能力，并为自己所用才能成功。因此，对

于人才，不管其性情如何，是何出身，从事何种职业，只要有利于事情的顺利完成，能为自己所用，其他的都可以不考虑。

曾氏幕府中各式各样的人才都有，在利用人才的时候，他表现得尤其小心，尽可能人尽其才，才尽其用，量才录用，扬长避短。对此，曾国藩说："雄韬大略之人有其不足，鸡鸣狗盗也有其优势。"用人如同用器，就是尽量用其长处，同时，避开他的短处。关于如何扬长避短，曾国藩提出了自己的几点看法。

(1)"器能之政宜于治烦，以之治易则无易"：精明强干，德、术、法都精通，但主张与力度不够强的人，是独当一面的人才。在工作中，他们有足够的精力与智慧去治理混乱的局面，在治理过程中，以暴制暴，以恶制恶，根除事源之根本。

(2)"王化之政宜于统大，以之治小则迂"：以德行教化为主的政治，以德为主，这样的一类人适合做全面的统辖工作，而"以之治小则迂"。

(3)"策术之政宜于治难，以之治平则无奇"：善于策划的人才，胸中有好的计谋，若是遇到了识人之士，定会做出惊天动地的大事情来。无论是在乱世，还是和平时期，这样的人才都不可缺少。

在求才时，曾国藩不恪守"唯才是用"，而在用人上，他却坚持以"唯才是用"作为根本，其中蕴涵了用人的博大智慧。俗话说："金无足赤，人无完人。"一个人难免有长处，也有缺陷，各有各的长处，又各有各的短处，如果要一个人发挥出最大力量，那就要竭尽其能，即用其长处。这是用人最普通的道理，曾国藩了解这样的道理，并将其纳入用人中，如此一来，不管是什么人，到了他的麾下，都能够被其所用。任何人在他那里，都能找到自己的生存价值，同时，曾国藩也达到了自己的目的，可谓是一举两得。

在工作中，用人的根本是"唯才是用"，这个世界，事物有万千种，同样的道理，人才也是千奇百怪。但是，无论是贤才，还是三教九流，只要能被自己

所用，就证明了他的价值。所谓“天生我材必有用”，一个再无能的人身上也必有可取之处，只有集众人之长，采众人之优，方无所不能，百战不殆。有时候，在用人时，若不能避其短，将会导致整件事情以失败告终。

为了实现统一大业，诸葛亮发动了北伐曹魏的战争。当时，他命令赵云、邓芝为疑军，占据箕谷，他亲自率领十万大军，突袭魏军所据守的祁山，任命参军马谡为前锋，镇守战略要地街亭。在临行前，诸葛亮再三嘱咐：“街亭虽小，关系重大，它是通往汉中的咽喉，如果失掉街亭，我军必败。”马谡素有才名，不过，均是纸上谈兵，从未在实战中应用过。

马谡到达街亭后，观察了一番地势，却不按诸葛亮的指令依山傍水部署兵力，他自作主张地将大军部署在远离水源的街亭山上。对此，副将王平说：“街亭一无水源，二无粮道，若魏军围困街亭，切断水源，断绝粮道，蜀军则不战自溃。请主将遵令履法，依山傍水，巧布精兵。”马谡听了不以为然，自信地说：“马谡通晓兵法，世人皆知，连丞相有时得请教于我，而你王平生长戎旅，手不能书，知何兵法？”王平谏阻：“如此布兵危险。”马谡火冒三丈说：“丞相委任我为主将，部队指挥我负全责。如若兵败，我甘愿革职斩首，绝不怨怒于你。”马谡固执己见，将大军部署在山上。如此的部署，使得魏军轻易就夺走了街亭，街亭失守后，战局骤变，诸葛亮也不得不退回了汉中。

后来，诸葛亮总结此战失利的教训，痛心地说：“用马谡错矣。”为了严肃军纪，诸葛亮下令将马谡革职入狱，斩首示众。诸葛亮一向善于识人、用人，可没想到在马谡这里，却疏忽大意，不懂扬长避短，最终酿成了惨痛的教训。所以，在日常工作中，领导用人要善于扬长避短，用其长处，如此，才能使整件事情尽善尽美。

第四节◆言传身教，培养人才

曾国藩说："天下无现成之人才，亦无生知之卓识，大抵皆由勉强磨炼而出耳。"意思是说，天底下从来就没有现成的人才，一个人不可能生来就具备卓越的见识，人才都是通过艰苦的磨炼而成的。求得了人才，怎么办呢？总不能将人才摆在家里观赏，或者，直接用其才能，其实，这都是不恰当的。作为一个领导者，不仅要善于发现人才，更需要有效地培养人才，才能更好地将人才为自己所用。就好比你从市场上买来了一盆花，平时需要给它浇水、施肥，它才能盛开美丽的花朵，反之，若是对它置之不理，那么，它早晚会因缺失营养而枯死。而且，一个人要想成大器，须经过艰苦的磨炼，否则，他就如同一块等待雕刻的木头，无法施展出自己的才华。曾国藩深谙其中的道理，因此，他十分注重人才的培养。在日常工作中，作为一个领导者，在你身边并不存在现成的人才，大多数的人才都是经过精心培养而成的。所以，领导者应该懂得言传身教，有意识地培养身边的人才，这样，才会出现人才济济的局面，你也才能依靠他们而获得成功。

曾国藩有一套独特的人才造就法，遵循的原则是"用恩莫如仁，用威莫如礼"。"仁"就是将自己的部下当做子弟，教育其努力上进，助其成才，发迹；"礼"就是对下属恪守礼法，对其不正确的行为要予以矫正。一般情况下，曾国藩都会将自己所招揽的人才安置在自己的幕府，平日里，让他们办理文稿、充当参谋，使其得到实际工作的锻炼，从而增长才干，获取经验。

如何培育人才？曾国藩提出了"以己之所向，转移习俗"，即以身作则，要想正人须先正己。对此，他在总督衙门的府县厅内挂了这样一副对联："虽贤哲难免过差，愿诸君谠论忠言，常攻吾短；凡堂属略同师弟，使寮友行

修名立，方尽我心。”曾国藩曾痛斥绿营兵的腐败，因此，他最恨官气，而且，也最恨懒惰。在这两点上，他先要求自己，再去要求下面的将士，如此，改善了湘军里的不良风气，使其成为了一支正规的军队。

曾氏幕府就相当于一个学校，在那里，既治事，又育人。而曾国藩就是该学校的校长，为此，他还订下了校规，以此来要求自己和幕僚的言行。他说：“今世万事纷纭，要之不外四端：曰军事，曰吏事，曰饷事，曰文事而已。凡来此者，于此四端之中，各宜精习一事。习军事，则讲究战攻防守，地势贼情等件。习吏事，则讲究抚字催科，听讼劝农等件。习饷事，则讲究丁漕厘捐，开源节流等件。习文事，则讲究奏疏条教，公牍书函等件。讲究之法，不外学问二字。学于古，则多看书籍，学于今，则多觅榜样。问于当局，则知其甘苦，问于旁观，则知其效验。勤习不已，才自广而不觉矣。”

曾国藩培养人才在于三方面：课读、历练、言传身教。有时候，他还会对身边的幕僚进行定期考试，每月考两次，亲自出题目，亲自阅试卷，再平定等级。对于那些不在身边的幕僚，曾国藩就以谈话、书信等方式来指导他们，均是有察必批，有函必答，教他们如何做事，如何做人，循循诱导，不厌其烦。

常有人赞叹“天下人才尽汇集曾氏幕府”，其实，人们都不了解曾国藩是怎么将那些可造之才培养成卓越人才的。天下并没有现成的人才，而是需要精心培养的。确实，曾氏幕府就相当于一个学校，曾国藩是一个老师，他将一块块木头雕刻成精品，不厌其烦，循循诱导。他手下的幕僚数百人，后来，在他的推荐下，大多为官，即使未能为官者，无一不为其效力。本来，那些被招揽的均是可造之才，再在曾国藩的精心雕琢下，他们成为了卓越之才，其平生所学也得到了施展，这不能不说是曾国藩的功劳，他不仅成就了自己，同时，也成就了他人辉煌的一生。

哲人说：“领导者的责任，归结起来，主要是出主意、用干部两件事，而出主意，本质上就是培养人才。”在日常工作中，领导者的责任之一也在于培养

人才,所谓“实践出真知”,一个人大多数的经验来源于实践,因为在实践中,人的能力才会得到提高。人才兴,事业旺,培养出卓越的人才,才能做出卓越的成绩,这样,领导的事业才会呈现出蒸蒸日上的局面。另外,从个人来说,培养人才是领导者最重要的功绩。

荣氏企业是中国近代规模最大、发展最快的民族资本企业,曾有“面粉大王”和“棉纱大王”的称号。其实,在荣氏企业瞩目的发展历程中,人才培养是其中的重要环节。

“一战”后,纺织、面粉行业方兴未艾,荣氏兄弟意识到“欧美机制工作,日新月异,欲资师道,非从实地考察不可”。于是,派遣了荣月泉先后到美国的明尼波利斯、印第安纳、密尔华纪以及法国巴黎、英国曼彻斯特等地考察游历,学习外国先进的技术经验。随后,又派遣荣鄂生与薛明剑去日本参观学习。

荣德生十分注重人才的培养,常常是不惜重金,将他们培养成才。其子荣尔仁没有上过大学,在他公益工商中学毕业后,荣德生就为其聘请了名师教授,教其国文、外语、数学等基础学科。同时,还让他到工厂学习生产技术和管理知识,到生产部门实习,并远赴日本考察学习。通过这些途径,将荣尔仁培养成为荣氏第二代企业家中杰出的代表。

荣氏企业重视对人才的培养,一方面保证了企业生产技术的连续和更新,另一方面也促进了企业管理进一步科学化,从整体上来说,为企业的发展拓宽了道路。作为一名领导者,要明白一个道理:有了人才,就有了最坚实的后盾,否则,将一事无成。领导者,不仅仅要善于发现人才,更要注重人才的培养。一簇盆栽,要为其修剪枝叶,它才能释放出夺目的光彩。人才就如同盆栽,需要精心培养,浇水、施肥、修剪枝叶等,日后,它的成才亦是你的骄傲。

第五节◆赏时不吝千金，罚时六亲不认

曾国藩说："立法不难，行法为难。凡立一法，总须实实行之，且常常行之。"立法并不困难，而是难在执法，每每制定了一项法令，都应该切实地去执行，而且，需要长期坚持下去。曾国藩用人的基本原则是"赏罚分明"，平日里，他对下属十分严格，特别是对于立下的军令，更是要求下属必须做到，他说："视委员之尤不职者，撤参一二员，将司役之尤不良将，痛惩一辈。"曾国藩赏罚分明的态度，可谓是"赏时不吝千金，罚时六亲不认"。下属立了战功，他的奖赏不吝千金；然而，一旦下属违反了军令，哪怕是亲朋好友，他也绝不姑息。《孙子兵法》曰："主孰有道？将孰有能？天地孰得？法令孰行？兵众孰强？士卒孰练？赏罚孰明？吾以此知胜负矣。"由此可见，赏罚分明将直接决定一支军队是否具有战斗力。而曾国藩如此赏罚分明，使得他成功地组建了一支遵守纪律的正规军队，而且，正是这支极具战斗力的军队帮助他成就了功名霸业。

李元度是曾国藩麾下的得力干将，而且，曾国藩自称与李元度"情谊之厚始终不渝"。在咸丰年间，太平军攻打徽州，由于徽州是祁门老营的屏障，其得失关系重大。当时，李元度领兵前去救援，由于李元度本身只是一个文人，不善于带兵，对此，曾国藩生怕有什么闪失，当即与李元度约法三章，一再嘱咐要守住徽州，不得轻易出城迎战。然而，当太平军来袭的时候，李元度却违反了曾国藩的指令，出城迎敌，结果一败涂地，丢失了徽州。为严肃军纪，曾国藩上疏弹劾，李元度失去了官职。

另一方面，对于应该嘉奖的将才良士，曾国藩却是有功即赏。雷嘉澍因失守德兴县，受到弹劾被罢免了官职。其实，他本身是一个品行端正的人，

深受百姓爱戴。离职后，雷嘉澍来到德兴，左宗棠委令其招集兵勇，训练勇士。于是，雷嘉澍就在五村地区训练勇士，与左宗棠齐心协力，会战太平军。曾国藩知道后，就上奏咸丰帝，陈述其事为雷嘉澍邀功，同时，请求圣上取消对其的处罚，让雷嘉澍到自己的军营听差，以观后效，稍后再加提拔。

李元度与曾国藩交情深厚，然而，在李元度不听劝告而丢失徽州后，曾国藩却大义灭亲，上疏弹劾，有人指责他背离恩义，但是，曾国藩却因此严肃了军纪。不管与自己交情如何，一旦违反军令，绝不姑息，这就是曾国藩的严惩不贷。另一方面，对那些有功之士，曾国藩却不畏前嫌，毫不吝惜，为其邀功。对待下属，曾国藩真的做到了赏罚分明。

吴起说："进有重赏，退有重刑。"在日常工作中，领导者需要做到奖罚分明，才能真正严肃纪律，否则，团队不像团队，做事自然也就没有什么效率。奖赏，是很有必要的，天下熙熙，皆为利来，天下攘攘，皆为利往，所谓"重赏之下，必有勇夫"，奖赏之后，下属才会尽职尽责，全心为你效力；有赏就必有罚，这是必然的，违反了规章制度应该受到惩罚，当然，罚并不是将犯错的下属一棍子打死，而是要给他机会，让他改正错误。

僖负羁是曹国人，曾救过晋文公的命，算起来是晋文公的救命恩人。后来，晋文公在攻下曹国时，为了报答僖负羁的恩情，就向军队下令，不准侵扰僖负羁的家，如果违反，就要处以死刑。

然而，其大将魏平和颠颉却不服从命令，他们带领军队包围了僖负羁的家，放火焚烧了房子。魏平爬上了屋顶，想把僖负羁拖出杀死。不料，屋顶的梁木承受不了他的重量而坍塌了，正好将魏平压在下面，幸好颠颉及时赶到，才把他救了出来。

这件事被晋文公知道后，十分生气，决定依照命令处罚。大臣赵衰向晋文公请求："他们俩都替国君立下汗马功劳，杀了不免可惜，还是让他们戴罪立功吧！"晋文公说："功是一回事，过又是一回事，赏罚必须分明，才能使军

士服从命令。”于是便下令，革去了魏平的官职，并将颠颉处死。从这以后，晋军上下，都知道晋文公赏罚分明，再也不敢违令了。

这是关于“赏罚分明”的典故，事实证明，一个领导者要想有威信，要想整顿纪律，必须做到赏罚分明。赏罚分明，赏罚有信，这是管理下属的重要手段之一。

武侯问曰：“兵以何为胜？”吴起对曰：“以治为胜。”又问曰：“不在众乎？”吴起对曰：“若法令不明，赏罚不信，金之不止，鼓之不进，虽有百万，何益于用？”赏是为了激励，罚是为了警醒，赏罚分明是领导者必须遵循的原则，人生在世，应刚柔并济，只有柔不能立事，只有刚不能立威。唯有赏罚分明，刚柔并济，才能做到号令如山，你才能轻松自如地御人，最终获得成功。

第六节 ◆ 恩威并施，征服人心

曾国藩说：“用人之智去其诈，用人之勇去其怒。”意思是说，在用人的时候，要用智谋之士时必须去掉他的奸诈，要用勇敢的人时必须去掉他的怒气。如此恩威并施，软硬皆用，方能征服人心。恩威并施，就是在驾驭下属的时候，既要施之以恩，感化影响，从而赢得下属的信任；又要施以权威，查验所为，使下属对自己有敬畏之感。恩威并施，其实就是将恩惠与惩罚两种手段一并使用，自古以来，那些卓越的政治家、统治者都会运用软硬策略，施以恩惠，使你臣服于他，同时，又以武力和惩罚对付叛乱的行为。曾国藩是一个善于驾驭悍将的人，无论多悍勇的将士，到了他的麾下，必将被他“收拾”得服服帖帖。而他在驾驭悍将的时候，所使用的不外乎一种谋略，即软硬皆施，这样，才可以使那些将士人尽其才。

在现实生活中，许多领导者走向了两个极端：一是对下属太好，凡事都容忍，手段太软；另外是对下属太严，凡事都苛刻，手段太硬。结果，无论怎么样，下属就是不肯服从。其实，问题的症结在于，太弱或太强的方式都不适合驾驭下属，要想驾驭下属，就应该了解下属，对症下药，该强的时候强硬，该弱的时候容忍，如此，才能成功地驾驭下属，否则，使出你的浑身解数也无法征服人心。

刘铭传本是李鸿章手下的得力干将，后来为曾国藩所用。从曾国藩收服刘铭传的过程中，我们可以清晰地看到曾国藩的软硬皆施法。

刘铭传出生在民风强悍的淮北平原，他从小就养成了天不怕地不怕的豪霸之气。刘铭传十八岁那年，有一个土豪到他家去勒索，其父亲和哥哥都害怕得跪地求饶，可刘铭传却不，他听闻此事后就前去找土豪报仇。那位土豪欺负他年少，用言语对他进行侮辱，不想，刘铭传大跨步上前去，抢过大刀就割下了土豪的首级。后来，刘铭传在当地拉起了队伍，成了有名的流氓头。

李鸿章奉曾国藩之命招募淮军的时候，第一眼就看中了刘铭传。于是，将刘铭传的队伍招募入淮军，名为“铭军”，另外，还花钱给其购置枪支弹药，将这只“铭军”装备成了武装军队。虽然，这支军队为李鸿章立下了不少战功，但刘铭传太狂妄，使得李鸿章大感头疼。后来，在曾国藩需要借用淮军剿捻军的时候，李鸿章就将“铭军”拨给老师，希望他能加以管教。

在剿捻军的过程中，刘铭传与另外的将领发生了争斗。曾国藩感到十分为难，如何处理这件事呢？不处理吧，双方都不能静下来，说不定以后还会有矛盾；处理吧，他毕竟是李鸿章的手下，而且，自己还要倚重于他。于是，曾国藩想了一个万全之策，他对刘铭传进行了严厉斥责，话说得很严厉，但对其过失不予追究，这一招果然管用，刘铭传对曾国藩心生悸畏。

就这样，刘铭传在曾国藩的教诲下，带领着“铭军”在中法战争中一举打

败法军。1885年，清政府将台湾正式改为省，刘铭传当即被任命为台湾第一任巡抚。

曾国藩明白，对于那些有才无德的人，要控制使用，好像用剑一样，控制好了，就可以成为一把利器，若是控制不到位，就会成为一柄凶器。在湘军中，悍将并不少，大多悍将粗鲁、莽撞，但是，在他们身上也有不少优点，诸如勇敢，在冲锋陷阵的时候，真是少不了他们。而且，悍将就像一匹烈马，要想使用他，就得先将其收服，不过，要想利用悍将确实是一件不容易的事情。然而，曾国藩却是驾驭烈马的好手，软硬皆施，收服悍将可谓是轻松自如。

索尼公司是靠生产电子产品起家的，随身听是该公司的重要产品。有一次，公司一家分厂的产品出现了问题，而产品是远销东南亚的，对此，总公司不断收到来自东南亚的投诉。后来，经过公司的调查，发现是随身听的包装出了问题，并不影响质量，不过，董事长盛田昭夫却不依不饶。

于是，那位分厂厂长被叫到公司的董事会上，陈述自己的错误。在会议上，盛田昭夫对其进行了严厉的批评。那位厂长在公司干了几十年，没想到当着这么多人的面被骂，心里十分难过，忍不住哭了起来。

会议结束后，厂长神态窘迫地走出会议室，在他心中已经打定主意递交辞呈了。这时，董事长的秘书走过来，邀请他一块去喝酒，两人进了一间酒吧，厂长问:“我现在是被总公司抛弃的人，你怎么还这样看得起我。”秘书说:“董事长一点也没忘记你为公司作的贡献，今天的事情也是出于无奈。会后，他害怕你为这事伤心，特地让我请你喝酒。”听了这话，厂长的心里平衡了些，对之前受批评的事情也不那么在意了。

盛田昭夫是恩威并施的好手，在涉及总公司利益的时候，他丝毫不敢懈怠，哪怕只是一个小错误，他也要追究到底，希望其他的下属以此为戒。但是，考虑到这位厂长是老员工，如此严厉的指责似乎不那么恰当，于是，在会

议后，又让秘书来施以恩惠，表达自己的歉意，如此一来，恩威并施，厂长在不知不觉间就接受了之前的批评，从而心生感激，并竭尽全力为公司效力。

那么，领导者该如何做到恩威并施呢？正如松下幸之助所说“经营者对于部下，应是慈母的手紧握钟馗的利剑，平日里关怀备至，犯错误时严加惩戒，恩威并施，宽严相济，如此才能成功统御”。

下篇

下班要学胡雪岩

在清朝末期，流传着这样一句话："南有胡雪岩，北有大盛魁。"这么多年过去了，胡雪岩一直是中国商人的偶像。他的一生充满了传奇色彩，从一个钱庄的小伙计，一跃成为显赫一时的红顶商人。其成功的背后有深刻的处世之道：圆世、交友、用势、谋划、掌控、泰然。尽管胡雪岩的时代已经过去了，但是他为人处世的技巧在今天依旧适用。所谓"他山之石，可以攻玉"，在这里，我们将学习胡雪岩的处世之道。

第九章

诚信为本，信誉为先成事不难
——下班有信誉，诚信是最好的招牌

胡雪岩在商训中写道："地为后天修为。古人云：'天生我材，必有一用。'有用者，必守信也。言必行，行必果。信乃人立身行事之本也。信者永存。为人之道，守信为最，信念不移，大事可成；无信念或信念不坚者，事终不成，经商亦然。古来无信念而成巨贾者，鲜矣。"在胡雪岩身上，令人感触最深的就是诚信，他正是以"诚信为本"，成为一代巨贾的。因而，在生活中，我们要记住：做人要有诚信。因为诚信是最好的招牌。

第一节◆别小看小事，点滴就能建立诚信

胡雪岩说："信用是人的第二性命。"对此，他坚信不疑，不管是大事小事，他都信守承诺。熟悉胡雪岩的人，听到胡雪岩讲的话，从来都不质疑，因为大家都知道，他是一个诚信的商人。胡雪岩经常说："说话就是银子，不要不当正经事。"在那个年代，商人很多，但是，因为诚信，他获得了比一般商人更多的成功机会。在日常生活中，我们千万不能忽视一件小事的作用，有时候，可能是一句话，可能是一件微不足道的事情，最终影响到自己的诚信。许多人认为，"诚信"这个词语太过沉重，自己不过是普通人，如何能建立诚信呢？其实，"诚信"这块大的招牌，往往是在小事上建立起来的，一个人在小事上若不能体现诚信，何以在大事上取信于人呢？往往点滴之间就能建立诚信。或许，你不能想象，胡雪岩就是因为一件小事的诚信走上了经商之路。

在胡雪岩13岁的时候，有一天下午，他听从母亲的吩咐去野外放牛，在途中休憩的时候去了一个亭子。无意之间，他在亭子里发现了一个装满金银财宝的包袱，望着这个包袱，他惊呆了，这包财宝足以让自己一家人摆脱贫困，自己大可以将它带回家去，告诉妈妈说以后没有必要那么辛苦了。不过，妈妈总是教育自己要拾金不昧，带回家会遭到妈妈的责骂，那么，也可以找个地方将这包财宝藏起来，等到人们不注意的时候再去将它挖出来。也许，只要是一个13岁的孩子，脑袋里都会冒出这样的想法来。

但是，胡雪岩并没有那样做，他暗暗下决心：我一定要等待失主到来，哪里也不去。他先将包袱藏在草丛里，然后就好像没事一样，坐在那里等待失主。可是，太阳都快下山了，还不见有人过来，这时，胡雪岩的肚子已经饿得

叫了起来，但他还是强忍饥饿，继续坐在那里等候失主。

一直到傍晚，来了一个四五十岁的人，一看对方的打扮，就知道是一个富商。那人慌慌张张地跑了过来，左看右看，看见了胡雪岩。他开口就问："小哥儿，问您点事儿，您在这里看到我丢的一个包袱了吗？"胡雪岩一听，有点警惕："你丢的包袱是什么颜色的？"这人一听就乐了，听胡雪岩这样说肯定是见过了，他回答说："是一个蓝色的包袱。"胡雪岩要问个仔细："你包袱里有什么东西啊？"于是，这位商人就仔细地说了，里面有两挂珍珠、一挂玛瑙，以及其他东西。胡雪岩一听："对，你说得没错。"说完，就将草丛里的包袱取出来给了那位商人。

商人大喜，打开包袱，拿出了两块金条给胡雪岩，胡雪岩很不高兴："我在这等你这么长的时间，可不是图你这点东西。"商人一听十分感动，他对胡雪岩说："这么着吧，我呢，是安徽绩溪县城里一个粮行的掌柜的，姓蒋。我那儿正好缺一个小伙计，而且像你这样诚实守信、不贪图钱财的孩子，正是我要找的人啊！你能跟我到绩溪去吗？那可比你在农村待着要强多了。"

就这样，胡雪岩这个13岁的放牛娃，得到了人生第一次机会，他跟随着这位姓蒋的人来到了绩溪县城里。虽说这件事情对于一个孩子来说只是一件小事，但其中所表现出来的诚实守信、不贪图钱财的诚信品质，却是颇为难得的。对于胡雪岩来说，这是人生的第一个机遇。因为诚信的品格，他才有机会告别贫困的放牛生活，转身踏进了商海，走上了自己的成功之路。

生活中处处有诚信，诚信是做人之根本。如果一个人没有了诚信，那么这个人就不会得到别人的信任。而且，他也将无法在社会上立足，因为没有任何一个人会信任他。我们需要明白一个道理：大事小事都要讲诚信。有的人认为，大事才讲诚信，细小的事情讲不讲诚信都无所谓。但是，察人是从细微处着手的，连小事都不守信用，又怎么会在大事上讲诚信呢？所以，我们应从自己身边的小事着手，将诚信融入日常生活的点点滴滴，进而建立

莫大的诚信。

小丽是一家小卖店的售货员，这天早上，她像往常一样，整理货柜上的商品，准备开业。这时店里走进来一位衣着靓丽的外国女人，小丽热情地打招呼："请问，有什么需要帮忙的吗?"小丽所开的店在一个旅游区里，经营一些当地的特产。那外国女人笑了笑，用生硬的中文回答说："我想购买一些特产，带回国。"说完，就开始挑选东西。

小丽一边给她介绍商品，一边整理柜台。不一会儿，外国女人就抱了一大摞东西过来，小丽热情地给她装进袋子，计算出了总价，她用手指着袋子里的东西，说道："您好，一共是四百五十块。"外国女人点点头，不过，她有些迟疑："小姐，不好意思，因为我昨天花光了所有的人民币，现在身上只有美元，你能接受吗?"小丽摇了摇头，回答说："抱歉，我们这里是不接受美元的，不过，如果你需要，我可以到最近的银行给你兑换一些人民币，这样，你出门会更方便。"外国女人马上从包里掏出来十多张一百美元的钞票，高兴地说："那太好了，我正愁找不到银行呢，我在这里等你，你快去快回。"经店老板的许可，小丽拿着美元，跑了出去。

过了大半天，还不见小丽回来，店老板有点着急了，难道小丽拿着别人的美元跑了？那美元所兑换的人民币少说也有好几千元呢。看着店老板着急的样子，外国女人却安慰道："帮我兑换外币的小姐应该在回来的路上了。"又等了几个小时，店老板忍不住了，他对外国女人比划着说自己会把钱还给她，可外国女人却摇摇头，执意要等下去。

眼看快中午了，小丽满头大汗地跑了进来，语气急促地说道："本来，我直接去了最近的银行，可是，太早了，他们还没开门。然后，我就转了几条街，跑到了山那边的集市，在那里才找到了已经开门的银行。"外国女人向她竖起了大拇指，赞赏道："你是我见过的最有诚信的中国人!"

小丽因为帮外国友人兑换外币而建立了诚信，使得那家小卖店生意越

来越红火。其实，在某些时候，诚信还会给我们带来更大的回报。比如，尼泊尔喜马拉雅山南麓因为一个少年的诚信而成了旅游胜地。卡耐基说："当我们为大众谋利益的时候，我们的财源就滚滚而来。"诚信，不以形显，而以质昭，它是一种根植于别人内心的信任感。而建立诚信，就要从点滴做起，一滴水可以折射太阳的光芒，任何一种观念、一种价值，都是在一点一滴的事情中体现出来的。

第二节 ◆ 一诺重千金，不可轻易许诺

翻开胡雪岩这本厚厚的书，每一个读者都会有诸多感触。在他身上，体现出了商人最重要的美德：重信诺，讲信义。自己说了什么样的话，就一定要以实际行动去履行，正所谓"一诺重千金"。在许多人看来，商人最看重的应该是利益，可是，胡雪岩却与一般商人不同，在利益面前，他更看重自己的诺言。他说："不轻易许诺，凡事考虑好了，再做出一言九鼎的承诺。"在现实生活中，有些商人自己说过的话总是"忘"了，十句话里面没有一句真话，更不用说"一诺重千金"了。甚至，有的商人即使做出了承诺，但在利益面前，他们也会违背自己的诺言，千方百计地牟取私利。其实，哪里只是商人，在生活中，许多人都是诺言的背叛者，他们常常是说一套、做一套，全然不把诺言放在眼里。有的人总是轻易许诺，但真正等到兑现诺言的时候，却选择逃之夭夭。因此，在日常生活中，我们要学习胡雪岩的"一诺千金"，不要轻易许诺，一旦许诺就要去兑现。

胡雪岩的生意一直得到漕帮的支持，如此他的生意才会做得得心应手。当然，能得到漕帮的支持，一方面源于胡雪岩的聪明和勇气，另一方面却是得益于他的诚信，以及一诺重千金的豪情。

当时,胡雪岩的贵人王有龄被朝廷任命为海运局的坐办,刚上任,却为运粮问题而大伤脑筋。原来,海运局急需一大批粮食,而海运需要一段时间,到时候就怕耽误了时间交不了差,于是,他来找胡雪岩商量该怎么办。经过多方打听,他们得知漕帮正好有大批的粮食要出售。胡雪岩说:"可以先借漕帮的米来垫付官府,以解现在海运局的难题,等浙江的米到了后,你再返给漕帮。"经过一番商量之后,胡雪岩就带着手下与漕帮商量。

胡雪岩去拜访了漕帮的魏老太爷,可是,等到具体商议的时候,对方却面有难色,胡雪岩问道:"如果有什么困难,可以说开来,我绝不会让你太难做。"对方沉思了一会,说道:"不怕兄弟笑话,看兄弟也是爽快之人,我就一吐为快。最近,漕帮遇到了一些麻烦,眼下急需资金周转,本想出售这批大米可以得到现银,可海运局只是暂借,过些天还回来的还是大米,这就是我的难处。"胡雪岩听了,立即开了一张十万两银子的银票,代表官府借给漕帮渡过难关。

次日,胡雪岩向王有龄汇报了情况,王有龄十分高兴,想了一会儿,压低声音对胡雪岩说:"胡兄,我有个主意,你看怎么样?现在正是青黄不接的时候,再加上兵荒马乱,粮价一定会狂涨,与其让别人赚,还不如我们自己赚。你可以与张胖子商量,先借一笔银子来买通裕的米先交兑,等浙江的米到了后,我们自己先暗中存着,等米价涨了就可以大赚一笔了。"胡雪岩听了,皱起了眉头,说道:"主意是很不错,但我们不可以这样,江湖人做事,说一不二,所谓'一诺重千金',我们已经答应了漕帮的事,绝不可以反悔,如果反悔,那就是对人失信,就会给人瞧不起,以后就吃不开了。"王有龄面有愧色,心中对胡雪岩更加佩服。

胡雪岩常对下人说:"做生意,要特别讲信义,要想在别人面前吃得开,就一定要遵守诺言,所以在答应人家之前,自己先要想一想,能不能做到?做不到的事,就别答应人家,答应人家了就一定要做到。"做生意讲究的是干

脆漂亮，正如胡雪岩所说“说出去的话就是银子”，胡雪岩虽是一个生意人，但面对利益，却不会见利忘义，反而更加注重信义。在与人交往的过程中，只要他答应了别人，就一定不会反悔，这也是他获得成功的一个重要条件。胡雪岩没发迹之前，只不过是一个放牛娃，没有显赫的家世，没有才高八斗的才气，然而，他就是靠“一诺千金”的诚信，从一个身无分文的小伙计变成了叱咤风云的商场大亨。

在日常生活中，我们不要轻易许诺，一旦许诺，就一定尽全力做到，不管途中遇到了什么困难，都不能失信，因为兑现自己的诺言不仅仅是守信，同时也是守住自己的人品。一个人说话若是能做到“一言九鼎”，就会让其周围的人心甘情愿地与他成为朋友，成为最忠心的伙伴。相反，没有一个人愿意与一个谎话连篇、出尔反尔的人交往。

1. 立木为信，一诺千金

对于大多数人来说，许诺是一件再普通不过的事情，舌头一卷，诺言就出口了。但是，对于诺言，更看重的是兑现的结果。一个喜欢信口开河、轻易许诺的人，在短时期内，可能会受到人们的欢迎，但是，时间长了，大家看清了你的真面目，定然会离你而去。因此，诺言树立起来的不仅仅是信誉，更是人品。

春秋战国时期，秦国的商鞅在秦孝公的支持下主持变法。当时，战争频繁，搞得人心惶惶。为了树立威信，推进改革，商鞅下令在都城南门外立一根三丈长的木头，并当众许下诺言：“谁能把这根木头搬到北门，赏十金。”围观的人不相信如此容易的事情能得到如此高的赏赐，结果，观看的人很多，但无一人上前。于是，商鞅将赏金提高到了五十金。

俗话说：“重赏之下必有勇夫。”终于来了一个人，他将木头扛到了北门，商鞅当场兑现了诺言，立即赏了他五十金。商鞅的这一举动，在百姓中树立起了威信，而他接下来的变法很快就在秦国推广开了。

商鞅立木为信，一诺千金，在百姓中树立起了威信，为变法成功奠定了基础。很多时候，生活中，有些人喜欢顺口答应别人事情，而事实上却无法做到，这就叫做“空头支票”。尤其是作为一个领导，更应该避免这一点，有些刚上任的领导，由于过分相信自己的实力，在下属的吹捧下，轻易地答应下属的要求，过后又反悔。这样很容易就在下属心中留下一个不守信用的印象。

2. 不要轻易许诺

有的人在对别人许诺的时候毫不犹豫，一口就答应下了，可是等到最后，自己却没有做到，使自己失信于人。因此，不要轻易许诺，如果你要去兑现你的诺言是难于上青天，这无疑是搬起石头往自己脚上砸，所以，在生活中，千万不要信口开河，轻易许诺。

第三节◆ 言必行，行必果

胡雪岩说：“什么事，一颗心假不了，有些人自以为聪明绝顶，人人都会上他的当，其实到头来原形毕露，自己毁了自己。一个人值不值钱，就看他自己说的话算不算数。”看似一句朴实无华的话，却道出了其做事的风格：“言必行，行必果。”在生意场上，胡雪岩是一个言出必行的人，有时候，他宁可牺牲自己的利益，也要说话算话，维护合作伙伴的利益。在胡雪岩身边，不论是市井小民，还是雄霸一方的大人物，都愿意与他交朋友，只因为胡雪岩说话算话、言出必行。中国有个成语叫做“言而有信”，顾名思义，也就是一个人说过的话一定要付诸实际行动。在日常生活中，一个人要言而有信，这决定着他是否值得尊重，是否能建立和谐的人际关系。对于诚信，有的人视之为粪土，有的人视之为生命，那些视诚信为粪土的人，自己的一生也终

将如粪土，而视之如生命的人，他们的一生将会更加辉煌。古人云："言必行，行必果，果必真。"信守承诺，说到做到，这是我们做人的基本要求。一个人一旦许下了承诺，就要履行，否则就会丧失信誉，言而无信，行而无果，到最后只会成为孤家寡人。

有一次，胡雪岩在护送王有龄去湖州上任的船上，无意中认识了船家的女儿阿珠。闲聊之中，胡雪岩从阿珠口中了解到湖州丝绸生意的情况，灵机一动，想在这方面做出成就。到了湖州，胡雪岩遇到了漕帮老大郁四，闲聊间，郁四也想加入其中做丝绸生意，于是，两人一拍即合。

当时，蚕丝是中国出口商品中的大宗生意，胡雪岩在做此生意不久就发现了一个问题。原来，中国蚕丝一直都是通过外国商人出口的，而一些洋商为了牟取暴利，竟然和官府勾结，垄断了整个蚕丝市场，这样一来，洋商所赚的钱就远远比中国商人多。胡雪岩对此思考了很久，决定与外国商人拼一把，他心中萌发了一个大胆的想法："买下湖州所有的蚕丝，自己来控制价格，到时候，不怕洋商不低头。"不过，投资巨大，胡雪岩邀请好友尤五等人都加入了进来，还联合了大部分丝行。

不过，事情看似容易，做起来却很难。得利益的官府从中作梗，洋商时常无理挑衅，另外，同行中还有人与胡雪岩抢生意。刚开始的时候，丝价一路猛涨，但是，后来受到国际蚕丝市场的影响，又一路狂跌。在这个过程中，胡雪岩跌跌撞撞，经历了种种磨难，虽然最后这笔生意做成了，赚了十八万两银子，不过因合伙人太多，开销大，各方面算下来，还赔了一万多两。新债加上旧债，胡雪岩一下子损失了十几万，好朋友尤五等人都表示自己的那一份不要了，但胡雪岩依然按最初协议上的约定，将该分的银子一文不少地分了下去，朋友极力反对，说等以后生意好了再说，但胡雪岩坚持原则，他说："说过的话一定要算数，大丈夫说话一是一，二是二，不能失信。"

"言必行，行必果"，虽然只有短短六个字，但胡雪岩却以行动实践了这

句话。自己亏了没关系，但说过的话一定要践行下去，这就是他的做事风格。本来，在这次生意中胡雪岩损失惨重，如果是一般商人肯定会想办法来减轻自己的损失，自己出了那么大的力，不但没能赚钱，还亏了这么多，心里肯定不平衡，而且，朋友已经说了不需要分红，这样想来，大部分商人都不会做胡雪岩这样的决定。而胡雪岩却坚信“言必行，行必果”，要想顶天立地，就必须做一个言出必行之人。

在日常生活中，我们要谨记“言必行，行必果”的做人准则。大到日常交际，对别人说过什么样的话，就要践行什么样的事情；小到在家里，哪怕是对孩子说过的话，也要说到做到，努力践行自己的做人准则。否则，一个失信的人是很难得到他人信任的。

1. 不随便说话

有的人说话欠考虑，或者根本不考虑。时间长了，给别人的印象就是尽说些空话，不办实事。这样随便说话的结果是使得自己的威信扫地，人们都不愿意与之共事。因此，在生活中，不应随便说话，要做到“言必行，行必果”。

曾子是春秋末期鲁国有名的思想家、儒学家，同时，他也是孔子门生中的七十二贤之一。他博学多才，在平日生活中，也十分注重修身养性。

有一次，曾子的妻子要到集市上办事，家里年幼的孩子吵着要去。曾子的妻子不想带孩子前去，便对他说：“你在家好好玩，等妈妈回来了，就将家里的猪杀了煮肉给你吃。”孩子听了，十分高兴，也不再吵着去集市了。本来，妻子这话是哄孩子玩的，之后她便忘记了。

没想到，从集市回来后，曾子却真的把家里的一头猪杀了。妻子看到曾子真的把猪杀了，就说：“我是为了让孩子安心地在家里等着，才说等赶集回来把猪杀了烧肉给他吃，你怎么当真呢？”曾子说：“孩子是不能欺骗的，他年纪还小，不懂世事，只得学习别人的样子，尤其是把父母的言行作为生活的

榜样，今天你欺骗了孩子，明天孩子就会欺骗你、欺骗别人。今天，你在孩子面前言而无信，明天，孩子就不会再信任你。你看这其中的危害多大啊。”

曾子面对一个年幼的孩子，努力践行着“言必行，行必果”的道理，足以见得，诚信对人的重要性。你作为孩子的父母，是不是也经常做言而无信的事情呢？要知道，你的一言一行都将是孩子学习的榜样，你的诚信将影响孩子对诚信的理解。当然，在生活中，我们更是要以诚信为本，做到“言必行，行必果”。

2. 重诺重信，承担责任

在生活中，有的人爱说大话、空话、假话，对于自己不了解的事情假装了解；对自己不清楚的事情，喜欢发表意见；对于自己本来没有能力去办的事情，非要说能办到。结果，在每一件事上都会出丑，末了，还死要面子，以掩饰自己的言而无信，推卸责任。对于这样的人，时间长了，大家都知道其话中有水分，会对其敬而远之。因此，要想做到“言必行，行必果”，就要重诺重信，并承担自己的责任。

3. 话不要说得太满，要留有余地

在现实生活中，有的人从来不考虑主客观条件的变化，将话说得太满、太绝对，丝毫不留余地。一旦兑现不了，不仅给自己造成尴尬，也会令他人难堪，导致他人的不信任，自然也就不愿意与之交往。因此，不要将话说得太满，凡事需要留有余地，如此，才能更好地实践“行必果”。

第四节 ◆ 言而无信，等于自掘坟墓

《春秋》里有这样一句话：“言之所以为言者，信也；言而不信，何以为言？”人们应该遵守信诺，如果不守信用，就相当于打碎的镜子，再也不可能

修复。胡雪岩深知，在生意场更需要重视信用：一个守信的人，肯定会有更广的人脉；反之，一个不守信用的人，有可能会成为孤家寡人。对此，胡雪岩这样告诉下人："任何时候都不能耍赖，耍赖就是不守信用。"他也一直将这句话作为为人处世和经商的信条。另外，在商人胡雪岩看来，诚信是生意最响亮的一块招牌，对他人的不守信用，实际上就是自掘坟墓，最后，无异于自己埋葬了自己。在日常生活中，虽然不守信不至于有自掘坟墓的恶果，但是，如果你不守信，就会使自己失去许多朋友，失信会让你变得难以令他人信任。在生活中，一个人没有了锦衣玉食并不可怕，只要你信用还在，一切都可以重新再来。但是，如果你失去了信用，就等于把自己孤立了起来，你的诚信很难再建立起来。那些言而无信的人，最后只会亲手将自己推向命运的悬崖。

有一段时间，挤兑风潮席卷上海，许多钱庄迫于形势而纷纷关门停业。而不巧的是，在这关键时刻，胡雪岩不在钱庄，钱庄里只有档手谢云清和螺蛳太太。面对这疯狂的挤兑风潮，螺蛳太太与谢云清商量，现在钱庄里只有四十万银两，如果挤兑风潮卷来，这些银两根本无法应对，而东家胡雪岩还需要两天的时间才回来，这可怎么办呢？螺蛳太太想了想，说："看当前的形势，既然上海很多钱庄在发生挤兑风潮不久就关门停业，说明这次事态非常严重。"谢云清点点头，说道："可是，太太你也知道咱东家的脾气，向来信用第一，如果停业就是对客户不守信用，到时候东家回来不好交差。"螺蛳太太想了一会儿，回答说："现在也没别的办法，先保住钱庄的银两再说，咱们这也是为东家着想。"于是，两人商量后，决定先停业，等胡雪岩回来再说。

胡雪岩回来后，狠狠地批评了螺蛳太太和谢云清，说："不守信用就是耍赖，等于自掘坟墓。"接着，他分析说："钱庄对客户的信用就是为客户着想，对客户负责。如果客户要提取存款，不管在什么情况下都应该照办。通过停业拒绝客户，这就是最大的不讲信用。一次不讲信用，客户就会失望，对

咱们的钱庄就不信任，到时候，没了客户还会有什么生意呢。”于是，在胡雪岩的坚持下，钱庄照常开门营业。

胡雪岩说：“赌奸赌诈不赌赖。”本来，这只不过是赌牌时的一句行话，却被胡雪岩作为自己为人处世的原则。在胡雪岩看来，与人交往，需要遵从的唯一条件是：愿赌服输，不许耍赖，耍赖就是不守信用。因为言而有信，胡雪岩赢得了红顶商人的美誉。

在生活中的我们，或许，诚信更多体现在与人的交往中。不管是对人还是对事，自己说了什么，就应该做什么。在自己没有考虑周全的情况下，不要轻易就许下承诺，而一旦许下承诺，就要言而有信，在他人面前树立起诚信的招牌，你才会在复杂的交际中无往不利，否则，终会成为孤家寡人。

1. 与朋友交往，言而有信

《论语・颜渊》中记载了这样一件事情，子贡向孔子问政，孔子回答说：“足食，足兵，民信之矣。”然后，孔子告诉子贡，如果在这三者之中去其二，那么，只能取“信”，在孔子看来，自古皆有死，民无信不立。在现实生活中，诚信一直是人际交往中最为基本的原则之一，要想获得别人的信任，只有先对别人言而有信。

2. 凡事不能失信于人

在生活中，人与人的交往是建立在信任的基础之上的。一个人若是言而无信，纵有才能、学问，走到哪里，都得不到他人的信任，终将无用武之地。失信于人，那还有谁愿意与你相处呢？在生活中，有许多没有信用的人，最后，他们的人生都将以悲剧收场。

有一个商人在过河时船沉了，他抓住了一根竹竿大声呼救。一个渔夫闻声而来，商人急忙喊道：“我是济阳最大的富翁，你若能救我，给你一百两金子。”可是，等到渔夫将富翁救上岸以后，他却翻脸不认账，只给了渔夫十两金子。渔夫责怪他言而无信，出尔反尔，富翁说：“你一个打鱼的，一辈子

都挣不了几个钱，突然得到了十两金子，难道还不满足吗？”渔夫只得怏怏而去。

不料，那位富翁又一次翻船了，有人赶过来想救他，这时，那个曾被他骗过的渔夫说：“他就是那个言而无信的人！”于是，没人愿意救他，商人就这样淹死了。

虽然，商人两次翻船遇到的都是那位渔夫，这是偶然中的事情，而商人言而无信的结局却是意料之中的事情。一个人若是不守信用，就会失去别人对他的信任。那么，当他处于困境的时候，便没有人再愿意出手相救了。那些失信于他人的人，一旦自己遇难了，只能坐以待毙。

第五节◆诚信有原则，凡事皆有规矩在

圣人孔子说：“人而无信，不知其可也。”诚信，是每个人必备的传统美德。人们常说“人无信不立”，事实上，诚信也是有原则的，即遵从于心的原则。我们经常碰到这样的事情，有人交付给自己一些事情，但最后，这个诚信却变成了可兑现、可不兑现的，如果你硬是不兑现诺言，那也说得过去，但是，于情于理，从自己内心来说，这是没能遵循诚信的原则。其实，在任何时候，诚信都在我们身边，关键是你是否能遵从内心的原则，将诚信诠释出来。对此，胡雪岩说：“做人无非就是讲个信义。”他认为，其实做生意与做人在本质上是相同的，一个成功的商人，也应该是一个极守信义之人，能遵循诚信的原则。无论是为人处世还是做生意，胡雪岩始终信奉守信的原则，即使在没有相关凭据的情况下，他也能凭着心中对诚信的恪守而将事情办得漂亮。

胡雪岩的钱庄开业不久，就接待了一位特殊的客户。这位客户要求存入一万两千两银子，不要利息，也不要存折。原来这位客户是罗尚德，时任

杭州绿营兵的千总。罗尚德原是四川人，年轻时喜欢赌钱，当时，他与家乡的一位姑娘定下了婚约，不过，他却迟迟不提婚期。而且，因为赌钱，他花去了岳丈家一万多两银子，最后，岳丈提出："只要你同意退婚，我们宁可不要那一万多两银子。"这一下可刺激了罗尚德，他下决心戒赌，他不仅不同意退婚，还发誓一定要挣足那一万多两银子。后来，罗尚德投军后，省吃俭用，积蓄了这一万两千两银子，眼看就要还清赌债了，可是突然接到命令去江西打仗。

想到自己身边没有亲眷，于是，他想到了胡雪岩的钱庄。罗尚德敬重胡雪岩的良好信誉，而且，自己是上战场，生死未卜，存折带在身上十分不方便，于是，他提出了不要利息、不要存折的要求。得知了罗尚德的这一情况，胡雪岩说："虽然你不要利息，但是咱们钱庄必须以三年定期存款的利息照算，三年后来取，本息付给你一万五千两银子。你不要存折，我仍然要立一个存折，留着账目给刘庆生，诚信归诚信，我们仍然需要按照一定的规矩来办事。"

没想到，罗尚德在战场上阵亡了，在去世之前，他将取钱的事情交托于同乡。由于当时罗尚德并没有要存折，那同乡只好在没有任何凭据的情况下来到钱庄。原以为，这样会碰到一些刁难和麻烦，担心钱庄会赖掉这笔账。但是，钱庄只是为证实他是罗尚德的同乡而费了些工夫，之后，就为他办了手续，不仅照数全付，而且还照算了存款的利息。

凡事都有规矩在，诚信也是有原则的。对方再怎么信任自己，胡雪岩还是按照自己的规矩办事，而且，努力将诚信坚持到底。本来，像这样的事情，罗尚德既已经战死了，口说无凭，另外又没有证据，若是碰到奸诈的生意人，定会想着贪图钱财，否认这笔存款。相比较之下，胡雪岩自始至终都坚持诚信的原则，不管对方怎么看，自己一定要将诚信坚持到底。

在日常生活中，每件事情都有它的规矩，而诚信这个看不见、摸不着的东西，其实也有它的原则。当我们都在说诚信、践行诚信的时候，是否想过，如果有一个漏洞可以钻过去，自己是否真的就弃诚信而不顾呢？然而，那些真正讲诚信的人，无论发生了什么事情，他们都会坚持自己的良心所向，将诚信坚持到底，不为别的，只求心安。而那些没有诚信原则的人，时而守信，时而失信，时间长了，在人们面前就露出了可耻的面目，最终，他们会失去他人对自己的信任。

那么，在生活中，如何才能遵从诚信的原则呢？

1. 诚信的约束来自于自身

或许，在现实生活中，对于诚信有一些众所周知的原则，诸如不虚伪、不欺瞒等。但是，说到底，将诚信付诸实践，更需要我们自己来遵守。信用是现代人无法或缺的个人无形资产，这样一来，诚信的约束不仅来自于社会，更来自于我们的自律心态和自身的道德力量。

2. 诚信有其道德准则

在生活中，我们不能因为生活中有不诚信的人，自己也就有了虚伪的理由。俗话说："没有规矩不成方圆。"努力遵守诚信的道德准则，凡事有规矩，如此，你才能成为一个诚信的人。

第六节 ◆ 诚信有时也来自于信任他人

诚信，有时候源于信任他人。有人或许会说，诚信是彰显在个人身上的，怎么会和他人有关系呢？事实上，真正的诚信不仅仅会将"诚信"这两个字付诸实践，更重要的是，他懂得如何将诚信给予他人。一个真正讲诚信的人，不会随便怀疑别人，因为怀疑别人，其实就是不相信自己。在日常生活中，许多人自诩是一个有诚信的人，但是，他却对身边的家人、朋友胡乱猜

疑，最后失去了他人对自己的信任，而且，就连他自己也成了一个不讲诚信的人。在这一点上，胡雪岩做得相当好，在很多时候，他都将信任给予他人，同时，他在身边的人身上也看到了诚信的影子。对于身边的人，胡雪岩一直秉承“放手使用、用而不疑”的重要准则。平日里，除了那些关系生意前途的重大决策外，在一些具体的生意事情上，他总是无比信任地让手下人干，从不胡乱猜疑，随意干预。如此的信任，令身边的人感动，更愿意为其效力，他们帮胡雪岩将生意做得有声有色。

胡雪岩在杭州曾开办了一家胡庆余堂药店，在店中负责进货的助理叫阿二，这位阿二是一位机灵聪明的小伙子，深得胡雪岩的喜欢。

有一天，阿二到东北采购药材，回来后，药号的经理，也就是阿大，看见他带回来的人参质量很差，但价格却很高，忍不住埋怨：“你真是不会办事。”没想到，阿二却以边境有战事之故据理力争，两人争吵了起来。后来，胡雪岩知道了这件事。他细察详情后，留两位在家里吃饭，特别向阿二敬酒，感谢他万里奔波，在困难时期仍采购到大量的紧俏药品。饭后，胡雪岩留住了阿大，对他说：“古人云，将在外，军令有所不受。商事如同战事，应当用人不疑，以后凡采购的价格、数量和质量，都由阿二负责，我们就叫阿二为‘进货阿大’。”这话被阿二听到了，他心中除了高兴，还有对胡雪岩的感激，感激他对自己的莫大信任。

后来，阿二和阿大各司其职，将胡庆余堂的生意打理得红红火火。

胡雪岩的诚信不仅仅体现在做生意上，还体现在用人上，他对阿二给予了莫大的信任，其语言中流露出诚信的影子。因为他明白，如果自己随便怀疑他人，那么，只能得出这样的结论：自己不值得信任。要想他人诚信，不妨将信任大方地给予对方，这样一来，在信任的鼓励之下，对方就真的变成了一个重诚信的人。

在日常生活中，我们对任何人都要尊重，以诚信相待，你给予对方以信

任，对方也会还你一份难得的诚信。即使是面对一个初次相见的陌生人，也可以在彼此之间建立起诚信。不过，人与人之间的关系都是相互的，你心中若有了猜疑之心，对方对你也就没有了“诚信”二字。很多时候，一个人的诚信来源于对他人的信任，这份信任并不是空穴来风，它源于内心的那份坦诚，那份与生俱来的信任。

早上，“诚信小店”的老板打开了小卖部的窗口，刚把公用电话摆在柜台上，就有一位女士过来了。她打了一个长途电话，不一会儿，女士放下了话筒，老板看了看计时器，说道：“三元钱。”那位女士从精美的皮包里抽出了一张百元大钞递过去，老板翻了翻抽屉，无奈地说道：“没零钱找您，您什么时候有零钱了再送来吧。”女士满脸惊讶，问道：“你认识我吗？”老板看了一眼“诚信小店”，微笑着说：“我不认识您，可我信任您。”

女士没说什么，转身离去了，十几分钟之后，这位女士又出现在小卖部窗口前。她递过来三元钱，说道：“为了换开这一百元钱，我特意去了一趟百米之外的农贸市场，又特意走回来送这三元钱电话费。”老板接过了电话费，说：“不送也没关系。”女士说：“我是出差到这座小城的，早上顺便打个长途，我要是没给电话费就走了，你也没法找到我。可我一定要回来，一个人被人信任不容易，我要珍惜。”说完，女士离开了，那“诚信小店”四个字却在风中越来越清晰。

诚信的表现之一就是信任他人，哪怕是一个素未谋面的陌生人。人生本是一场旅行，在途中，我们可以抛弃金钱、荣誉、美貌，但是，诚信却是需要用生命去捍卫的。诚信是令人欣赏的，被人信任是幸福的，做一个诚信的人，我们就要学会信任别人，让别人感受到那份心灵的幸福。

1. 先信任自己

在纷杂的现实生活中，一个人想要去信任别人，首先应该学会信任自己，你连自己都不信任，又怎么会信任他人呢？首先应该相信自己，相信自

己的能力，相信自己的决断，相信自己的选择，简单地说，就是要有自信。有了自信，你才能充分地去信任别人。

2. 将信任给予他人

在现实生活中，许多人坦言"我很难去信任别人"，他们总是疑神疑鬼，只相信自己，从来不敢将信任给予他人。因此，无论做什么事情，他们都是亲力亲为，结果比平常人承受了更多的痛苦与烦恼。所以，在相信自己的前提条件下，试着将信任给予他人，传播诚信的种子，如此，你才能在人前建立起诚信。

第七节◆万利皆可抛，信誉不可损

自古以来，在民间就流传着"无奸不商"的说法，但是，到了胡雪岩这里，他却说："为人不可贪，为商不可奸，经商重信义，无德不成商。"一个人要想成为一个成功的商人，他所要做的第一件事就是树立自己的信誉，并将信誉作为自己的生命。对于一个商人来说，信誉是致命的，你可以备受人们的争议，你可以一无所有，但是，只要你还有良好的信誉，一切都可以东山再起，信誉，可以为你赢得第二次生命。正所谓"万利皆可抛，信誉不可损"，做人和做生意是一样的，有了信誉，门前才会络绎不绝；失去了信誉，只有孤家寡人。一个人要想赢得他人的欣赏与肯定，并不在于什么利益，也不在于金钱地位，而是一个人的信誉。地位、权势都是有价的，但信誉却是无价的。对此，胡雪岩经常说："生意上的竞争，刚开始的时候货品比别家的好，价格比别家的合理，场地比别家的占优势，但最终的成败还是取决于经营者本身的道德修养。"在经商的数十年中，他经常强调："德、信誉比钱重要得多。"

胡雪岩在杭州创办胡庆余堂，在经营药店的过程中，他始终将信誉放在第一位。胡庆余堂的经营宗旨是"修合虽无人见，存心自有天知"，尤其是对

于店中药材的要求，他更是“以德经商，视信誉如生命”。

胡雪岩在杭州胡庆余堂药店中，向内挂了一块“戒欺”的牌匾。他这样写道：“凡贸易均著得欺字，余存心济世，誓不以劣品弋取厚利，采办务真，修制务精，不至欺余以欺世人。”后来，胡庆余堂药店之所以能够驰名于海外，生意兴隆，其秘诀就在于“戒欺”。

胡雪岩十分注重产品的质量，他要求采购的选料必须求真品，加工必须制造精品。而且，作为中成药主要原料的天然动物、植物和矿物品种多、分布广、属性复杂，仅典籍记载的就有三千多种，而中药的特点是多味配方，每味药材的真伪优劣直接关系到药品的质量，一味掺假，就会影响药效。于是，胡雪岩嘱咐采购药材之人，一定要选用真品。

另外，胡雪岩在制药过程中可以说是细致入微，每一个环节的要求都极其严格。在胡庆余堂有一种药叫“紫雪丹”，这种药十分有名。不过，在刚开始配药时不怎么理想，胡雪岩就虚心向名医请教。后来，一位老药工说制作紫雪丹的最后一道工序有些问题，应该采用金铲银锅煎熬才有效，于是，胡雪岩立即请杭州有名的金银匠，花费黄金、白银打造了金铲银锅，仅仅是为了制作出药效好的紫雪丹。

一个看重利益的商人，仅仅为制作药效良好的紫雪丹，而不惜大撒钱财。如此可以看出，比起利益，胡雪岩更看重信誉。在他看来，可以失财，却不可以失信誉。据说，清政府财政亏空，想向外国银行借钱，却遭到了拒绝，但是，外国银行却慷慨地将巨额资金借给了胡雪岩，他们所看重的就是胡雪岩的信誉，这在当时被人们称为奇迹。做任何事情，胡雪岩都将信誉作为第一要素来考虑，他常说：“钱没了可以再赚，但建立起良好的信誉却不是一朝一夕就可以完成的，而是需要一个人一贯的坚持才行。”的确，信誉既牢固又脆弱，有可能仅仅因为一次信任危机，就会使一辈子努力建立起来的良好信誉瞬间坍塌。

有一天，一位加拿大外商拿着一个天量定单，找到了李嘉诚。不过，在最终签约前，对方提出了两个条件：一是需要有一家实力强大的公司做担保；二是要实地考察李嘉诚的工厂。这两个看似简单的条件，对李嘉诚来说却比登天还难。李嘉诚回去后，说干了口水，也没有一家有实力的公司愿意为自己的小公司做担保。这时，有人出主意："我们可以先花一点钱，租用一间大的工厂，反正那个外商也看不出来。"李嘉诚却坚决反对："即使定单泡汤，也绝不能糊弄别人，这将关系到我们企业的信誉。你要相信世界上每一个人都精明，有了信誉，才能令人信服，并喜欢和你交往，那才是最重要的。"

第二天，李嘉诚硬着头皮带着外商到了自己的小工厂，他面有难色地说："对不起，先生，我的工厂太小，没有任何一家有实力的本地公司愿意为我担保。"外商笑了，说道："你的信誉，就是最好的担保。"李嘉诚继续说道："非常感谢您对我的信任，可是，这个定单对我来说实在太大了，我的这个小工厂的生产能力无法满足您的需要。现在，我手里的资金有限，还无法继续扩大生产规模。"外商坚定地说："我可以预付你一笔定金，你扩大规模需要多少钱？说个数吧！"

在利益面前，李嘉诚丝毫不为所动，秉承着良好的信誉。令人出乎意料的是，外商所看中的正是那份良好的信誉。颜之推说："吾见世人，清名登而金贝入，信誉显而然诺亏，不知后之矛戟，毁前之干橹也。"一个人的信誉建立起来千辛万苦，可毁誉却在一瞬间。在生活中，我们可以失去金钱、失去地位、失去权势，但是，千万不可失去自己的信誉。诚实守信，作为一个人的信誉，我们需要时刻谨记，更重要的是要以实际行动去践行这份真知。

第十章

淡定自若，面对成败心静如水
——下班要从容，平和才会生活

胡雪岩说："一个人无论在什么时候都要沉住气，达到泰然处之而不乱的境界。"如此的泰然之道，是源于内心的那份从容心境。在日常生活中，胡雪岩对己泰然，对事也从容，在任何时候，他对自己都充满了自信，不放弃信心并且勇于决断，对于事情的结果坦然面对。生活没有输赢，关键在于内心的不败。淡定自若，面对成败心静如水。处事泰然，铸就了胡雪岩这个成功的红顶商人。下班后，学习胡雪岩的从容，因为心境平和才会生活。

第一节 ◆ 有自信，方能淡定自若

胡雪岩常对人说："我是一双空手起来的，到头来仍旧一双空手，不输啥！不仅不输，吃过、用过、阔过，都是赚头。只要我不死，照样一双空手再翻过来。"话语中流露出充分的自信，而就是这份自信铸就了其遇事淡定自若的态度。古人云："谋大事须有自信。"一个人要想获得成功，就必须有充分的自信，因为有了自信，才会遇事不乱。中国有句古话"谋事在人，成事在天"，而胡雪岩却不屈服于命运的摆弄，他硬是改成了"立志在我，成事在人"，话语中所呈现出来的依然是那份打不倒的自信。胡雪岩相信这样一句话"自信方能自强"，有了自信，才能有知难而进的斗志和勇气，才能有临渊不惊、临危不惧的英雄本色。在日常生活中，自信对于每一个人来说都很重要，自信其实就是一个人为某个高远的人生目标努力拼搏的精神支撑。假如，胡雪岩没有那份自信，也许，他根本就不会想到自己也能开钱庄，那么，后来他就不会成为盛名一时的红顶商人。所以，在任何时候都要有自信，相信自己，这样，一旦遇事，也能淡定自若。

说到胡雪岩的自信，就不得不说他创办阜康钱庄的事情。

当时，太平天国运动浩浩荡荡地发展起来，国家处于战乱之中，社会经济发展也受到了严重影响。而且，太平军所活动的主要区域集中在长江中下游地区的东南一代，正是胡雪岩经商所在地。由于战乱，经济十分不景气，单就钱庄生意来说，只有山西富商手下的"票号"能够一统天下。其余，包括东南地区后起的宁绍帮、镇江帮经营的钱庄业，不管是业务经营、资本实力，还是在商界的影响，发展都不如山西富商。

在这时，胡雪岩却萌生出了开办钱庄的念头。更为糟糕的是，胡雪岩本

身既没资本，亦没多少经验。仅存的经验，是少年时代在钱庄学徒的几年工作经验，而且，两手空空，身无分文。在这之前，为了资助落魄的王有龄捐官，他已经丢掉了钱庄的工作，如今已经沦落到吃不上饭的艰难地步。就是这样的光景，胡雪岩打定了主意要开办钱庄，谁也拦不住。

筹备钱庄的过程中，胡雪岩表现出了非凡的自信，哪怕自己两手空空，也要将招牌打出去。他想：凭自己在钱庄跑外场的经验，凭自己对人情世故的了解，凭自己敏锐的眼光，同时，借助仕途得意的王有龄在官场中的庇护，自己完全可以创办一个能与山西票号相抗衡的钱庄，并由此成就一番事业。

就是靠着那份自信，哪怕在开办过程中遇到再大的困难，他也表现得临危不乱、淡定自若，最后，得以顺利创办了属于自己的钱庄——阜康。

古人曰："会当击水三千里，自信人生二百年。"胡雪岩在开办阜康之初，所体现出来的就是"当今之世，舍我其谁"的自信。这样一份自信，给胡雪岩内心注入了强大的力量，为其从容心境增添了安全护航。在任何时候，相信自己一定能做到，如此的自信，哪怕是在遇到困难、挫折的时候，胡雪岩也坚信自己一定能熬过去，有了这样的信念，心境自然就变得平和起来。而相应地，心境越平和，对事情的发展越有利，他就这样一步步地走向了成功。

在日常生活中，我们常常因为不够自信而乱了心境，遇到了事情，总表现得异常慌张，担心自己做不好，忧虑自己会出糗，在这样担忧的心境下，事情完全有可能朝着相反的方向发展。相反，一个人若是够自信，他就一定能从容面对一切，哪怕遇到了困难、责难、质疑，他也能保持从容，镇定地告诉大家："我是对的。"

1. 面对质疑，敢于相信自己

在生活中，一个自信的人，一旦遭到别人的质疑，也会变得不自信起来。其实，这样的人不仅仅是缺乏应有的自信，而且缺乏一种自信的勇气。如果你能清楚地判定自己的言行是正确的，哪怕在质疑声面前，也要勇敢地说

"我相信我自己"。因为有着这样的自信,你的心才不会慌乱,而从容面对,方能淡定自若地看清事情的发展。

小泽征尔是世界著名的交响乐指挥家,在一次世界优秀指挥家大赛的决赛中,他按照评委给的乐谱指挥演奏,敏锐的他发现其中隐藏着不和谐的声音。刚开始,他以为是乐队演奏出了错误,就停下来重新演奏,但还是不对。这时,评委席中有人笑了起来,选手应该会慌张了,肯定会怀疑"自己的指挥是不是错了",这样一想,那位评委笑得更欢了。

没想到,小泽征尔温和地说:"我觉得这乐谱有问题。"可在场的作曲家和评委会的权威人士坚持说:"乐谱绝对没有问题,是你错了。"小泽征尔十分镇定,一点也不慌张,面对着一批音乐大师和权威人士,他从容地说:"不!一定是乐谱错了!"话音刚落,评委们都站了起来,以热烈的掌声祝贺他的成功。

原来,这是评委们精心设计的"圈套",以此来检验指挥家在发现错误并遭到权威人士"否定"的情况下,能否坚持自己的主张。在这个环节中,之前的大多数选手在遭到质疑的时候,变得十分慌张,开始不由自主地怀疑自己是不是真的错了。而充满自信的小泽征尔却从容地告诉大家"我是对的",因为自信,因为淡定自若,他获得了成功。

小泽征尔告诉大家"我是对的",因为自信,因为淡定自若,他获得了成功。通常情况下,遭到别人的质疑,一般会出现两种状况:充分相信自己,重新申明自己是对的;对自己缺乏信心,开始慌乱,认定自己有可能是错的。而形成这两种状况的区别就是自信心,一个对自己充满自信的人,在任何时候都会表现得淡定自若、从容不迫,胡雪岩和小泽征尔都是这样的人。与此同时,他们因为自信,以及由自信延伸出来的从容心境而获得了最后的成功。

2. 自信为淡定自若注入了力量

在生活中,我们很难看到一个自卑的人能从容做事。这其中的原因在

于其缺乏自信心，当事情还没有开始的时候，他就会自卑："这事情我能办好吗？要是中途出了意外，我该怎么办？"有了这样的心理，一旦真的出现了意外，他就无法做到淡定自若，而是心慌意乱起来。所以，在任何时候，我们都应该记住，自信可以为淡定自若注入力量。

第二节◆生活没有输赢，贵在内心不败

胡雪岩说："一条船，遇到了大风浪，如果作为一船之主的船长认输了，慌了手脚，必然会引起船员更大的慌乱。如果船长乱了阵脚，那么船员就会只顾自己，谁也不会设法拯救大船，结果只能是船毁人亡，大家一齐丧生大海。反过来，危机当头，只要船长能够处之泰然，不服输，沉住气，就能把整船的人都组织起来，同心协力，这样就有了逃出险境化险为夷的可能。"以沉船的例子来展现在危急关头的应变能力，这其中有沉稳，但更多地体现为不服输的心态。在生意面临破产的危急关头，胡雪岩总是告诫自己："尽量将输赢丢开。"是的，生活并没有输赢，我们所能保持的就是内心的不败。

对于胡雪岩来说，生意场风云变化，什么想不到的事情都会发生，既然输赢的结果已经出现了，抱怨又能起什么作用呢？要想东山再起，唯有保持一颗不败的心。对此，他时常安慰自己："不能因一时的挫折而丧失斗志，一蹶不振，不能因为一次输赢而患得患失，失去了应对危机所需要的不败内心。"熟悉做生意的人都知道，生意本就是一场又一场的赌博，赚钱、失利并不是自己所能决定的，既然没有办法选择，那就选择不败的心态吧。胡雪岩就是这样做的，在他看来，在这个世界上本就没有输赢，只要你不失去斗志，内心时刻处于不败之中，那么，你就一定有机会赢。

胡雪岩刚开始做丝绸生意的时候，就面临了一次失败。当时，胆大的胡

雪岩买下了湖州所有的蚕丝，打算自己来控制价格，以此打击洋商。没想到，生意最后是做好了，可前前后后算起来，最后却倒赔了一万多两银子，再加上之前欠下的旧债，差不多有十几万两。面对如此打击，胡雪岩依然镇定自若，该拿给朋友的分红，他一分不少，整个人身上看不到一点“输”的痕迹，因为他知道，只要自己内心不败，总有一天会成功。

后来，上海挤兑风潮来临，胡雪岩又一次站在输赢的转角。当时，上海阜康钱庄的挤兑风潮已经波及杭州，胡雪岩正全力调动，苦撑局面，费尽心机保住阜康钱庄的信誉，试图重振雄风。可是，“屋漏偏遭连阴雨”，在这关键时刻，宁波通裕、通泉两家钱庄同时关门。原来，这通裕、通泉两家钱庄是阜康钱庄在宁波的两家联号，胡雪岩意识到这次自己真的要输了。这时，朋友德馨打算出面帮忙，并愿意垫付二十万两维持那两家钱庄，胡雪岩很感动，却婉拒了这一好意，他觉得自己已经不能挽回败局，不想拖累朋友。于是，胡雪岩决定放弃通裕、通泉两家钱庄，全力保住阜康钱庄。他想：只要保住了阜康，心中怀着不败的信念，总有一天会东山再起。

面对危机，胡雪岩能够输得起，经过一番考虑之后，他总结出了：“人生做事，必然会有输有赢，胜败乃是兵家常事，关键是心里不能输，要保持内心不败。”另外，既然选择了做生意这样有风险的事业，就要赢得起，更要输得起，对此，胡雪岩虽然输掉了，但其内心却有着更强烈的想要“赢”的念头，他对家人这样说：“我是一双空手起来的，到头来仍旧一双空手，不输啥！不但不输，吃过、用过、阔过，都是赚头。只要我不死，你看我照样一双空手再翻过来。”因为那颗不败的心，胡雪岩虽然输了，但输得漂亮，实在令人佩服。

在生活中，输与赢不过是不同的结果而已，一个人做事，既要有赢的渴求，同时也要有输的心理准备。输赢乃常事，我们所能做的就是始终保持一颗不败的心，因为生活本就没有输赢；另外，即使输了，也要输得漂亮，不要输了斗志，不要输了志气，只要内心不败，总有一天，你会重新站起来。

史玉柱，曾被称为中国最著名的失败者。对此，史玉柱自己有话说：“我曾经是一个著名的失败者，我害怕失败，我经不住失败，所以只能把不失败的准备工作做好。”他最爱看的一本书是《太平天国》，因为太平天国输得很悲壮，而在其中，他似乎能找到某种共同语言。

1989年，史玉柱利用报纸《计算机世界》先打广告后收钱的时间差，用自己的全部资金——4000元做本金，做了一个8400元的广告：“M－6401，历史性的突破。”之后，他收获了15820元，5个月后，新的广告为其赚回了100万。这一年，史玉柱想创办公司，他说：“IBM是国际公认的蓝色巨人，我办的公司也要成为中国的IBM，不如就用‘巨人’这个词来命名这个公司。”1995年，史玉柱被《福布斯》列为内地富豪第8位。就在第二年，巨人大厦资金告急，集团内危机四伏，脑黄金的销售额超过了5.6亿元，但烂账就有3亿多元。巨人倒下，负债2.5亿元的史玉柱黯然离开。输掉后，他曾想过自杀，但是，内心的不败使他重新站了起来。

死过一次后，史玉柱在沉寂十年后卷土重来，卖脑白金，投资银行股，进军网络游戏。因为内心不败，在一片废墟上，这位巨人重新站了起来。直到今天，史玉柱仍然会说：“我人生中最宝贵的财富就是那段永远也无法忘记的刻骨铭心的经历。”未来的路上，挑战或许会更多，但是，内心永远不败的史玉柱已经准备接招了。

可能，没有谁比史玉柱输得更惨了，不过，他内心的强大正如“巨人”一般，始终立于不败之地。对他来说，人生的输赢并不算什么，只要心中不败，就有重新站起来的机会。生活就是这样，在很多时候，输赢并不是我们所能决定的，面对输赢，需要保持一颗平和的心，赢得起，更要输得起。内心不败，就是我们赢的最好秘诀。

1. 以一颗平常心来面对输赢

生活本就是一出闹剧，时而输，时而赢，这是我们不能决定的。我们能

掌控的是那份平和的心态。一个人要想内心不败，就必须拥有一份平和的心态。在输赢面前，不放纵，不气馁，唯有这样，你才能真正地立于不败之地。在现实生活中，有的人赢得起，输不起，一旦输掉了，就满腔怨恨，如此的心境，又怎么能处于内心不败呢？

2. 心不败则不败

输不过是一种结果，既然已经输了，又何必耿耿于怀呢？如果你就此认定自己已经输了，那么，你就真的失败了。所谓“心不败则不败”，哪怕失败了一千次、一万次，只要保持内心的不败，你就会有重新站起来的一天。

第三节◆遇事泰然处之，船到桥头自然直

与大多数商人一样，胡雪岩在经商过程中也会遇到许多棘手的事情，不过，似乎每一次他都能够化险为夷，这其中的秘诀是什么呢？在为人处世上，胡雪岩一直坚守“泰然之道”，即遇事泰然处之，船到桥头自然直。在生活中，遇到了棘手的事情，大多数人都会紧张、心慌意乱，不知道该怎么办，最后，事情似乎真的没有转机了。其实，遇事慌乱只会让我们的心境越来越乱。失去了平和，你所做出的判断、决策都会不利于事情的发展。相反，如果你能保持淡定的心境，不慌不忙，镇定自若地处理棘手之事，事情说不定还有转机。所谓“山重水复疑无路，柳暗花明又一村”，在生活中，难免会遇到挫折与困境，甚至是毁灭性的打击，在这时，任何紧张、慌乱都是没有用的，可以说是于事无补。只有努力平复心绪，做到随机应变，才能变不利为有利，也才能走出困境。在生活中，哪怕有再大的事情发生，我们也要学会适应无可避免的事实，接受这一切。对于我们无法改变的事情，只有欣然接受，慢慢去适应，不要为未来的事情担心忧虑，因为没有人知道未来会发生

什么。多学习胡雪岩的泰然之道，遇到事情，不要杞人忧天，不要忧郁、不要紧张、不要急躁，乐观自信，泰然处之。

光绪八年，胡雪岩的生意受到了洋行和官场反对势力的两面夹击，似乎已经到了最危急的关头。在官场中，李鸿章与左宗棠一向不和，而胡雪岩则属于左宗棠的门下，要军饷要粮食，只要左宗棠开口，胡雪岩都积极办理。李鸿章早就有剪除左宗棠羽翼的打算，于是，他先拿胡雪岩开刀，派人暗中传出谣言，谎称胡雪岩的阜康钱庄内部空虚，信用不足。

由于外商联手排挤胡雪岩，再加上四处散发的谣言，上海阜康钱庄总号出现了挤兑风波。这时，胡雪岩已经陷入了四面楚歌的境地，而恰在这关键时刻，胡雪岩女儿出嫁的吉期在即。对于一般人来说，生意已经处于危机中，儿女的婚事不应过分铺张，应尽量减少开支。就连胡雪岩身边的朋友也觉得，婚事既然已经定下来了，应该按风俗办，至于场面，不宜太大，只要女儿不委屈，大家都是可以理解的。

但是，胡雪岩却有自己的想法，他觉得越是到了这个时刻越不能松懈，否则，什么都前功尽弃了。于是，他像什么事情都没有似的，对家人说："既然是喜事，该怎么办就怎么办，再难也要将场面撑起来。"如此的泰然之势，平复了家人紧张的心境。而且，以胡雪岩定下的宴请局面，至少需要二十万两银子。一旦无法将场面按计划办得红红火火，别人就会认为胡雪岩资金真的出现紧张，这对维持大局不利。

有了这样的想法，于是，到了女儿办喜事的那一天，胡府张灯结彩，轿马连连，有各式各样的灯牌、彩亭、仪仗，而帮忙办事的那些人全部是一色的蓝袍黑褂，挑夫则是蓝绸边红棉袄，十分有气派。

喜事过后，阜康钱庄依然开门，而胡雪岩在杭州所有的生意都风平浪静，钱庄的挤兑风潮似乎被这场平静的喜宴冲得一干二净。

面临阜康钱庄的挤兑风波，胡雪岩竟然能静下心来办喜事，这确实是一

份难得的淡定从容。所谓“船到桥头自然直”，着急有什么用呢，还是静下心来，该干什么就干什么，这样，反而对事情有帮助。果然，泰然办喜事，胡雪岩在杭州的钱庄与药号都没受到上海挤兑风波的影响。心绪平和，随机应变，变不利为有利，使得生意也在危机重重的时候支撑了下去。

有人说：“弱者任思绪控制行为，强者让行为控制思绪。”在困难面前，许多人容易心浮气躁，多次挑战都无法战胜困难，他们就会变得气急败坏，在心灵深处，感到茫然不安，从而无法冷静地思考。在任何时候，一个人都需要冷静，需要淡定从容的心境，尤其是在困难面前，平和的心态，能够使人有条不紊、沉着地应对所发生的一切。所以，面对困难，不要气急败坏，只有保持平和的心态，才能转败为胜。

大学毕业后，他放弃了父母托关系为他找的铁饭碗工作，只身带着单薄的行李南下，来到了炙手可热的沿海地区。每天从简单、枯燥的工作中得到了不少快乐，而且他好学，遇到什么不懂的问题都会向同事请教。时间长了，老板欣赏他的踏实与认真，晋升他为秘书。之后，不断地升职，使他在企业有了响当当的名字，这时候，他毅然放弃了高薪职位，拿着多年的积蓄开了一家小公司。在他的努力经营下，小公司一天天成长，他成了远近闻名的大老板。

在那年的金融海啸中，他的公司不幸也遭遇了很大的冲击。得知消息的时候，他在父母家里，父母担心地看着他。他很平静，反而安慰父母：“没事，当年我也是一无所有，现在不过是时间问题而已。”他回到了公司，有条不紊地处理事宜，员工看着平静的他，本来慌张的情绪也放下来了。公司该接的任务还是照接不误，好像什么都没变，就这样，公司在金融风暴中一步步走上了正轨。

以平和的心境接受挑战，有条不紊，泰然处之，最后，事情就真的朝着美好的愿望发展下去了。在上面这个案例中，我们所能够学到的是泰然的心境，那种临危不惧的心态。在生活中，我们会遇到这样或那样的事情，可能

会令自己紧张、慌乱、无措，但是，只要你保持良好的心态，淡定从容，事情看起来就没那么糟糕。

1. 拥有泰然自若的心态

生活中，在与人交往的过程里，我们难免会收到一些消极的信息，甚至还会遭遇到困难与坎坷。在这时，我们需要拥有泰然自若的心态，保持冷静，正视眼前的一切，努力抛弃那些引起自己内心不安的想法。假如他人对你不信任，或者有意疏远你，我们需要默默忍耐，时间长了，对方明白了一些事情，自然也会认可自己的。

2. 对自己说“没关系”

有时候，生活并不如我们想象中那么如意，不过，生活中的我们却愿意用希望去看待生活。当我们发现生活并不是按照自己所希望的样子出现在自己面前的时候，我们所需要做的就是调整自己的心态，对自己说“没关系”。泰然是一个人处世的良好心态，既然改变不了生活，那就随缘而行吧，最后，有可能事情真的会如自己所愿呢。

3. 多几分豁达，便会多几分泰然

在生活中，难免会遇到困难、挫折之事，如果你全然沉浸在痛苦与烦恼之中，非但对事情毫无帮助，反而会增加前进的阻碍。因此，凡事往好处想，时刻拥有一份豁达的胸怀；生活中多几分豁达，便会多几分泰然。

第四节 ◆ 时刻从容，切莫大悲大喜

吕坤在《呻吟语》中这样写道：“在遭遇困难的时候，内心却居于安乐；在地位贫贱的时候，内心却居于高贵；在受冤屈而不得伸的时候，内心却居于广大宽敞，就会无往而不泰然处之。把康庄大道视为山谷深渊，把强壮健康

视为疾病缠身，把平安无事视为不测之祸，那么你在哪里都不会安稳。”从容是人生的真正态度，一个人如果做到了时刻从容，不大悲大喜，那么，无论遇到什么事情，他都能泰然处之。得意的时候，淡然坦荡；失意的时候，安之若素，这就是胡雪岩的做人风格。在胡雪岩经商的数十年中，大起大落，有成功的喜悦，亦有失败的痛楚，然而，不管是喜悦还是痛苦，似乎都不能影响到胡雪岩的个人情绪。或许，许多人会认为与金钱打交道的人不会有太深刻的人生感悟，他们只懂得赚钱，甚至，在现代社会，人们对那种靠做生意发家的人颇为不屑，称其为“暴发户”，他们似乎大多都是粗陋寡闻之人。不过，在众多商人中，胡雪岩却是一个例外，他参透了人生，深谙从容之术，在他看来，成功与失败不过是过眼云烟。至此，无论自己处于什么样的境地，他都秉承着“不大悲不大喜”的原则，凡事从容待之。

胡雪岩是一个遇事不惊的人，在任何时候，他都表现得很从容，不大悲不大喜。

当上海阜康的挤兑风潮波及杭州的时候，本来，在杭州负责主事的螺蛳太太是一个很有主见的人，但是，遇到这样大的挤兑风潮，她也没了主意，不知所措。就在这时，胡雪岩回到了杭州，他来到钱庄的时候，正好遇到店里开饭，胡雪岩神态祥和，看起来一点也不担心、悲伤。甚至还有闲情逸致去看伙计们的饭桌，看到伙计们的饭桌上只有几个平常的菜，胡雪岩竟留心起来，不一会儿，就嘱咐钱庄档手谢云清：“天气冷了，该用火锅了。”另外，他还要求谢云清将用火锅的规矩改改，要按照外国人的办法，以气温的变化为标准，决定冬天什么时候吃火锅，夏天什么时候吃西瓜。

虽然，胡雪岩这样关心伙计的行为在平日里也常有，但是，眼看钱庄面临破产的困境，他依然有如此闲情来关心琐事，足以见得其从容的心态。其实，胡雪岩明白，在这个时候陷入悲伤之中，不仅于事无补，甚至会更加坏事。对此，他告诉自己：不要悲伤，不要怨恨任何人，甚至连自己都不能怨，

只想自己该做什么，怎么做，这才是最关键的。

在危机来临的时候，胡雪岩比任何人都要从容，不忧虑、不悲伤，该做什么就做什么，跟什么事情都没发生一样。另外，胡雪岩的从容在一定程度上可以缓解危机带来的影响。比如，在这个时候，店里的伙计早已经心急如焚，可胡雪岩还有说有笑，跟往常一样，这对于稳定店里伙计的心情有很好的作用。这一点，就是胡雪岩的过人之处，不仅仅自己保持从容，还要用那份从容感染伙计，同心协力，共渡难关。

现实生活中，往往有许多不尽如人意的地方，所谓“世事常难遂人愿”。有时候，我们会遇到挫折、困难，心灵会陷入各种各样的困惑之中：若是达到成功的巅峰，满心欢喜；一旦失意，则会在失落中彷徨，陷入惆怅中。虽然，我们所处的环境对自己影响很大，但是，只要我们保持从容的心态，坦然面对生活，就有可能在失意时不被击倒，在得意时不至于忘乎所以，以一颗平常心对待一切。

5 年前，王太太还过着风光无限的生活，住洋房，开跑车，有英俊潇洒的丈夫，乖巧懂事的女儿，可现在什么都变了，一切源于那次车祸。5 年前，王太太一家人外出自驾游，在细雨纷飞中，由于路面湿滑，酿成了严重的交通事故。在事故中，只有王太太一个人活了下来，当知道丈夫和女儿都已离去的时候，她竭尽全力朝着墙壁撞去，心里不断地问老天：“为什么不带我一起走？为什么？这究竟是为什么？”摸着头上的血，她笑了，对身边的护士说：“上天不让我离去，肯定有理由，就让我代替他们活下去吧。”

康复后的王太太租了一间小屋，原来的积蓄在手术治疗中已经花光了。虽然感到身心疲惫，但王太太还是坚强地活了下去。找工作、交房租、买菜、做饭，生活中的每一件事都做得一丝不苟，那么从容。昔日的好友走进了她的家门，惊讶地问：“以前你过惯了锦衣玉食的生活，可如今，你是怎么活下来的？”王太太笑了笑，眼睛望着窗外，说道：“人生的大悲大喜，我都经历过

了，对于我来说，还有什么可怕的呢？以后的我，准备就这样从容地活下去，不悲不喜，品尝最平淡的生活。”

有人说：“一个拥有从容心态的人，他没有不满，没有怀疑，没有嫉妒，没有牢骚，没有抱怨，没有恐惧，不悲不喜。”很多时候，我们的压力与不快乐是因为自己拥有的东西太少，而奢望太多。于是，得意时的轻狂，失意时的沮丧，常常令我们陷入悲与喜的纠葛之中。人生在世，应保持一颗平常心，从容不迫，对任何事情拿得起、放得下，宠辱不惊，看庭前花开花落。

那么，在现实生活中，如何才能像胡雪岩一样保持着从容、不悲不喜的心态呢？

1. 淡泊名利

在现实生活中，许多人把名利看得太重，得陇望蜀，欲壑难填。甚至，有的人为了名利不择手段，一旦自己的目的没能达到，就耿耿于怀，心事重重，一蹶不振，没有办法从容面对。从容是一份心态，首先，它就与名利沾不上边，所以，不要斤斤计较，不要把名利看得那么重，否则，很容易导致自己心理失衡。

2. 保持一份好心情

俗话说：“虚怀若谷者得天时，处事廉洁者得地利，转危为安者得人和。”一个人只要心情好了，看什么都顺眼，做什么事情都能够从容不迫。因此，为了能够从容应对每一天，我们应该保持好心情，不管生活带来什么样的悲痛，我们都应该泰然处之；不管现实如何残酷，都应该坚信曙光就在前方。

第五节 ◆ 思虑不要过多，做好当下之事即可

胡雪岩常说这样一句话：“千万要沉住气。今日之果，昨日之因，莫想过去，只看将来。今日之下如何，不要去管它，你只想着我今天做了些什么，该

做些什么就是了。”思虑太多，无疑是自找烦恼，为今之计，只需要做好当下之事就好了。胡雪岩是一个注重当下的人，无论事情到了什么样的境地，他不管昨天，也不看明天，只着眼于做好眼前的那件事。正是这样的心态，使得他不为失利而苦，不为得意而兴奋，一步一步，做好每一件事情。哲人说：“把当下的事情做好，以自己的能力，把眼前的一件件具体的事情做好，才能聚沙成塔、集腋成裘，才可以做大事。”

在现实生活中，经常有人胡思乱想，总抱怨这样，抱怨那样，但是，这样又能怎么样呢？或许，抱怨会将心中的怨气发泄出来，但是，回过头来，你会发现，眼前之事还尚未完成，真可谓是得不偿失。所以，我们要告诉自己“不要思虑太多，做好当下的事情”。思考，本来是一件好事，但是，思虑太多就会变成坏事。可能，本来只是一件微不足道的小事，但东想西想之后，却变成了一种莫大的精神负担。有时候，思虑如同一个放大镜，在经过它之后，那些忧虑、担心均被放大了，会渐渐地占据你的心灵，到最后，你已经没办法安心做事了。对此，胡雪岩告诉我们：不要思虑太多，做好当下之事即可。

患难朋友王有龄的仕途可谓是一帆风顺，在进京捐官的时候，有胡雪岩倾囊相助。捐官成功后，有何桂清的推荐，王有龄回到杭州很快就得到海运局的空缺。后来，在胡雪岩的帮助下，王有龄解决了漕米解运的麻烦。在这时，湖州知府暂缺，而王有龄因解决漕米一事在朝廷中名声大起，王有龄得以接任湖州知府这一美差。好像一切都太顺利了，就连王有龄本人也不相信自己的运气竟是如此好。

在闲聊之中，王有龄对胡雪岩说：“不到一年工夫，实在想不到有今日的局面，福者祸所倚，我心里反倒有些嘀咕了。”原来，事情太顺利了，王有龄常常思虑过多，竟想出一些烦心事来。胡雪岩不以为然，他说：“千万要沉住气，今日之果，昨日之因，莫想过去，只看将来。今日之下如何，不要去管它，你只想着我今天做了些什么，该做些什么就是了。”胡雪岩的意思是说，今天

的结果都是昨天带来的，不要老是想起过去，只需要看到将来。以后会怎么样，也不要去想它，只要想着我当下所做的事情就行了。

胡雪岩的那番话是针对王有龄沉不住气所说的，其中蕴含着深刻的道理。一个人应该不为眼前的宠辱得失所动，也不要过多地想自己的过去与将来，而是要注重当下做的事情，凡事需要沉得住气，才有可能成大器。胡雪岩认为，王有龄没有必要嘀咕，否则，思虑多了，反而会徒增烦恼。

在现实生活中，何尝不是这样呢？一个人若总是纠葛在过去与未来，不注重当下所做的事情，那么，他难以成大事。因为思虑过多，一方面，破坏了平和的心境；另一方面，当下的事情也未必能做好。对于我们来说，将一时的得失完全抛到脑后，这似乎不太可能，但是，这比起当下该做的事情，哪个更重要呢？只能舍弃眼前的得失，不去想，着眼于当下的事情。毕竟，我们总是要向前走的，而只有做好当下的事情，你才能往前走。

威廉·奥斯勒年轻的时候，曾经是蒙特瑞综合医院的一名医科学生。在那里学医的一段时间里，他对自己的生活充满了忧虑，不知道怎样才能通过眼下的期末考试，也不知道将来会在什么地方，创立什么样的事业，更不知道明天该怎么去生活。他整天为这些事情担忧着，无心自己的学业。

一次，他无意间在一本书上看见了这样一句话："对我们大家来说，生活中最重要的事情不是回忆过去、遥望将来，而是动手理清自己手边实实在在的事。"正是这句话，改变了这位年轻的医科学生，使他后来成为了最有名的医学家，创建了举世闻名的约翰斯·霍普金斯医学院，并成为了牛津大学医学院的钦定客座教授，那可是学医的英国人所能获得的最高荣誉。

后来，威廉·奥斯勒爵士给耶鲁大学的学生做了一次演讲，他说："像我这样一个曾在四所大学当过教授、撰写过畅销书的人，大家会以为我有'特殊的头脑'。但是事实并非如此，我的朋友都知道，我的脑袋是再普通不过的了。"有人问他："那你的成功秘诀是什么呢？"威廉·奥斯勒爵士认为："我

之所以能够成功，是因为放下了心中的思虑，尽力做好当下的事情。”

奥斯勒爵士的话并不是让我们不要为明天做准备，而是要我们尽自己最大的努力，把当下的事情做到完美无缺，这才是应对未来唯一可靠的方法。奥斯勒把每一天都当做是完全独立的，他不会沉溺在过去，也不会为未来忧虑，放下了心中所有的忧虑，所以，他能够信心满满地应对当下的事情。

一个人若是思虑太多，不由自主地，他对自己的生活就充满了忧虑，不知道该怎样做好当下的事情，也不知道未来会怎么样。整天为这些事情担忧着，甚至，有的人连当下该做什么事情都忘记了。如此看来，思虑太多并不见得是一种好习惯，它会一步步让我们失去成功的机会。所以，面对生活中的事情，我们要放下心中的思虑，专注于当下的事情，以此来减轻心灵上沉重的负荷。

1. 不要杞人忧天

在生活中，有的人常常思虑过重，什么事情都放不下，思考的东西太多，忧虑太多，最后，搞得做什么事情都没信心。而且，明明是一件很简单的事情，因思虑太多，会变得复杂起来。其实，这样的人就是典型的杞人忧天，一般情况下，一个人思虑过多，是因为害怕失去。所以，凡事不要杞人忧天，对于自己当下想做的事情，不要多想，直接去做。

2. 增强心理素质

思虑过多，实际上就是心理素质不过关。在平时的生活中，做事不要着急，注意培养自己处理事情的能力，以此调节自己的情绪，这样，慢慢地，心理素质就会得到提升。另外，不要想得太多，如果时间实在很多，那就给自己安排一些适当的事做，专心致力于当下之事。

第六节◆犯错失利皆是常事，还要继续前行

在胡雪岩看来，犯错失利都是常事，无论怎么样，人生还是要继续前行。作为生意人来说，失利是家常便饭，因为你既然有机会赢，就肯定有输的时候；而对于我们常人来说，犯错是常事，这是不可避免的。不过，胡雪岩却将两者结合起来，犯错和失利都不要紧，生活还是照样进行，似乎并没有改变自己什么。其实，胡雪岩有这样的想法，是源于其淡定自若的心态，生活的方向就是向前行，失利和错误并不能改变生活的方向，而且也不会影响到自己的情绪。当然，对于许多人来说，犯错与失利对自己的影响还是比较大的，他们有可能因为失利而不敢经商，有可能因为犯错而不再尝试，因为这样的心态，使得他们的一生大多是默默无闻。在生活中，大多时候，我们不能控制事情的走向，但是我们能选择自己的心态。无论事情发展到怎样的地步，不管是犯错也好，失利也罢，选择了淡定的心态，我们就能战胜一切。

关于犯错，胡雪岩自有自己的一番态度：有一次，胡庆余堂采购人员一不小心，将数量不少的豹骨误作虎骨购进。而负责进货业务的阿大因手头正忙，再加上那名采购人员做事一向牢靠，他没有详加检查就将豹骨放入了仓库。有一个新进来的副档手得知消息，觉得自己晋升的机会来了，他将此事告诉了胡雪岩，希望他惩罚疏忽大意的阿大，提拔自己。胡雪岩听说后，亲自带人到药库检查，发现里面真的有不少豹骨，当即命令将豹骨全部烧毁。阿大看见自己的失误给药店带来了这么大的经济损失，顿时羞愧难当，当即递交了辞呈。不料，胡雪岩却安慰说："忙中出错，在所难免，生意还是要继续，因此，你还是继续做这个事情，以后小心点就是了。"

胡雪岩的宽容令阿大感激终生。其实，无论是自己犯错，还是他人犯

错，胡雪岩都是以一颗包容之心接纳，因为他坚信，任何事情都是向前发展的，一点错误并不要紧。在失利方面，胡雪岩的阜康钱庄曾遭挤兑风潮。当时，胡雪岩告诉自己："最好忘掉自己是阜康东家的身份，当自己是胡雪岩的'总管'，胡雪岩已经'不能问事'，委托自己来处理这些事情。"同时，他告诫自己："失利并不要紧，一定要把得失之心放开，一切向前看。在这关键时刻，只有将得失之心丢开，才能集中全力去考虑如何应对危机，寻找化解危机的策略，也才能继续向前行。"

无论是犯错还是失利，胡雪岩都能正确看待，其从容淡定的心态值得我们敬佩与学习。从表面上看，犯错和失利都不算好事，有可能会影响我们的心情。不过，若是从长远看，犯错和失利都是我们通往成功之路的必然经历。因为，犯了错，我们才能从中吸取经验和教训；有了失利的遭遇，我们才能想到赢利的策略。既然这样的经历是必然的，我们就要以置身事外的态度来看待它们，以正确的心态接纳它们，努力改正犯下的错误，积极想办法化解危机。这样，我们才能冲破障碍，拥抱成功。

约翰尼·卡特意识到自己犯错了。原来，为了维持良好的精神状态，他沾染了坏习惯，酗酒、服用安眠药和刺激药物。歌迷的怒骂声传来，约翰尼·卡特觉得自己完了，本来美好的前途就这样毁了。但是，他并没有想要改正错误，索性破罐子破摔，他变得更加堕落了，坏习惯越来越严重，不是在舞台上就是在监狱里。对此，一位行政司法长官对他说："约翰尼·卡特，今天我要把你的钱和麻醉药还给你，因为你比别人更明白你能充分自由地选择自己想干的事。这就是你的钱和麻醉药，你现在就把这些药片扔掉吧，否则，你就去麻醉自己，毁灭自己。你自己做出选择吧！"

卡特一瞬间醒悟了，他选择了生活，他找到了私人医生，痛下决心改正错误，戒掉坏习惯，医生不太相信他："戒毒瘾比找上帝还难。"卡特决心"一定能找到上帝"，他开始了漫长的戒毒之路。卡特将自己锁在卧室闭门不

出，忍受着巨大的痛苦。当时，在卡特面前的有麻醉药的引诱，有奋斗目标的呼唤，卡特选择了奋斗，漫长的9个星期过去了，卡特回归了久违的舞台，歌迷以热情拥抱了他。回忆起那段日子，他说："我以为一辈子就这样完了，我以为一生都将这样过，但是，我醒悟了，犯错并不算什么，只要勇于去改正，生活还是会继续前行。"

正如卡特所说："犯错并不算什么，只要勇于改正，生活依然会继续前行。"其实，在生活中，不管是失利还是犯错，既然我们避免不了，那就应以正确的心态接纳它。每桩生意都有可能失利，每个人都有可能犯错，做生意跟做人一样，都需要保持平和的心态接受自己，这样，我们的人生之路才会走得更长更远。

审时度势，灵敏通融处世自如
——下班要智慧，通达才能处世

审时度势，灵敏通融处世，这其中既需要大智慧，也需要大的容忍度。红顶商人胡雪岩是一个懂得圆世的人，在为人处世的态度上，既通，又活，还融，达到圆融的最佳状态。有如此通融的处世之术，又何愁什么事情办不成呢？所以，多学习胡雪岩的圆融处世，有了审时度势的智慧，处世才能游刃有余。

第一节◆棘手之事，还需采用适时战术

胡雪岩说："治我损我，拆我的烂污，那是行不通的，甚至应该让你没有好下场，但是只要你尚有可用的地方，饭总是大家一起吃的。"在他看来，处世一定要"圆"，尤其是遇到棘手之事，更要以圆融为主，需要采用适时战术。一个人如果太多方正，有棱有角，一定会撞得头破血流；反之，一个人若是八面玲珑，圆融，做事反而事半功倍。当然，胡雪岩主张做人不应太圆滑，须方外有圆，圆中有方，外圆内方。由此可以看出，胡雪岩是一个灵敏通融的人，在处理各种事宜上，他懂得灵活应变，适时改变战术。在经商数十年间，他遇到的棘手之事并不少，有的是与生意有关，有的是与官场有关，但每一次，胡雪岩都能灵活应变，将事情办得漂漂亮亮。通常情况下，棘手之事所需要的是灵活战术，或许，对事情本身来说，并没有一个固定的具体的解决方法，而是需要适时而变，如此，才能应对错综复杂的情况。在生活中，常会有困难之事、棘手之事，等待我们去处理，这时候，我们就应学学胡雪岩的灵活之术，适时应变，巧妙应付，使事情得到圆满的解决。

有一次，胡雪岩从上海押运洋枪去浙江。本来，在上海购买的这批洋枪，需要松江漕帮的协助才能运到浙江。可是，胡雪岩到了松江，才知道事情突然之间变得很棘手。原来，松江魏老头子的好友俞武成已经和太平军赖汉英联系上了，只要这批洋枪从海上起运，就动手截留，而魏老头子也答应会帮助他们。

胡雪岩到松江拜访了魏老头子，听闻此事，心中颇为不安。心想：如果俞武成不是他的朋友，事情就好办了。如果这批洋枪不是落到太平军的手里，事情也好办。现在两种假设都不成立，事情确实很棘手啊。魏老头子了

解胡雪岩的难处，他打算断了与俞武成的交情，帮助胡雪岩渡过这一难关，阻止俞武成动手。可胡雪岩却觉得这样办事不太妥当，这时，他灵光一现，心中有了妙计。

于是，胡雪岩去拜见了俞武成的娘——俞三婆婆，没想，这俞三婆婆却是一个厉害角色，她故意装聋作哑，不想帮胡雪岩这个忙。胡雪岩缓缓说道："我也是不希望松江漕帮为难，让魏老爷为难，再说了，如果我请兵护运，又怕与俞武成发生冲突，伤了和气。"俞三婆婆到底是老江湖，她听出，如果俞武成不肯让步，那胡雪岩就要请兵护运洋枪，这俞武成的行为则成了抢劫军械，这可是要灭门的啊。知晓了其中的利害关系，俞三婆婆吩咐赶快找人将俞武成找回来。

不过，事情却并不像想象中那么简单，有了俞三婆婆的出面，还是难以给俞武成台阶下。俞武成本来是想给下面的兄弟考虑生计，急谋生路，才身不由己，萌发出了抢劫军械的念头，如今母亲出面了，自己该如何向兄弟们交代呢？对此，胡雪岩与俞武成达成了协议，由胡雪岩报请官府，发给这批人三个月的粮饷，保证不诱降。事后，胡雪岩还拿出一万两银子来犒劳俞武成下面的兄弟们。

本来，押运军械去浙江，却没想到在松江"大水冲了龙王庙"，两边都有说不开的关系，这可如何是好呢？随机应变的胡雪岩不想伤了和气，尽量让各方面都满意，为此，他才想出了这样一个办法：请俞武成的母亲出来规劝，自己再拿银两犒劳他们。这样一来，不至于让魏老头子为难，同时，还给了俞武成这只恶虎一个台阶下，万事皆完美。

在日常生活中，若是遇到了棘手之事，须记住：万事急不得。越着急，就越有可能办砸事情。而且，如果你只想用一种方法来解决棘手之事，那成功的概率是不大的，凡事多预备，多改变，方能成功应付。毕竟，棘手的事情所考验的是一个人的随机应变能力，如果你总是保持原有的方法，不着眼事情

本身的变化,那极有可能会让事情朝着相反的方向发展。

王先生是一家公司的经理,他以极低的价格购买了一块位于郊区的不毛之地,家人、朋友纷纷说他傻:"这地方连草都不长,你买来有什么用? 还花了那么多钱。"王先生本来打算随着城市的规划而出售,没想,城市规划有变,那块地看来真的成了无用之地。当时,王先生可是拿出了大部分积蓄,如今可谓是血本无归了,事情变得十分棘手。

突然有一天,王先生灵机一动,他对当地政府部门说:"我有一块地皮,我愿意无偿捐献给政府,但是,我是一个教育救国论者,因此,这块地只能建一所大学。"政府如获至宝,当即就同意了这一要求。

于是,王先生将三分之二的地捐给了政府,不久,一所大学就矗立在那里。他再将剩下三分之一的地修建了学生公寓、餐厅、商场、酒吧、电影院等,形成了商业一条街。没过多久,王先生买地皮亏损的钱就赚回来了。

王先生是一个懂得采用适时战术的人,因此,他的投资活动得到了很好的回报。本来打算随着城市规划而开发那块地,没想,城市规划有了变化,而那块地一下子变得一文不值了。之前所设想的计划出现了变化,使得投资这件事变得异常棘手,不过,王先生并没泄气,而是适时应变,使得一件坏事变成了好事。因此,在生活中,面对棘手之事,不要着急,须适时应变,以灵活战术获胜。

1. 对症下药

当本来简单的事情变得棘手,就意味着之前我们所采用的方法不适用了,如果你执意坚持按照之前的方法去处理事情,很有可能会导致事情毫无转机,进而走向死胡同。因此,在事情变得更困难时,我们应该想好对策,做到对症下药,即采用适时的战术,这样才能引导事情朝着积极的方向发展。

2. 灵活应付

在生活中,对待一件多变且棘手的事情,唯一的策略就是灵活,诸如灵

活的战术。当然，前提条件是当事人的头脑得是灵活的，这样才能以不变应万变，或者你变我亦变，轻松应付棘手事件。

第二节 ◆ 以静制动，看准时机再出手

胡雪岩是一个沉着冷静的人，不管遇到什么事情，他总能够以静制动，看准时机再出手。以静制动，也就是敌不动我不动，静观其变。其实，静和动是相对而言的，在双方的对峙中，需要以静制动，你若按捺不住，四处乱动，那么你的胜算就会少之又少；如果你能以静制动，那么在与对方的周旋过程中，你就能将劣势变为优势，对方就处于被动地位，这时，你再伺机找准机会出手，即可打倒对手。在经商的过程中，胡雪岩遭遇了不少对手，但是，他始终坚持着以静制动的原则，一一打倒了那些企图排挤他的对手。在现实生活中，我们也经常碰到这样的情况，当对方没有采取行动的时候，你也需要静等，千万不要盲目采取行动。因为，如果你动得比对方多，对方就会处于主动地位，这时候，对方有可能会反过来上演以静制动，那么，你就会输掉此次竞争。所以，无论遇到什么事情，安静等待时机的到来，这样，我们才能牢牢地占据主动，这是处世之道，更是度势之术。

在杭州，胡雪岩创办了胡庆余堂，与此同时，位于杭州的两家老字号药店却感到威胁来了。杭州城内的许广和、叶种德两家药店自恃创办历史悠久，实力雄厚，便下定决心要与胡雪岩的胡庆余堂打一场价格战，希望以降价的方式将胡庆余堂挤垮。

价格战一开始，许广和、叶种德两家药店纷纷拿出了看家本领。胡庆余堂出售的高丽参每两二钱银子，他们便降价，卖一钱七；胡庆余堂的淮山药每两五厘纹银，他们就只卖四厘。降价后，他们确实拉回了不少顾客。如果

是一般商人，肯定会以牙还牙，你降价了，那我也降价，再把客户拉回来，而且，胡雪岩的胡庆余堂有钱庄、典当做资产后盾，有足够的实力来跟对方拼价格。但是，胡雪岩却有自己的招数，那就是以静制动。药店的价格从来不降，看着别人降价，也不眼红。

等到许广和、叶种德两家药店的价格降得差不多了，胡雪岩找准机会，打出了“真不二价”的招牌。原来，在这之前，胡雪岩已经仔细想过了：许广和、叶种德两家药店降价的举措只会亏了自己，不用等到挤垮别人，有可能自己就先垮掉了。而且，降价的话有可能会选择劣等货，以次充好，这样的后果将是药品质量下降，这样做下去只会砸了自己的招牌，毁掉自己的名声。

最重要的是胡雪岩对自己药店的药品质量十分有信心，就这样，胡雪岩以静制动，成功地赢回了市场。

试想，如果看到许广和、叶种德两家药店降价，胡雪岩也坐不住了，急忙紧跟着降价，以拉回顾客，那么，本来的主动地位一下子就变成了被动，还有可能真的被对方击垮了。而胡雪岩恰恰是以静制动，无论你怎么降价，我都不作声，明码标价，等到你的价格降得差不多了，没有机会提价的时候，我再打出“真不二价”的响亮招牌。这样一来，胡雪岩轻轻松松就成为了最后的大赢家。

在动物世界里，蛇在进攻时总是先盘起身子，静观敌人的动向，在敌人暴露弱点的那一瞬间，杀死敌人。蛇就是以静掩藏自己的弱点，静等对方露出弱点时发起进攻的。静，可以把自己的弱点藏起来；动，则会暴露自己的弱点。有时候，只要你一行动就会暴露自己的弱点，而对方则会收集到关于你的各种信息，你就如同屠场上的羊，只能任人宰割了。

李先生一直从事印刷业，在经营了多年之后萌发了退休的念头。他原来从美国购进了一批印刷机器，经过几年使用后，扣除磨损费应该还有250

万美元的价值。他在心中打定主意，在出售这批机器的时候，价格一定不能低于 250 万美元。于是，他在报纸上做了广告，出售那批印刷机器。

一个阳光明媚的星期天，来了一位买主，他一张口，就针对那批印刷机器的各种问题滔滔不绝地讲了很多缺点和不足，这让李先生十分恼火。但是在他刚要发作的时候，突然想起自己 250 万美元的底价，于是又冷静了下来，一言不发，听着那个人继续滔滔不绝。

结果到了最后，那人再没有说话的力气，突然蹦出一句："嘿，老兄，你这个机器我最多能够给你 350 万美元，再多的话我们可真是不要了。"这时，李先生静不下去了，一口应承："好！就这么说定了。"于是，李先生很幸运地比计划多卖了整整 100 万美元。

正所谓"静者心多妙，超然思不群"。习惯于滔滔不绝的人往往是最沉不住气的，一旦遇到了冷静的对手，他们就容易失败，因为急躁的心情让他们没有时间考虑自己的处境与位置，也不会静下心来思考有效的对策。而李先生以静制动，充分掌控了主动位置，等待时机出手，一下子就抓住了事情的要害之处，达到了自己的目的。

1. 守则不足，攻则有余

孙子曰："守则不足，攻则有余。"意思是说，在没有可乘之机的时候，敌人不能被战胜，这时，应防守待之；若是有了可乘之机，敌人就能够被战胜，这时应出奇制胜。在这里，防守就是静，因为暂时没有实力与之周旋，就应该以静制动，将自己的实力隐藏在深不可测之下。这样，才能保全自己，为最后的成功奠定基础。

2. 事临头上应三思，话到嘴边留半句

动物尚能明白以静制动的道理，身处复杂社会的我们更要明白"事临头上应三思，话到嘴边留半句"的道理。以静制动，以不变应万变，适时地保持安静，这是一种智慧的掌势之术。

在生活中，我们要学会沉默，以静制动，不要轻易出手，必须在某个地方静静地观察对方的一举一动，根据对方的行动来决定自己该采取什么样的办法，这样才有可能达到自己的目的。

第三节◆遇事讲原则，但有时也要会通融

胡雪岩是一个讲原则的人，但与此同时，他也懂得适时通融。胡雪岩认为，“方”是做人的根本，是做人的脊梁，即需要遵守原则，但是，一个人仅仅依靠“方”是不够的，还需要会“圆”。对此，胡雪岩做足了通、融。所谓“没有规矩不成方圆”，凡事是需要讲原则的，一旦规矩乱了，事情没有任何原则，那么这个世界就混乱了。然而，虽然原则是很重要的，但有时也需要通融一下，这就是胡雪岩所提倡的圆世。无论在商场、官场，不管是交友、处世，都需要圆世哲学，这样，我们才能无往而不利。胡雪岩本身读书并不多，他所能行得通的就是“圆”，他常说：“大家怎么说，我就怎么说；大家怎么做，我就怎么做。”在原则中求通融，在通融中持原则，了解了人们的喜怒哀乐，就随了人们的爱憎喜恶，做到了这些，万事皆有可能，人心也会无不可得。在现实生活中，每一件事都有它的原则，遵循原则是应该的，但是，凡事以原则为主，这就显得太不近人情了。为人处世太过“方”，有棱有角，事情就很容易陷入绝望的境地。所以，做人应该懂得变通，大方向上是以原则为主，但在适当的时候，我们还是要学会通融。

嵇鹤龄是一个能言善道、足智多谋的人，不过，由于方正不屈，凡事讲原则，他也落得个“恃才傲物”的名声。在一般人看来，他也算是一个有本事有骨气的人。嵇鹤龄帮助王有龄出面解决了地方农民聚众闹事的事，然而，事后在论功行赏的时候，却遇到了麻烦。

当时，一般情况下，在地方上有了大案子，比如兵剿、河工，或者漕运改河运等案子，只要办事妥当，都可以为出力人员请奖，这就是“保案”。保又分为两种：即明保、密保。不过，黄抚台却只给了嵇鹤龄一个明保。胡雪岩听说这件事后，心中为嵇鹤龄不平，他觉得这事一定有蹊跷。于是，经过了一番调查，胡雪岩弄清了事情的原委。原来，黄抚台手下有个文案员，曾向嵇鹤龄索取两千两银子，可办事一向讲原则的嵇鹤龄不答应，声称自己没有银两，于是，他就得了一个明保。

胡雪岩在跟嵇鹤龄说到这事的时候，嵇鹤龄十分无奈，说道：“官场中的世态炎凉，我早就看厌了，所谓此处不留爷，自有留爷处，我在浙江混不下去了，还可以回湖北办团练。”然而，胡雪岩却不这么看，他想：水往低处流，人往高处走。事情都是人做出来的，原则的事情自然也会有所通融才是。这样一想，他决定帮助嵇鹤龄办好这件事。

胡雪岩用钱庄的银号开了两张银票，一张两千，一张两百，用封套封好，下面具名“愚弟嵇鹤龄”，托人送到了那位文案员手中，不到一个时辰，就有人送来了文案员的名片，上面写着四个字“拜领谢谢！”。

最后，事情办得相当顺利。

在这件事情上，如果胡雪岩也坚持按原则办事，那嵇鹤龄可能只有回湖北办团练去了。不过，说到底，胡雪岩虽然读书不多，但其社会历练多，他懂得事情在何时能通融，在什么时候需要讲原则。在他看来，能够通融的时候，就不应执著于原则，而是要将原则放开，只要能将事情办好，摒弃了原则又何妨呢？

许多人觉得办事通融无非就是拉关系、交朋友、塞红包、化解矛盾，然后，才能升官发财、过红火的日子。其实，这样的理解略有偏颇，虽然以上所说的确实成了一种社会现象。然而，真正的通融更多地体现为一种积极的人生态度，有了积极的通融，才能达到从容的境界。既讲原则，又要学会通

融，其实就是弹性地处理事情，适当的时候，可以绕过原则来解决问题。在现实生活中，一些人感觉自己活得很累，是因为计较太多，不懂得通融，所以不能从容面对，这样，事情没办好，自己的心也就感觉到很累。通融是一种审时度势的处世策略，只有懂得了通融，才能从容做事。

一位老太太上了公交车后便刷公交卡，可是，不知道是什么原因，却显示刷卡失败。司机建议老太太投币乘车，这位老太太无奈地说道："卡上是昨天刚充的100元，我今天出门逛公园，根本没带钱。"刷卡失败，身上又没带钱，司机要求老太太下车，老太太不同意，始终坚持说自己卡上有钱，不肯下车。这下司机可急了，坚持要求老太太先投币再乘车，两人就这样僵持着，车上的人都静坐不语。这时，刚上车的一位中年男子说道："老人家也不容易，让她下车不是一个恰当的方法。但司机也是为了维护制度。这样吧，我来给这位老奶奶刷卡，老奶奶，您先找个位置坐下，这样既不让司机大哥为难，也解决了您的问题。"

这只是日常生活中的一件小事，公交车司机执著于自己的工作职责，老太太明明卡里充值了，却刷卡失败，而身上没带钱，这件事也不能怪她。于是，两人都坚持自己的想法，僵持不下，最后，还是一位中年男人帮忙刷卡才了事。其实，在这里，公交车司机只讲原则，不懂通融，不过是一元钱，硬是要老太太投币再乘车，其要求难免有点不近人情。做人要懂得变通，适当的时候，我们可以灵活处理，这样一来，凡事均可尽善尽美了。

第四节◆ 碰到难事，缓一下再做处理

孔子说："欲速则不达。"我们为人处世，要当进则进，当退则退；当急则急，当缓则缓。凡事不可操之过急，一味地求事情的速成，不顾后果一味冒

进，事情反而会朝着相反的方向发展。对此，胡雪岩吸取了先贤的智慧，他说："事缓则圆，不必急在一时。"胡雪岩不愧为一代商贾，深谙做事的缓急之道。事实上，每个人的一生都不可能顺顺当当，我们总会遇到一些坎坷险阻，若是遇到紧急而又难以处理的事情，该怎么办呢？哲人说："人生难事，须以'缓'字应对，方能圆满。"的确，棘手之事，往往是事缓则圆，我们在做事情的时候，千万不可贸然急进。如果具备了条件，也应是一步一步向前；反之，如果不具备成事的条件，则不可轻举妄动，当缓则缓。不妨将事情暂缓，等待条件成熟，如此稳扎稳打，不急功近利，才能够保证事情的圆满成功。可能，我们在读到胡雪岩的事迹时，常常会感到很疑惑：为什么胡雪岩每次总能圆满地解决困难之事呢？这其中的秘诀就是"事缓则圆"。胡雪岩第一桩生意的成功，可以说就是"事缓则圆"的例子。

当时，胡雪岩将在湖州收到的一大批新蚕丝运到上海，他没有像其他商家一样急于脱手，而是静等。而且，胡雪岩本是借债做生意，钱庄刚刚开张不久，手头并没有多少可以周转的资金。当年的时局又极其混乱，按常理，他应该急售，将蚕丝换成现银。

可是，胡雪岩就是胡雪岩，他不是别人，而是一代商贾。他将那些蚕丝囤积了起来，等待更好的时机脱手。他考虑到：洋商所开出的价格并不理想，而且，为了抑制丝价，须联合江南的丝业同行，时机尚未成熟。另外，胡雪岩本身实力有限，运到上海的蚕丝量少，仅仅凭自己一个人，还不足以与洋人讨价还价。

于是，在囤积蚕丝的过程中，胡雪岩开始联合商业同行，一点一点做进一步的工作。以他的做事风格，绝不会半途而废，他暂时压下一些资金来耐心等待，以便能以最好的价位脱手。一方面，胡雪岩请熟悉洋务的朋友古应春与洋商谈判，另一方面，吩咐刘不才拉拢上海的丝业巨头，做好联络同行的工作。

到了年初，胡雪岩已经与上海丝商大户结成了丝业同盟，控制了一些散户。这时，洋商迫于江南丝业的压力，价格也开始松动，不过，胡雪岩觉得仍需等待，他依然观望着。就这样，胡雪岩一缓再缓，一直到了第二年新蚕丝上市，由于清政府需要在上海设立内地海关，同时增加了茧捐，迫于情势，洋商低头认输，开出了双方都能接受的价格。而胡雪岩一直拖延的生丝直到这个时候才脱手，这笔生意净赚 18 万元，所得利润令人难以想象。

胡雪岩事缓求圆的经商之道，赚得了令人难以想象的利润，于此，也奠定了其在江南丝业中的地位。在生意场上打拼的人，都明白凡事需要耐心等待，以求最佳时机的到来。时机尚未成熟的时候草率行事，最后的结局往往是事倍功半，甚至无功而返。有时候，许多事情的失败在于慌张、急于求成，如果在做事的时候先缓一下，往往不至于如此。

俞万春在《荡寇志》中说："看来此事，事宽则圆，急难成效。"意思是，遇到了困难的事情不要操之过急，而是需要慢慢地设法应付，这样，事情才能得到圆满的解决。"事缓则圆"是一个人在成长过程中需要不断修炼的处世策略。在这个世界上，大凡人、事、物，乃至各种现象都有其成熟的时机，时机尚未成熟之前的等待，是很有必要的。诸如水果的成熟需要一定的时间，太早去摘取，其滋味会是苦涩的。做事也是一样的道理，每件事都需要一定的等待过程，这样才能做得更完美。

乔丽最近正在筹划开店的事情，可是，因政策的关系，忙碌了几个月还没有办好相关手续。晚上，乔丽与父亲闲聊起来，谈到最近的苦恼，乔丽便抱怨连连，父亲说："事缓则圆，不要着急，凡事慢慢来。"乔丽心有感触，说道："爸爸，我是不是太逞强了，一个弱女子怎么会想到做这样的事情。"父亲和蔼地说："这不算什么，你要明白，想学游泳难免会呛几口水。"乔丽无奈地说："可是，身边朋友都有自己的事情要做，我想请教都找不到人，可我太想把这件事做好，让他们刮目相看。"父亲缓缓地说："你现在就静观其变，不要

着急，事情慢慢就顺利了。”听了父亲的劝告，乔丽静下心来。

在后面的一周时间里，乔丽不去谈论这件事，平时也不去注意事情的发展。一周后政策有变，给了乔丽一个很好的机会，事情可以圆满解决了，这时，再想想父亲的劝告，似乎真的很有道理。

之前，乔丽很着急，反而对事情一点帮助都没有。听了父亲的劝告之后，她一改常态，不去关注，不去谈论，在不知不觉间，事情竟然有了转机。如此看来，太着急，反而不利于事情的发展。

1. 不可操之过急

日常生活中，我们所说的“操之过急”并不是积极进取，让事情缓缓，也并不是逃避。“缓”是为事情的最后解决做最充分的准备。凡事若能缓缓，准备更充分，结果就会更加圆融。在做事过程中，不能性急，需要在循序渐进中积极筹划，耐心等待一个成熟的时机，最终会有一个好结果。

2. 凡事皆缓，终将圆满

释迦牟尼说：“缓，并认真地坚持，终将圆满。”事缓则圆，看似容易，做起来却很难。看不明白的人，不要去弄明白，缓一缓，自然会明白；想不通的事情，不要去想了，缓一缓，自然就想通了；理不顺的事情，不要去理了，缓一缓，自然就理顺了。其中所蕴含的哲理无非是“圆”，遇到难事，暂缓一下，也许，你会有意想不到的收获。

第五节 ◆ 分析情势，学会未雨绸缪

每每到了危机时刻，胡雪岩会说：“凡事不能碰运气，要想停当了再动手。”在生意场上，每一次运作都有一定的风险，大胆投资一桩生意，究竟带来的是丰厚的利润还是血本无归呢？在结果没有出现的时候，我们是很难

预先知道的，往往是到最后才能见分晓。但是，如果你事先做了周密的部署，分清形势，未雨绸缪，就不会出现太大的问题。胡雪岩是一个善于未雨绸缪的人，每一次出手，他都做好了充分的准备。其实，在现实生活中，未雨绸缪是必不可少的。在事情还没有任何起色的时候，我们应多花些时间，做好准备，未雨绸缪，这样，以后才能过上安逸清闲的日子。试想，在做一件事情之前，我们就想好了部署，想到了那些预料中的情况，这样，等到真正去做的时候，胜算的概率会不会大一些呢？答案是肯定的，所谓“谋定而后动”，这才是事情成功的秘密。

太平天国运动纷纷而起，杭州被团团围住，王有龄按照地方官“守土有责”的惯例，率杭州军民守孤城，直至粮草殆尽，断粮长达一个月之久。当时，城内没有食物，就用各种药材，诸如熟地、黄精、枣栗、海茎类充饥。到后来，只能吃糠、吃皮箱、吃草根树皮，最后甚至到了用尸肉充饥的地步。

为了筹备粮食，胡雪岩冒死出城，到上海买了一船救命的粮食，运到了杭州城外的江边上，恰逢这时，所有进城的通道都已经断绝，粮食也无法送进城内，只能远远相望。过了几天，陪同胡雪岩一起到杭州送粮的萧家骥打算进城送个消息，顺便看看是否有可行的办法将粮食运进城里。胡雪岩同意了萧家骥的决定，在出发之前，胡雪岩问道：“你怎么样到达对岸，如何进城，在途中若是遇到敌人该怎么办？”然而，对于这些至关重要的问题，萧家骥却连想都没想，他说：“在这种情况下，只能见机行事，碰碰运气了。”胡雪岩回答道：“这时候做事，不能碰运气，要想停当了再动手。”

原来，胡雪岩有自己的想法：在这危急时刻，绝不能碰运气，历尽了千辛万苦买回来的救命粮食已经运到了城外，绝不能无果而返。既然决定冒险进城，就一定要有一个好的结果。对城内的情况一概不知，而城外有重兵把守，如果不小心被抓住了，肯定会被重罚，搞不好还会被杀头，而在城中，没有一个人认识萧家骥，又不能写一个能证明其身份的文书、信函之类的东西

在身边，进城去有可能还会被当成奸细呢。这样想来，就应该细细预料进城途中可能遇到的情况，未雨绸缪，才能求得一个好的结果。

在胡雪岩看来，萧家骥此次进城，事关杭州百姓的安危，需要三思而后行。毕竟，许多事情之间都存在着千丝万缕的关系，一时的疏忽有可能造成整件事情的失败，所谓"牵一发动全身"，其产生的连锁反应将影响整件事情，最后导致全面崩溃。胡雪岩正是明白这样的道理，所以，在出发之前，才会细问萧家骥到底是如何打算的。

在日常生活中，我们要想做好一件事情，就必须事先分析情势，学会未雨绸缪。一个人要想有所建树，就必须胆大心细，在做任何一件事情之前都必须提醒自己，要三思而后行，学胡雪岩"想停当了再动手"。

1. 平时有准备，方能有胜算

在现实生活中，许多人总是怀着"临时抱佛脚"的心态，在平时不闻不问，真正到了最紧要的关头，才觉得情势危急，不好应付。事实上，我们要想将一件事情做到尽善尽美，详细而周密的计划是必不可少的，即在做事之前应该未雨绸缪。平时有了充分的准备，方有成功的机会。

一只野狼卧在草地上勤奋地磨牙，狐狸看到了，对它说："天气这么好，大家都在休息娱乐，你也加入我们的队伍吧！"野狼没有说话，继续磨牙，把它的牙齿磨得又尖又利。狐狸奇怪地问道："现在森林这么安静，猎人和猎狗都已经回家了，老虎也不在近处徘徊，又没有任何危险，你何必那么用劲磨牙呢？"

野狼停下来回答说："我磨牙并不是为了娱乐，你想想，如果有一天我被猎人或者老虎追逐，到那时，我想磨牙也来不及了，而平时我就把牙磨好，到那时就可以保护自己了。"

野狼平时就做好了准备工作，等到有一天真的被猎人或老虎追逐的时候，它就可以很好地保护自己了。其实，我们在做任何一件事情的时候，都

应该未雨绸缪，居安思危，防患于未然。有了充分的准备，再去迎接挑战，我们将有很大的胜算。哪怕事情有了意外的变化，我们也不至于手忙脚乱，而能从容不迫地应对变化的形势。平时不准备，临时抱佛脚是不行的。

2. 机会总是青睐那些有准备的人

在生活中，许多人抱怨自己没有机会，而当机会来临的时候，却由于没能充分地准备而与机会擦肩而过，到最后，只能后悔莫及。所以，在做事情之前，要学会分析形势，未雨绸缪，有了充分的准备，才能抓住稍纵即逝的机会，也才能掌控大局。

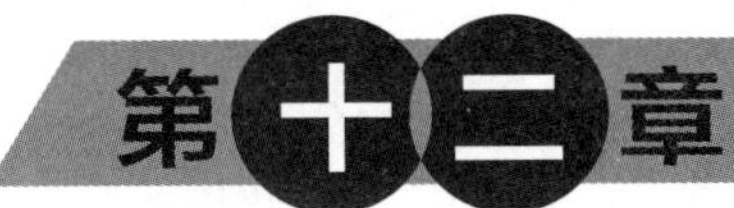

第十二章

坦荡仗义，得取人心广布人脉

——下班要情义，人脉是真财富

有人说："如果为人做到胡雪岩的份上，上交权贵，下结江湖，就是人生风光的顶点。"胡雪岩一生的成功离不开陪伴在其左右的挚友，因为丰厚的人脉关系，他可以在商场上畅通无阻，甚至，一跃成为红顶商人。俗话说："朋友多了，路好走。"在日常生活中，朋友对于我们的重要性也是一样的。坦荡仗义，有情有义，广布人脉，因为人脉才是人生真正的财富。

第一节◆不苟求钱财名利，要求得取人心

胡雪岩常说："有钱没有用，要有人，自己不懂不要紧，只要敬重懂的人；用的人没有本事无妨，只要你肯把用人的名声传出去，自会有有本事的人投到你的门下。"在胡雪岩看来，人比钱财更重要。虽然，胡雪岩是一个商人，他平日里做得最多的事情是做生意，但是，这样一个与钱打交道的人却时刻将结交朋友放在第一位。当然，胡雪岩毕竟是商人，他所结交的朋友不是官员，就是江湖人，简单地说，这些朋友对他做生意是很有帮助的。不过，胡雪岩在结交朋友时会遵从一些特别的原则，那就是：从来不以利益为先，不苟求钱财名利，而是结交人心。而这，恰恰是商人胡雪岩交友的明智之处。在现代社会中，人情账远比钱财账更重要，只要你懂得笼络人心，无疑就为自己积累了丰富的人脉资源。据说，有人曾问胡雪岩："你最喜欢什么？"他回答说："钱，大把大把的金钱，越多越好。"这样一个嗜钱如命的商人，却常常为了交友而不惜重金，由此可见，他所求的不过是"人心"二字。所以，在我们广布人脉的过程中，要暂且将钱财名利抛开，或者说，应该不吝啬自己的钱财，一切皆为求取人心做好准备。

当时，在官场有一个叫宝森的人，此人政绩平平，本来在四川境内为官，却由于同僚上奏，被调出了四川。下台之后，宝森闲居在京城，每天就喊了许多朋友来家里玩，饮酒、品茶、赌钱，表面上看生活过得很惬意，但是，宝森心中却是十分落寞。胡雪岩觉得宝森是一个值得结交的朋友，即使他现在没有官衔、没有地位。于是，胡雪岩亲自登门拜访，劝说宝森到上海游玩，并当即承诺了"全部费用由我出"。不巧，这个提议正中宝森下怀，原来，之前由于自己旗人的身份限制，只能在京城游玩，既然胡雪岩盛情邀请，自己就

随他去上海玩玩吧。于是，宝森随着胡雪岩游上海、逛杭州，游山玩水，乐趣无穷。自从这件事以后，两个人的友谊升温，宝森把胡雪岩当成了知己，每当胡雪岩遇到头疼之事，宝森定是自告奋勇，帮胡雪岩在京城里打点通融。

胡雪岩如此的仗义疏财，结交朋友，广布人脉，还体现在许多事情上，比如阜康钱庄的创立。胡雪岩在创立钱庄阜康之后，第一个举措就是免费为一些特殊身份的太太小姐开设户头，而那些太太小姐均是巡抚布政使司的家眷。其实，胡雪岩这样的举措为其带来了两个好处，一方面，家眷们平白无故就得了好处，人心所向，会因为人情而将钱存入阜康；另一方面，这会将胡雪岩的慷慨作风传播出去，同时，外面的人都知道阜康原来有抚台撑腰，招牌肯定靠得住。这样一来，钱庄的生意自然就滚滚而来。胡雪岩就这样借助巡抚布政的势力，长了钱庄的人气，积累了丰富的人脉。

在上面的故事中，胡雪岩在积累人脉的时候，心中所求并不是钱财、名利，而是人心。或许，有人会说，胡雪岩本来就是商人，他以钱财结交朋友，那是再正常不过的事情。可是，胡雪岩与大多数商人的不同点在于，他不仅仗义疏财，而且，骨子里是怀着真情实意的。有了真情，才能打动人心，再加上适当的钱财赠予，人脉资源还用愁吗？胡雪岩在商场上打拼，钱财他自己有，名利呢，他并不是那么热衷，他想要的就是丰厚的人脉资源，想要建立这样的人脉关系，就应该打动他人的心，而不是求钱财名利。胡雪岩非常明白这一点，同时，也将自己的想法付诸实践。

在日常生活中，如果你拓展人脉，单纯是想要钱财或名利，那么，你今天与他打了交道，或许，过两天他就已经忘记你了，因为你们之间是利益关系。而笼络人心就不一样了，你所求的不是钱财和名利，对方会觉得欠你一份人情，不自觉地，人心就会偏向于你。所以，为了有效地拓展自己的人脉圈子，须记住“不求钱财与名利，求人心”。

王老爷子退居二线了，之前络绎不绝的客人似乎都消失了，大半个月

了,都不见一个人影。王老爷子忍不住叹气:"这个社会太现实了,现在没权了,没钱了,大家都走了。"没想,过了一个月,突然来了一位客人,是原来单位里的小李,小李一脸风尘仆仆:"王老,您还好吧,上个月我去东北出差了,这不,给您捎了一支人参,很滋补的。"王老爷子心中十分感动,一个劲地夸小李:"这小伙子,踏实,实干,你将来会有出息的。"小李只是笑了笑,不作声。小李走后,王老爷子对老伴说:"小李这小伙子可真实在,不图钱财,不图名利,图的就是对我好,现在我都已经退居二线了,没有了权势,可他去了东北那么远的地方还惦记着我,这份心意真难得!"

之后,小李经常来拜访王老爷子,偶尔聊聊工作,从交谈中,小李学到了不少东西,而且,经过王老爷子的介绍,他认识了许多有权势的人。似乎,生活也越来越顺利了。

在日常生活中,我们常会听到"人脉资源"这样的字眼,事实上,人脉越来越流行,有句话叫"你认识什么样的人,决定了你今后的路"。如何结识更优秀而又有潜力的人,这似乎是每一个人都在思考的问题。但是,在拓展人脉的过程中,不应急功近利,不求钱财名利,而是牢牢地笼络人心,因为,只有人心才是最有价值的。

第二节 ◆ 多施恩情,令他人对你心存感激

胡雪岩是一个善于施恩的人,尤其是对于那些落难英雄,他以自己敏锐的眼光看出对方日后定会有所作为,然后,施以恩情,令他人对自己心存感激,日后,自己若是遇到了困难,他定不会袖手旁观。因此,他常常做的事情就是"烧冷灶、拜冷庙"。胡雪岩深知,自己向他人多施恩情,对方定会对自己心存感激,而如果对方正处于落魄之际,这样由心而发的感激之情会更

大。于是，“烧冷灶、拜冷庙”成为了胡雪岩建立人脉关系的必经之路。俗话说：“山水轮流转，三十年河东，三十年河西。”一个做大事的人应该有长远的打算，不仅仅需要储蓄钱财，更要为自己储蓄人脉。如果当年的“冷庙”变成了“热庙”，对方自然会因为你当年的参拜而对你刮目相看，而且，他不会把你当做趋炎附势之辈。在日常生活中，要想建立广阔的人脉关系，就应该学会施恩，联络一下感情，送些礼物，即使面对一个陌生人，我们也要施以恩情，谁知道，他会不会是一个大人物呢？而对于那些怀才不遇的人，虽然，此时对方无权无势，但等到他一朝发达的时候，便是你的收获之际。

其实，早在胡雪岩十五岁的时候，他就懂得了施恩，而且，从中收获了不少。那年，一位金华的客商来杂粮行谈生意，可是，刚到了大阜就病倒了，由于他在大阜举目无亲，没人照顾，而拖着病体又回不了金华，心里十分着急。胡雪岩是一个善良的小伙子，他知道这件事以后，就赶到那人的病榻前，一连几天给他端药送饭，忙前跑后，照顾得十分周到。就这样，在胡雪岩的精心照料下，客商的身体痊愈了，对此，他十分感动，主动问起了胡雪岩的事情。后来，为了报答胡雪岩的照顾之恩，他好心建议：“我们那里比大阜好玩得多，你随我一起到金华如何？”因为金华火腿行比杂粮行规模大得多，胡雪岩的施恩为自己赢得了人生的第二次机会。

说到胡雪岩，就不得不提王有龄。其实，与王有龄的认识，也是源于施恩。

胡雪岩在杭州钱庄当学徒时，一年夏天，他在一家茶店里碰到了一位落魄的青年，在交谈中得知对方叫王有龄，是一位候补盐使，此时正打算北上投供加捐做官，可是，自己贫困潦倒，没有亲人，如今只能泡在茶馆里打发时光。

胡雪岩了解到这样的情况后，心中有了主意，他看准眼前的王有龄绝不是等闲之辈，如果自己帮助他进京投供，定会赢得对方的感激。那么，他日

后有了出息，肯定会帮助自己飞黄腾达。虽然，当时的胡雪岩只是一个小伙计，手里并没有多少钱，但是，他毫不犹豫地将刚收回来的五百两银子压在"王有龄"身上。接过胡雪岩递过来的银票，王有龄又惊又喜，感激涕零，将胡雪岩当成了自己的大恩人，有了银两，他第二天就起程去京城了。

后来证明，胡雪岩当初的判断是正确的，他得到了王有龄的帮助，成为了商场上呼风唤雨的人物。

胡雪岩的两次施恩都为自己换回了丰厚的回报，实际上，这只不过是胡雪岩积累人脉的一二事而已。他大多选择那些落难中的人，对这样的人施恩，所激发的感激力量将会更巨大。比如，王有龄在得到胡雪岩的帮助后，将其作为自己的大恩人。后来，王有龄为官后，在他的帮助下，胡雪岩不再做钱庄的小伙计，而是自立门户，贩运粮食，官商联合，如鱼得水，事业也日渐发达，这就是人脉资源的丰厚回报。

在生活中，我们要深谙建立人脉关系的智慧，多烧冷灶，多拜冷庙，令他人对你心存感激。当然，广施恩情，并不是说需要我们做作地对他人施以恩情，而是内心怀着这样一份情感。胡雪岩内心善良，他才会做出那么多有情有义的事情，对于我们来说，心中要常怀恩情，哪怕对一个素未谋面的陌生人，也应心怀仁慈，或许，他就是你人生中的大贵人呢。

1. 心地善良

其实，施恩的前提是拥有一颗善良的心，因为内心毫无掩饰的善良，才会促使一个人做出施恩之举。试想，一个坏心肠的人，他会到处向人施以恩情吗？胡雪岩出身贫困之家，心地善良，因而，他才会屡屡帮助那些落魄的人。在生活中，一个内心善良的人，他会不计回报地向他人施以恩情，哪怕对方只是一面之缘的陌生人。

一个大雨的下午，一位老妇人走进了匹兹堡的一家百货公司，漫无目的地闲逛着。售货员看出她并不想买东西，大家都自顾自地，有人忙碌着，有

人闲聊着，没有一个人去搭理她。这时，一名年轻的店员走上前，礼貌地和老妇人打招呼，询问道："您是否需要服务？"老妇人坦率地告诉年轻的店员，自己进来只是为了躲雨，并不打算买任何东西。年轻店员听了，微微一笑，说道："即便如此，您仍然很受欢迎。"两人闲聊了起来，眼看天色越来越晚，可大雨丝毫没有停下来的意思，望着窗外的大雨，老妇人微微皱眉。年轻店员从柜台里拿出自己的雨伞，对老妇人说："您先拿去用吧，我下班比较晚，那会说不定雨已经停了。"老妇人推辞，年轻店员却执意将雨伞递给老妇人。

过了几天，这位年轻的店员早已经忘记了这件事。有一天，他突然被公司老板叫到办公室，老板将一封信递给他。这封信正是那天到公司避雨、自己赠送雨伞的老妇人，她要求百货公司派这名年轻店员前往苏格兰，代表该公司接下一所豪华别墅的装潢工作。当年轻人接下那笔巨额交易后才知道，那位老妇人是美国钢铁大王卡耐基的母亲。

生活中一个不经意的援助，使得年轻的店员得到了丰厚的回报，其实，这也是建立人脉关系的方法。虽然，这样的方法看似有点像朝着大海撒渔网，不过，运气好的话，你有可能会网住一条大鱼，就如这位年轻的店员一样。

恩情，并不在乎大小，而在乎心诚，如果你本身就是一个善良的人，那么，恩情就会在你不知不觉的言行中弥漫出来。凡事多施以恩情，令他人心存感激，那么，你的人脉资源就会越来越丰富。

2. 广施恩情，无异于广布人脉

在生活中，每个人都有一张人脉存折卡，通过给予他人帮助和恩情，来增加自己的人脉储蓄，这似乎成为了一种有效的交际手段。其实，广施恩情，我们并没有损失什么，这就相当于广布人脉，你所施予的恩情越多，受恩惠的人越多，那就证明你的人脉资源越丰富，而你成功的机会自然就比别人多。

第三节 ◆ 胸怀宽广，包容他人的过错

胡雪岩说："一个人要包容别人对自己的态度，不能事事计较，不能总是要求别人。"由于胡雪岩有着宽广的胸怀，懂得包容朋友的过错，这样一份真诚，使得他赢得了更多的朋友。胡雪岩一心向善，为人十分仁义宽厚，他曾说："我看人总是往好处看，我不相信世界上有坏人。没有本事才干坏事，有本事的人一定做好事。既然做坏事的人没有本事，也就不必去怕他们了。"胡雪岩无论是看人，还是对朋友的态度上，都是以宽厚为主，他也从来不认为这个世界上有什么不能原谅的错误。有时候，下人犯了错误，他总是以宽广的胸怀，包容对方的过错。在日常生活中，我们待人要宽厚，面对他人的过错，要懂得包容，将对手变成朋友，不断地拓展自己的人脉关系。一个人的胸怀与其人脉关系多少有点关系，仇恨与报复，只会让我们失去那些曾经陪伴左右的人，而包容则会让他们重新回归，内心的感激会让他们迸发出更大的力量。所以，对于他人无意或有意犯下的过错，我们要学会包容，放下心中的愤怒和仇恨，以宽广的胸怀拥抱对方，以此来拓展自己的人脉。

胡雪岩宽广的胸怀得益于儿时的教育，其母亲金太夫人十分注重身教。面对窘迫的家境，金太夫人从来不在胡雪岩面前抱怨父亲早早离世，使得孤儿寡母无人照顾。不仅如此，母亲与左邻右舍相处融洽，因为与人为善，只要自己能够帮助别人的地方，母亲就一定尽量去做，而且，从来不求回报。面对邻居的无意言语，金太夫人从来都是以宽广的胸怀接纳，包容别人对自己的态度，不计较。金太夫人的这些行为，深深地影响了胡雪岩的人生态度，使其受益无穷。

朱福年是当铺的档手，在这之前，他曾做过一些错事，但是，胡雪岩以大

度的胸怀包容了对方，使其成为了自己生意场上的左右手。在胡雪岩收服朱福年后，朋友古应春对他说了这样一段话："只说朱福年好了，庞二虽有些大少爷脾气，有时讲话不给人留情面，但对手下仁慈宽厚，非别的东家可比，可是朱福年在下面还是有二心。只是遇到了你，你比庞二更宽厚，才会感化他，化敌为友，他才会服服帖帖，这都是你的大本事。"原来，朱福年的服从，全在于胡雪岩那宽厚的胸怀。

后来，胡雪岩创办了胡庆余堂，这其中还有一个小故事。胡庆余堂的老板刘不才其实是胡雪岩小妾芙蓉的叔父，他祖上是开药店的，但是，到了他这里，却是穷困潦倒。刘不才简直就是一个极尽挥霍、好赌的纨绔子弟，遇到这样一个穷亲戚，别的人躲都来不及，可胡雪岩却不这么看，他看中了刘不才经营药店的才能，对他挥霍、好赌的行为通通包容了。胡雪岩明白，自己不懂药店生意不要紧，只要能收服刘不才，让他改掉身上的坏毛病，就可以充分利用这个人才了。于是，胡雪岩摆了一桌"认亲宴"，以宽厚的胸怀，硬是将这个纨绔子弟收服了。

由于胡雪岩的包容，刘不才将满腔感激化为行动，胡庆余堂就这样办了起来。在以后的几十年中，胡庆余堂成为老字号药店，不仅成了胡雪岩稳定的财源，还使他赢得了"胡大善人"的名声，而这一切，都归功于胡雪岩那能包容的宽厚胸怀。没有他的包容，刘不才就不会重生，什么胡庆余堂、"胡大善人"，通通都没有了。

俗话说："金无足赤，人无完人。"谁都有犯错误的时候，更何况"知错能改，善莫大焉"。在生活中，我们身边的亲人、朋友或许都避免不了犯错，但是，无论怎么样，他们都是自己人脉关系圈子中的一员，难道仅仅因为对方的过错，你就要放弃自己建立起来的人脉关系吗？不妨开阔自己的胸怀，包容他人的过错，你的原谅将换来更多的感激，而你的人脉关系也将变得更加牢固。

1. 宽容者得厚报

错误是一个人无法避免的，在生活中，有可能就连我们自己都会犯错。因此，“己所不欲，勿施于人”，当他人犯了错误的时候，我们不应该紧紧抓住不放，而应以包容的心去宽恕对方的错误行为。所谓“宽容者得厚报”，你的宽容将会唤起对方内心的感激之情，在以后的日子里，他或许会将那份感激之情化为行动来报答你。

在一次平定叛乱后，楚庄王大摆酒宴宴请群臣，其宠姬宠妃也都出席助兴。席间丝竹声响，轻歌曼舞，美酒佳肴，觥筹交错，酒宴一直进行到黄昏，可君臣似乎还未尽兴。于是，楚王命令左右点烛夜宴，还特别叫了最宠爱的两位妃子轮流向文臣武将们敬酒。

忽然，一阵大风吹过，酒宴上的蜡烛都熄灭了。这时，一位大臣借着酒劲拉住了其中一位妃子的手，妃子一惊，慌忙挣扎，在拉扯中，妃子撕碎了衣袖得以挣脱，而且，还扯下了那人帽上的缨带。妃子回到楚王面前告状，让楚王点亮蜡烛后查看众人的帽缨，以便找出刚才对自己无礼之人。楚王听完了，却传令不要点燃蜡烛，而是大声说：“寡人今日设宴，与诸位务要尽欢而散。现请诸位都去掉帽缨，以便更加尽兴饮酒。”听了楚王的吩咐，大家都把帽缨取下来，这才点上蜡烛，继续酒宴。席散了回宫后，楚王对爱妃说：“此次君臣宴饮，旨在狂欢尽兴，融洽君臣关系。酒后失态乃人之常情，若要究其责任，加以责罚，岂不大煞风景？”而那位大胆的臣子，也因为楚王的包容而躲过了一劫。

几年后，楚王伐郑，一名战将主动率领部下先行开路，其所到之处拼力死战，打败了敌军。战后，楚王论功行赏，可那位战将不要赏赐，当即对楚王说：“绝缨会上，扯许姬衣袖的正是下臣，蒙大王不杀之恩，所以今日舍身相报。”

楚王的包容，使得自己多了一员誓死效忠的勇士，或许，如果没有那件

事，战将不会如此地拼命。在无意之间，楚王建立了人脉，几年后，这样积累的人脉得到了丰厚的回报。其实，正所谓"得饶人处且饶人"，你包容了对方的过错，唤起了他内心的感激之情，不知不觉中，你已经为自己储存了人情，而这将是人脉积累的开始。

2. 宽容他人，实际就是积累人脉的开始

在生活中，我们需要宽容的人很多，有可能是朋友，有可能是敌人。如果你能以宽厚的胸怀拥抱他们，那么，你已经唤起了人心，积累了人脉。因为宽容，我们可以将朋友变为亲密的友人；因为宽容，我们可以将敌人变成朋友。在人生的道路上，我们的朋友会越来越多，敌人会越来越少，这何尝不是积累人脉的开始呢?

第四节 ◆ 绝不推辞，朋友有难倾力帮助

在商界，胡雪岩的仗义疏财是出了名的，当朋友有难了，他定会两肋插刀。为人如此仗义，也难怪不管是小人物，还是大人物都喜欢与之结交。朋友有困难了，该怎么办呢? 生活中的我们也经常会碰到这样的情况，有的人唯恐殃及自己，早就躲得远远的；有的人十分仗义，会倾力相助，帮助朋友渡过难关。这样，前者的朋友会越来越少，后者的朋友则会越来越多，不同的态度造成了不同的结果。其实，在现实生活中，朋友之间是互相的，今天你帮了他，明天反过来，他会帮你。生活中，每一个人都不能保证自己将顺顺利利地过一生，在生命的旅途中，我们或多或少都会遇到一些困难。这时，你当初怎么对朋友的，朋友将一并还在你身上，甚至，会加倍地偿还给你。在这个过程中，人脉资源有可能会缩水，有可能会膨胀，全在于自己。胡雪岩一直秉持着"朋友有难，绝不推辞，倾力相助" 的原则，有时候，你无法想

像一个嗜钱如命的商人会如此仗义地对待朋友，或许，他看起来更像是一个救朋友于危难之际的侠客。不过，胡雪岩就是胡雪岩，他对待朋友的那份真诚换来了红顶商人的美誉。直到今天，胡雪岩对朋友的赤诚之心仍值得我们每个人学习。所以，努力经营积累下来的人脉资源，如果朋友有困难了，一定要倾力相助，因为你的行为将会换来万分感激。

在阜康钱庄刚开业的时候，胡雪岩就遭遇了这样一件事。当时，浙江藩司麟桂捎了个信来，希望阜康钱庄能暂借两万两银子。其实，胡雪岩与麟桂只能说是普通朋友，平日里也没有什么来往，而且，胡雪岩还听说了一个消息：这个麟桂马上就要调离浙江了，这次借钱有可能是填补财政的空缺，借的钱肯定是打水漂。而自己的钱庄才刚开业，所有的财物算起来也才四万两现银。

胡雪岩心中有些为难：如果帮了对方，麟桂一调走，这钱不是白花了吗？就算人家不赖账，像自己这样的人，也不可能天天上官府去逼债，而且，两万两银子对阜康来说不是小数目。不过，胡雪岩毕竟是胡雪岩，他仔细思考了，如果对方在困难之时，自己出钱帮他渡过难关，对方肯定会铭记在心的。而且，胡雪岩了解到麟桂并不是那种耍赖的人。

这样一想，胡雪岩毫不推辞，不但大方地借钱给麟桂，而且，还给对方算了超低的利率。看到胡雪岩如此慷慨的举动，阜康上上下下都很不理解，胡雪岩却说："调度，调度，做生意讲究的就是调度，所谓'调'，就是调得动，所谓'度'，就是预算。生意要做得活络，有进有出，什么时候有银子进来，什么时候银子该用出去，要有计划。银子调来调去，只要不穿帮崩盘就可以。"短短一席话，似乎又暗含了人脉积累的智慧。

果然，麟桂在调走之前，给胡雪岩送了三份礼物：一是上书朝廷褒扬阜康，于是，京里户部和浙江省之间的公款往来，全权委托阜康办理汇兑；二是浙江省的额外收入，均委托阜康办理汇兑；三是自己将调任的江苏省与浙江

省的公款往来，交由阜康办理汇兑。

面对一个可能只是见过几次面的朋友，胡雪岩也是倾囊相助，帮助对方渡过难关。当然，其目的是建立广阔的人脉关系。不过，胡雪岩那种“不推辞、大方慷慨”的行为实在是令人感动。其实，在胡雪岩身边的朋友，大多都受过他的帮助，于是，胡雪岩仗义疏财的好名声在朋友圈里传开了。因此，他的生意越做越大，名声也越来越响亮。

在现实生活中，朋友有难，应该鼎力相助，如此才能使彼此间的友谊越来越深厚，人脉资源越来越牢固。如果朋友之间仅仅是建立在“同享福，不能共患难”的基础上，那么，这样的友谊也不会长久。与朋友之间的感情，需要我们努力经营，面对朋友的困难，我们应该大方地伸出援助之手，帮助朋友渡过难关，如此，才能赢得朋友的信任，才能积累越来越多的人脉。

王军与李亮是一对好朋友，王军从事戏剧工作已经十几年了，但是，最近这些年总是走下坡路。前不久，王军踌躇满志地策划了一幕戏剧，投入了大部分资金作为启动资金，那个作品就像是自己的孩子一样，积聚了他无数的心血。可是，谁也没有想到，从创作、一手筹备、策划、彩排，眼看着就快要公演了，可是，投资方却突然撤资了。公司的所有工作陷入了困境，王军整日沉浸在痛苦中，原来，因为自己执意从事戏剧工作，前几年已经欠下了千万的账款，这次好不容易找到了肯投资的公司，准备打个漂亮的翻身仗。却没有想到，不知投资方在哪里了解到自己的经济状况，而选择了撤资，这对他简直是毁灭性的打击。

李亮从朋友嘴里听到了这个信息，马上放下手上的工作，开车来到王军家，一进门就说：“我来给你的戏剧投资。”“什么？”王军满脸惊讶，李亮不懂得戏剧文化，以前还经常开玩笑说：“那玩意挣不了什么大钱。”现在，竟然愿意投资，李亮笑了，说道：“我是不懂戏剧，甚至，直到这一刻，我也不喜欢它，但是，你是我的朋友，好哥们。你现在遇到了困难，我不能袖手旁观，我相信

你的眼光，马上就将资金转过来。”听了这话，王军心里暖暖的，由于资金及时到位，他的作品如愿搬上了大舞台，并取得了巨大的成功。在庆功宴上，王军举起酒杯向李亮敬酒：“你是我这辈子的恩人，我是不会忘记你的。”李亮颔首微笑，并没有说话。

人生不如意十之八九，在这个世界上，凡事不可能顺顺当当、安安乐乐，总是会出现一些纰漏。这相对于每个人来说也是一样的，在你每天的生活中会发生一些不愉快的事情，这是极其正常的，没有什么值得去抱怨。有时候，我们身边的朋友会遭遇困难，那也是情理之中的事情。朋友落难了，千万不要落井下石，这是不仁不义的小人行为，也是极端恶劣的行为。不管朋友是否向你求助，我们都应该伸出友好的手，拉他一把，帮助朋友脱离困境，不断地积累彼此间的人情。

第五节 ◆ 心怀感恩，得人恩惠当涌泉相报

胡雪岩说：“人一生要感谢的三种恩情是父母之恩、老师之恩、上司之恩。”在生活中，感恩是一种处事的哲学，是一种生活的大智慧。其实，生活就是一面镜子，你对着它笑，它就笑；你对着它哭，它就哭。上天是最公平的，它赐予了我们如此多彩的世界，难道我们不应该感恩吗？感恩父母、感恩老师、感恩生活，感谢那些曾经帮助过自己的人。俗话说：“滴水之恩，定当涌泉相报。”纵观红顶商人胡雪岩的一生，只因为他懂得感恩，感谢生命中的一切，无论是成功，抑或是落魄的时候，他始终怀着一颗感恩的心，至此，那颗感恩的心伴随着他走上了“商圣”的巅峰。人生在世，我们需要感恩的人有很多，那些帮助自己的人，那些给自己恩惠的人等，或许，现在的我们拥有的东西越来越多，但是，贫瘠的精神世界里不能缺乏一颗感恩的心。一个

人懂感恩，他才能结交更多的朋友。所谓“投之以桃，报之以李”，实际上，人与人之间的关系是建立在互惠互利的基础之上的，受人恩惠，懂得回报，这是人之常情，更能体现一个人的品德。有的人受了他人恩惠，转身就忘记了，时间长了，就没有人会帮助他，等到遇到困难与挫折，他所能依靠的只有他自己了。所以，在生活中，我们要懂得感恩，因为，感恩他人的过程实际上也是一个建立人脉关系的过程。

母亲金太夫人的教诲使胡雪岩懂得了感恩，那时，他还是一个13岁的孩子，面临自己人生第一次机遇的时候，他却说：“我要回家问我母亲。”这不仅是一份孝心，更是一种感恩。后来，朋友王有龄自杀后，胡雪岩多方奔走，希望实现王有龄的遗愿，这一切都是因为他懂得感恩。而且，在胡雪岩身上，还发生了一件二十年不忘恩情的故事。

当时，胡雪岩收回信和钱庄的外债，资助王有龄去京城捐官，这犯了钱庄的大忌，另外，许多人说三道四，使得他在杭州的生路断了。于是，胡雪岩只身去了上海，在那里有一个从小一起玩到大的朋友。可是，到了上海，才发现那个朋友因为家乡有急事，回到浙江绍兴去了。有人告诉胡雪岩：“过不了多久，你的朋友就会回来的。”

举目无亲的胡雪岩只好在一家叫“老同和”的小客栈住了下来，没想到，一等就是十天，朋友还没回来，可盘缠已经用光了。囊中没银两，一筹莫展，胡雪岩只好闭门不出，但是，饭却不能不吃。每天，胡雪岩在“老同和”吃饭，开始是一盘白肉，一大碗血汤，一个素菜，到后来，就是一汤一素菜，再后来，大血汤变成了黄豆汤，最后，黄豆汤都喝不起了。只能买两个饼，一碗白开水就算一顿。没办法，他只好将自己的一件长袍拿去当了，等到回客栈后，却发现当票不见了，以后有钱也赎不回衣服了。

第二天，却有人将当掉的长袍子送到了胡雪岩的住处。原来，客栈老板的女儿阿彩，她每天在前堂招呼客人，胡雪岩天天来吃饭，一来二去，也混了

个脸熟。这天,胡雪岩结账的时候,不小心将当票丢了,正巧被阿彩看见了。出于对胡雪岩的同情,她悄悄地将长袍赎了回来,胡雪岩了解到事情的经过,便托人给阿彩带了一句话:“谢谢阿彩,你给我垫的钱,以后,我一定会加利奉还的。”但后来由于种种原因,胡雪岩再也没见过阿彩。

在以后的二十年中,胡雪岩始终不忘阿彩的恩情。有一次,他到上海谈生意,闲暇的时候,他信步到夜市逛逛。心中一动,他踏进了“老同和”客栈,二十年过去了,阿彩早已不是姑娘,而成了老板娘。而她正在为装修客栈的事情发愁,胡雪岩了解了情况,决定在这件事上好好帮她一把,于是,胡雪岩嘱咐朋友古应春带给阿彩三千两银子。

一份恩情记了二十年,在这二十年中,胡雪岩总是想起这件事,可不是时间不对,就是地点不对,最后,他终于报了此份恩情。由此可见,感恩在胡雪岩心中已成为了一种信仰。或许,在大多数人看来,那就是一件小事,但胡雪岩却始终牢记在心,一旦碰到了报答的机会,他就大报特报,将陈年小事的恩情回报得漂漂亮亮。

在生活中,相信我们大多数人都接受过他人的恩惠,毕竟,在这个社会,仅仅依靠自己一个人的力量,是很难成事的。于是,在我们的成长经历中,有朋友的鼎力资助,有陌生人的举手之劳,有亲人的倾力相助。或许,还有许多我们叫不出名字、不认识的人曾帮助自己,那么,面对这些人,心中是否应该怀着感恩之心呢?俗话说:“滴水之恩,定当涌泉相报。”受人恩惠,不能说一定要报答他的恩德,但我们所不能忘却的就是常怀一颗感恩的心。

他出生在一个贫困家庭,生活的窘境似乎给了他莫大的激励,上学时,他的成绩十分优秀,然而,正当升学的时候,家里却入不敷出。无奈,他只能一边打工一边读书,十分辛苦,街坊邻居了解到他的情况,纷纷出钱资助,并很快成立了资助小组,每人每月按时出钱,不够,由居委会补贴。

在街坊邻居的资助下,他顺利地完成了学业。如今,他已经是电机工程

专业的博士了，就职于一家金融公司。为了回报当初帮助过自己的人，他将工资的一部分寄给了那些帮助过自己的人。几十年来，每月按时寄，从来不停歇，他说："这是我的一份心意，受人恩惠，应涌泉相报，如果不这么做，我会良心不安。"

感恩是一种生活态度，是一次内心独白，感恩不是简单的回报，而是一种责任。在这个世界上，除了亲人，谁也没有义务对你好，给予你恩惠，所以，我们应当学习胡雪岩的感恩哲学，对那些给予自己帮助的人，包括我们的亲人，说声"谢谢"，并以自己的实际行动来诠释你的感恩之情。感恩，让我们变得富有，享受温暖；感恩，让我们变得成熟，富有魅力。更为关键的是，你的感恩，将会打动人们的心，而你的朋友圈子将会越来越广。

第六节 ◆ 朋友多了路好走，多为自己布人脉

美国人际关系大师卡耐基说："一个人的成功，专业知识的作用占15%，而其余85%则取决于人际关系。"人际关系也就是我们经常说的人脉，它是一个人通往财富、成功的入门票。在两百年前，胡雪岩因善于经营人脉，从一个倒夜壶的小差，翻身成为清朝的红顶商人。两百年后的今天，有人对此总结说："对于一个人来说，二十岁到三十岁，他靠专业、体力赚钱；三十岁到四十岁，则靠朋友、关系赚钱；四十岁到五十岁，要靠钱赚钱。"在一个人的成就里，人脉始终占据着极其重要的位置。一个人是否能成功，并不在于你知道什么，而在于你认识谁，这就是人脉给我们带来的益处。翻开历史，我们会发现，胡雪岩的朋友遍及三教九流，有京城大官，有江湖帮派，而正是这些丰厚的人脉资源，使得他一路走到了"商圣"的巅峰。在任何年代，人脉的重要性都不可小觑，现代社会，人脉日益重要，正所谓"朋友多了路好走"。所

以,在日常交际中,要多交朋友,为自己广布人脉,因为这是你成功的开始。

胡雪岩喜欢交朋友,喜欢帮助别人。而且,胡雪岩交起朋友来,生冷不忌,水陆并陈,没有三六九等的界限,似乎什么人都和他有缘分。当然,胡雪岩的朋友,大多数是生意上的朋友,为着各自的或共同的利益进行合作,互惠互利,以利益为纽带。他常说的一句话"为朋友着想",实际上就是站在对方的角度充分揣摩对方的需要,照顾对方的利益,并对对方施以恩惠。

在阜康钱庄开业的时候,胡雪岩为了赢得朋友,给那些官太太、小姐等各存了二十两银子,还给黄巡抚的仆人刘二存了银两。刘二拿到了存折,马上在阜康钱庄存了一百八十两银子,还向朋友罗尚德宣传胡雪岩的为人。罗尚德本是绿营兵的小官,因省吃俭用,存了一万多两银子,听说胡雪岩的为人如何讲义气,他连夜赶到阜康钱庄,要求存款,不要利息,不要存折。如此一来,胡雪岩认识了更多的朋友,可谓是广布人脉。

后来,像浙江藩司麟桂、京城官员宝森、漕帮尤五,甚至,连湘军将领左宗棠都成为了胡雪岩的朋友。于是,胡雪岩想不成功都难了,因而一下子成为了朝廷赐封的红顶商人。

胡雪岩的一生都在经营人脉,而其丰厚的人脉资源使得他最终获得了成功。一个人若是朋友多,他做任何事情都会感到游刃有余,正因为这样,才有可能为自己事业的成功开拓更宽广的道路。相反,一个人若是没有朋友,他定会处处碰壁。广布人脉是一个人成功的砝码,经营人脉资源,学会处理人际关系,不仅能为自己雪中送炭,而且,在贵人的帮助下,你的人生有可能会锦上添花。

在现实生活中,有的人朋友很多,有的人却只有寥寥几个朋友。或许,从表面上看,我们并不能发现什么,但是,一旦他需要帮助或陷入困境的时候,朋友的作用就显现出来的。朋友多的人,由于有许多人为其出谋划策,出钱出力,再困难的事情也会得到解决;而那些朋友少的人,无钱无权无人,即使有三五个朋友，这时也都早已躲得远远的。人们常说“朋友多了路好走”，这样看来，确实如此。

徐静蕾毕业于北京电影学院表演系，中国女演员、导演，与章子怡、周迅、赵薇并称四小花旦，因其自导自演电影及博客点击率在中国大陆地区长期排名第一，有大陆影视圈才女之称。她于2007年开设网络电子杂志《开啦》。电影代表作有《杜拉拉升职记》等。因其书法“清冽而又优雅”，独具个性美感，被开发为字库“方正静蕾简体”。她的星路和同一时期的女明星非常不同，这一点可以从她广布人脉看出来。

徐静蕾在电影学院念书的时候，就结交了著名作家王朔，而在王朔的那个圈子里则有刘震云、梁左、冯小刚等知名大腕，这些大腕在娱乐圈或在文学圈，都是处于主导地位的，是非常有思想的。而徐静蕾并没有凭着这个机会来进军娱乐圈，而是不断地提高自己，熏陶文学气息，再加上她天资聪慧，自然博得了大陆影视圈才女之称。后来徐静蕾开始自己做导演，在第一部电影《我和爸爸》中，她结识了导演叶大鹰、制片人张亚东。叶大鹰在电影中扮演主角，张亚东也在剧里客串了一把，这赚足了观众的眼球。

她的朋友很多，而且，所结交的朋友都是导演、制作人和作家。正是这样广阔的人脉关系，使得徐静蕾的星路走得越来越远。

有人说：“判断一个人的魅力，只要看他朋友的多少；判断一个人的能力，只要看他人气的盛衰。”当然，创建人脉资源并不容易，因为获得他人一时的好感很容易，但要永久地获得他人的支持却很难。一个人的人脉取决于其品味、人格等，而把握人脉的关键不在方法，不在手段，而在内心。红顶商人胡雪岩，在任何时候都以诚待人，这是他能广布人脉的诀窍。所以，在日常生活中，要有意识地建立自己的人脉关系，以诚心交友，这样，你未来的道路才会走得更加顺畅。

内外皆修，练得一身“真功夫”
——下班多磨炼，勤奋铸就辉煌

陈代卿这样评价胡雪岩：“游刃于官与商之间，追逐于时与势之中，品够了盛衰荣辱之味，尝尽了生死情义之道。”在民间，更是流传着这样的谚语：“古有先秦陶朱公，近有晚清胡雪岩。”胡雪岩，从一个钱庄的小伙计，跃身成为鼎鼎有名的红顶商人。在其成功的背后，是一身内外皆修的好功夫，这值得今天的我们好好学习。

第一节◆与师者同行，点点滴滴按规矩修炼

孔子说："益者三友，损者三友。友直，友谅，友多闻，益矣。友便辟，友善柔，友便佞，损矣。"在这个世界上，除了父母，我们所接触最多的人，恐怕就只有朋友了，如何选择朋友呢？在生活中，在与朋友同行的时候，我们应选择益于自己的人。所谓"近朱者赤，近墨者黑"，唯有与像师者一样的朋友同行，方能以其长补己之短，从而使自己终身受益。胡雪岩是一个善于观察事物细微的人，通过对身边人的观察，他知道哪些东西是值得自己学习的，哪些是需要自己避开的。诸如，他在钱庄当伙计的时候，学习了"谋人"这一技巧，这使其开始向上奋进。所以，在现实生活中，我们应该学习胡雪岩这方面的才智，尽量多与师者同行，这样，从他们身上，我们便会学到做人做事的本领，以此来修炼身心。习人之长，应该是我们日常交往的目标，在我们的身边，总有一些人在某些方面比自己强，那么，就要与其同行，平日里多聊天、多探讨，学习其长处，弥补自己的短处，如此，我们才能真正达到内外皆修，最终，练得一身好功夫。

胡雪岩在钱庄做伙计之前，他勤奋学习与钱庄相关的知识，可以说是孜孜不倦，因为自知读书少，便想以过硬的专业知识过关。那时候，在他心里怀揣着一个梦想，那就是等自己真的熟悉钱庄业务之后，肯定会被东家重用。可是，他在钱庄遇到了张胖子和老孙头。

胡雪岩在钱庄最开始干的工作，俗称"跑街"，其实就是招揽生意与督促人们到期还钱，这是最低等的活，就是在这个部门，他认识了比自己长二十多岁的老孙头。这老孙头在钱庄当伙计已经二十多年了，但一直是一个跑街的，这使得胡雪岩感到很疑惑。闲聊中，老孙头抱怨起自己二十多年的不

平遭遇，抱怨钱庄对自己刻薄，而且，他认为自己要比张胖子做得好，可是，与自己一起进入钱庄当伙计的张胖子已经成了东家身边的红人，而自己还是一个跑街的。胡雪岩对此也迷惑不解，按常理说，老孙头的工作做得很好，为什么没能受到东家的青睐呢？于是，他开始观察张胖子的言行。

在钱庄，张胖子是最会说好话、拍马屁的人，见了大老板总是卑躬屈膝、阿谀奉承，其实，客观地说，他的个人本领比不上老孙头，但是，他却比老孙头爬得更快。而且，即使老孙头在自己的位置上干得再好，也没有办法得到东家的提升，就这样，张胖子混得如鱼得水，老孙头却一直郁郁不得志。

以前，胡雪岩想通过自己的努力，以及扎实的专业知识便能够得到东家的赏识，但自从结识了张胖子、老孙头这两个人之后，他弄清楚了一件事情：不会做人，那就只有失败。他从张胖子的成功与老孙头的失败中领悟到，一个不懂得如何谋人的人，即使有再高的本领，也得不到重用。懂得了这个道理，胡雪岩就开了窍，自此，他的人生开始走上坡路了。

老子说："劳心者治人，劳力者治于人。"胡雪岩最初在钱庄当伙计的时候，十分好学，将口算、心算练得很熟练，不仅如此，他还练得一手好字。平日里，他会向同行们学做账，那时候，他以为自己一直这样下去，就一定会成功。可是，在观察了同时进钱庄的两个人的不同命运，他领悟到："任何知识都只是用于谋事而已，而这些远比不上谋人来得重要。"于是，胡雪岩常与张胖子同行，从其身上学到了如何谋人，在后来的日子里，胡雪岩从下层慢慢进入了上层，而正是这样的磨炼为其日后的发展奠定了扎实的基础。可见，与师者同行，能让我们多多受益。

卡耐基曾说："让结交朋友有助于博学多闻，让交谈有助于相互教益，要使朋友成为你的老师，要让学问的用处和交谈的乐趣有机融合，要乐于和悟性高的人相处，你说的话须博得听者的喝彩，你听到的话需使你多识多闻。"在日常生活中，我们时刻要清楚，与什么样的人交往才会使自己受益，从而

达到修炼身心的目的。

申徒嘉是一个受过刑罚并被斩去脚趾的人，他和郑国的宰相子产一同拜艺人为老师。子产对残疾的申徒嘉十分鄙视，平日里很少与他说话，路上若是碰到了，也绝不与他同行。

有一次，子产正要出门，申徒嘉要与他一块出去。可没想到，却遭到了子产的拒绝，子产冷冷地说："我是宰相，而你则是刑余之人，你不可以和我一同出入，以后也不可以和我同坐一张席子上。"听了这话，申徒嘉很惊讶："原本，我以为你是道德高尚的人，所以才和你同出入，一块坐席子，想不到你居然说出这种话。"子产有些生气："你是个残废人，不先反省自己的过失，竟来责备我，难道你也想和尧舜争善不成？"说完就拂袖而去。

第二天，申徒嘉对身边的人说："一个人肯承认自己过失的，太少了。我从前误入歧途，到处受人取笑，所以我才拜在师父门下。十几年来，我完全忘记了自己是个残废的人，我与子产原以为是以道德为友，想不到他却斤斤计较我的形体。"这话传到了子产耳中，子产心中大感惭愧，想到申徒嘉的大义，想到自己的狭隘，脸一下子就红了。他急忙找到申徒嘉说："我错了，请不要再向别人说起这件事，你真是值得我学习的老师啊！"从此以后，两人成为了知心朋友。

子产在申徒嘉身上学到了宽容，由此想到了自己的狭隘，如此看来，朋友申徒嘉无异于自己的一位老师啊。在生活中，如果我们能多结交几个可以为师的朋友，那么，自己的不足就会得到弥补，从而成为一个品德高尚的人。而若你做到了内外皆修，也将因此结识到更多优秀的朋友。一个好的朋友，就如同一位老师，你能从他身上学到很多东西；反之，一位品德败坏的朋友，只会给你带来灾难。所以，我们应与师者同行，学习其点点滴滴，修炼自我。

那么，在生活中，我们如何才能与师者同行呢？

1. 结交比自己优秀的朋友

有人曾告诫儿子："在学校里一定要与一流的同学结交，要把结交优秀朋友当做一种习惯，有能力的人不管做什么都会成功的。"或许，有人会觉得这样的话太庸俗，其实，把有能力的人当做自己的榜样并不可耻。朋友，就如同书籍一样，比自己优秀的朋友不仅是良友，更是我们的老师。

2. 多学习朋友身上的长处

当然，结交更优秀的朋友，并不意味着其他朋友就一无是处。在生活中，每个人都是有所差异的，自己与朋友也是一样，可能你在某些方面强过朋友，但朋友却在你不擅长的方面超过了你。因此，无论我们身边有着什么样的朋友，都应该多学习其身上的长处，以他人之长补自己之短。

第二节 ◆ 胸怀宽阔，方可进取

胡雪岩说："多个朋友多条路，多个仇人多堵墙。"这是他一直信奉的处世哲学，而且，这也为他赢得了更多成功的机会。胡雪岩作为一个商人，日常的工作差不多都是与人打交道，而在商场上，往往会因为利益的争夺而与同行产生矛盾。胡雪岩在碰到此类事情的时候，总是表现出宽阔的胸怀，为对方着想，从来不计较自己的利益。对此，胡雪岩表示："即使遇到了十分棘手的对手，他也'只拉弓，不放箭'。"如此宽阔的胸怀，可以将对手变成朋友，使得生意越做越红火，而他也越来越受到人们的尊敬。在对同行的态度上，胡雪岩一直以宽阔的胸怀待人，他认为，与同行过度争执只会无意中结下怨气，即使当时没发生什么事情，但是，会为日后出现更大的矛盾埋下导火索。他日一旦自己的生意出现了危机，之前结怨的仇家便会变本加厉地报复。对此，胡雪岩说："与对手之间，与其结怨，不如化干戈为玉帛。"这样，多了一

个朋友，就多一条路。大多数商人都是利字当头，常常为了蝇头小利，与对手争得你死我活，他们心胸狭隘，不允许自己受一点点损失，当然，结局是相当惨痛的。而胡雪岩却一改商人劣性，若是遇到竞争对手，他宁愿自己吃亏，也要想着别人，这样宽阔的胸怀，令对手汗颜。与此同时，也为自己铺下了一条平坦的商场之路。

当时，胡雪岩在杭州自立门户的时候，就显得异常大度。为了打消老东家信和钱庄的顾虑，他开始就声明“自己的钱庄绝不会抢信和钱庄的生意，而是会别开门路”。果然，他说到做到，凡浙江海运局的钱款都是按照原来的约定由信和钱庄打理，对此，信和钱庄心中没有了顾虑。对胡雪岩也改变了态度，真心实意地支持阜康钱庄，主动提出与其合作。本来，胡雪岩是被信和钱庄解雇的，若是碰到心胸狭隘之人，定会变相报复。可胡雪岩胸怀广阔，考虑到老东家的利益，将事情做得非常漂亮，也正因为如此，他的地位与名声越来越响亮。

胡雪岩在上海做蚕丝生意的时候，认识了洋行的古应春，他想：如果能将古应春收为己用，肯定会干出一番大事业来。不久，他带着古应春去拜见了漕帮的尤五，三人相见甚欢，合计着做一个军火生意，先向洋人购买洋枪，再卖给地方衙门或豪门大户。说干就干，很快尤五就将从洋人那里购买回的洋枪运回了浙江，而地方衙门也很感兴趣，胡雪岩从中赚了一笔。

不过，谁也没想到，这事却差点黄了。原来，龚氏父子不知道从哪里走了路子，决定向洋商购买一万五千支洋枪，马上就付款签约了。胡雪岩这里呢，生意无故被半路杀出来的程咬金给抢了，这可如何是好呢？胡雪岩心生一计，他一面指使别人上奏，说更便宜的洋枪都可以买到，这时，龚氏父子沉不住气了，提出拿出五千支洋枪给胡雪岩经营。而胡雪岩似乎早已经忘记了对方的夺生意之恨，反而好心提醒：“你这批洋枪由上海运到浙江，中途很有可能被劫，到时候吃官司，要么，就不了了之。”龚氏父子根本没想到这些，

他对胡雪岩心生感激，三人合计干脆一起合伙干算了。于是，胡雪岩找到了尤五，他们将洋枪顺利运到了浙江。

本来，自己的生意平白无故被人抢了，心里该有多生气啊，在这样的情况下，若是遇到心胸狭隘之人，定会想：如果对方的洋枪不幸被抢了，那不正合自己的心意吗。这是一般商人的心理，然而，胡雪岩却没有为此斤斤计较，反而好心提醒龚氏父子路途有危险。由于其拥有宽阔的胸怀，不计小人的恩怨，反倒使自己做成了这笔生意。

天空能容纳云彩，所以，才显得宽阔；大海能容纳百川，所以，才显得深蕴。胸怀宽阔，是一种生存的智慧，生活的艺术，是看透了人生以后所获得的那份从容、自信和超然。宽容，本身就是一种圆融通达的智慧。懂得宽容的人，往往能够洞明世事，凡事看得深、想得开、放得下，因为他们懂得"处世让一步为高，退步即是进步；待人宽一分是福，利人实是利己"的道理。

1. 正视自己的怒气

康德说："生气，是拿别人的错误惩罚自己。"当他人的错误涉及自身利益的时候，我们应该心平气和地多从对方的角度考虑，这样就能避免很多不必要的矛盾和麻烦。成功需要更宽阔的胸怀，在赢的道路上没有仇恨，只有理解才能给自己带来更多的机会。

2. 从心理上接纳他人

在生活中，接纳一个人，既要接受别人的长处，也要接受别人的短处、缺点以及错误。只有这样，我们才能真正做到和平相处，社会才能够和谐。如果他人犯了一点错误，你就横加指责，别人有某种难言的苦衷，你却偏偏当众令其难堪，别人有了灾难，你就幸灾乐祸，这样，你只会变得越来越狭隘，成功也会离你越来越远。

3. 多一份谅解

在生活中，我们应该对那些误解自己或伤害自己的人表示谅解，将对手

当做朋友,这才是最宽阔的胸怀。多一份谅解,多一份宽容,那些公开的对手或许会成为你潜在的朋友。

在美国的一个市场里,一个中国妇女的摊位生意特别好,这引起了其他摊贩的嫉妒。于是,大家总是有意或无意地把自己门口的垃圾扫到她的店门口,出人意料的是,中国妇人只是宽容地笑了笑,从来不计较,反而把那些垃圾都清扫到自己的角落。

旁边那位卖菜的墨西哥妇人观察了好几天,忍不住问道:“大家都把垃圾扫到你这里来,你为什么不生气?”中国妇女回答说:“在我们国家,过年的时候,都会把垃圾往家里扫,垃圾越多就代表会赚很多的钱,现在,每天都有人送钱到我这里,我怎么会舍得拒绝呢?你看我的生意不是越来越好吗?”从这以后,那些垃圾再也没有出现过。

克里斯托弗·皮特森说:“宽恕与快乐紧紧相连,宽恕是所有美德之中的王后,也是最难拥有的。”在生活中,那些胸怀宽阔的人会更受益,因为那份宽容,换来了更多的回报。所以,学习胡雪岩的宽容,练就宽阔的胸怀,如此,方可达到成功的巅峰。

第三节 ◆ 善谋事,偶尔多点心机

胡雪岩说:“鬼乃人之魂魄,人无魂魄,则来日不多。鬼者,善谋也。谋者,取之有道也。人实则好,火虚则旺。然商道时实时虚,虚虚实实,真伪难辨,凡行商者,手法不活,难以成大器也……鬼分大小。只看眼前者,小鬼是也;目光长远者,大鬼是也。”在这里,“鬼”是胡雪岩五字商训其中之一,意思是偶尔要点心机,手法活络,这样,才能翻手为云覆手为雨。从表面上看起来,这似乎有点符合商人的“奸诈”,因为需要通过各种手段来达到自己的目

的。但是，实际上，这只不过是一种生存之道而已。毕竟，我们得承认，这个社会是现实的、残酷的，要想不被他人欺诈，就必须要点心机，抢占先机，如此谋事，才能保全自己。况且，胡雪岩作为一名商人，偶尔要点小诈，也是正常的，生意场上有竞争，有了竞争肯定会有手段，在必要时多点心机，可以使你躲过别人的陷害，得以保全自己。而对于我们来说，生活就是一场战争，要想能在战争中生存下来，我们就应多点城府，反之，那些太单纯、太粗心的人往往会成为被欺诈的对象。因此，学习胡雪岩的做人智慧，要善谋事，偶尔多点心机，如此，才能更好地保全自己。

胡雪岩在信和钱庄跑街的时候，心中时常感到苦闷，工作的辛苦倒不必说，可自己来了钱庄这么久，却从来没受到重用，似乎，自己的名字都不曾被东家提起。这样一想，胡雪岩觉得自己无出头之日了，如何才能让东家注意到自己呢？闲来无事，胡雪岩就会去桥下玩，那里每天都坐着一个算命先生，在算命先生的询问下，胡雪岩道出了自己的苦水，没想，那位先生倒想出了一个好计谋。

没过多久，信和钱庄的东家收到了一封对胡雪岩的举报信，信中说胡雪岩过于懒惰，经常逃工、迟到，还喜欢占小便宜，列数胡雪岩进钱庄的种种劣迹。东家吃了一惊，这事以前还真没发生过，可自己一天到晚都在忙，哪有空来管这事。于是，东家将这件事交给了张胖子，张胖子跟胡雪岩很亲近，他太了解胡雪岩了，一看这信就知道是胡编的。他决定将此事压下去，等到东家问起的时候，张胖子便回答说：“胡雪岩做事挺好的，看起来只是小人作祟罢了。”

没想，过了几天，东家又收到了一封信，还是对胡雪岩的举报，相比较之下，这封信所论述的事情要严重得多。东家不得不慎重对待了，他吩咐张胖子一定要调查清楚，这一次，张胖子大张旗鼓地调查了一番，发现胡雪岩根本没问题。好像事情该告一段落了。可是，过了几天，东家又收到了举报

信，此事非同小可，东家决定亲自去调查，可调查下来，发现不管是伙计还是顾客，对胡雪岩都赞不绝口。

这件事后，东家打算提拔胡雪岩，因为前面几次都冤枉了他，觉得心中过意不去。另外，在调查事情的过程中，东家发现胡雪岩真的算是一个人才。

看到这里，我们都应该想到那些信是谁写的了吧。是的，那些信都是胡雪岩自己写的，他故意以第三者的身份来贬低自己，要了一点心机，使东家能够注意到自己，从而重用自己。这样看来，胡雪岩实在是颇有心机，如此有谋略的人最后成功了，那也在情理之中。事实上，心机其实就是智谋，如果一个人里里外外通透无比，太单纯，那么，他迟早会栽在别人的手里。何况，"酒香还怕巷子深"，一个有才能的人，若是默默无闻，怎么会得到重用呢？胡雪岩不过是小施一计，来让伯乐发现自己而已，这并没有什么过错。

在现实生活中，做人不能太单纯，在必要时需要用点心机。许多人总是将心机理解为欺诈与虚伪，这样的理解有失偏颇。很多时候你会发现，有心机也代表着善谋、多变，这样想来，在自己发展的过程中，偶尔要点心机也是很有必要的。现代社会是一个处处充斥着竞争的社会，为了生存，心机的存在是必然的，否则，我们只会被社会淘汰。一个人要想获得长远的生存，应该谋划优秀的竞争策略，这样，他才有可能获得成功。

小万是一位小有名气的作家，最近，她正在构思一本书，不巧遭遇了难题。她想去请教一位作家中的大师，可是，又害怕遭拒绝。想了一会儿，她还是决定去。小万毕业于重点大学的中文系，写作基础相当好，不过，她平日里总是表现得很谦逊。

见到了大师，小万便表现得谦和有礼，没想，大师却抛出了难题，说："你说构思小说最重要的是什么？"小万脑海中有了答案，但是，她却摇摇头，回答说："不太清楚，我刚开始学习写作，有很多地方都不太懂。平日闲暇的时

候，我就买大师的书来看，从中学习您的写作技巧，这一次，特意来拜访您，也是希望大师能给我多指点指点。"小万坦然大方地承认自己的无知，故意给大师留下一个"愚笨"的印象，这其实就是小心机，不过，小万这样做并没有令大师反感，反而对她多了一份信任，也更愿意教导她了。

小万自己本身挺有水平，但遇到了自己请教的大师，她多了点心机，故意装得什么都不知道，以此来提高大师的水平。如此谦逊的一个年轻人，大师怎么会不喜欢呢？试想，如果小万表现得很优秀，风头就快盖过大师了，那么，大师定会心生不悦，哪里还会教导小万呢？小万巧施心机，博得了大师的欣赏，从而达到了自己的目的。所以，在生活中，不宜表现得太单纯，凡事多用心，偶尔要点心机，谋事才能成功。

第四节◆与人为善，于己积恩

胡雪岩常说："'花花轿儿，人抬人。'我帮他人，他人自然也会抬举我。"与人为善，于己积恩，这是胡雪岩经商之道的真谛所在。在胡雪岩看来，人与人之间，就应该互相帮助，这样才能达到双赢，否则，只会落得个孤家寡人。胡雪岩在经商成功后，处处与人为善，从而积攒了更多的人脉资源，而人脉即财脉，有了丰富的人脉资源，财力自然也就会随之增长了。在这一方面，胡雪岩做得十分漂亮，通过与人为善，他结交了无数的权贵、侠义之士，在他们的帮助下，胡雪岩成了晚清时代著名的红顶商人。那么，在生活中，我们如何才能做到与人为善呢？其实，你只需要记住四句话："把自己当成别人，把别人当成自己，把别人当成别人，把自己当成自己。"在现实生活中，人与人之间总是有差异的，这导致了不可避免的摩擦与矛盾，这是很正常的事情。但是，如果你真的能记住这四句话，多理解、多包容，设身处地地为对

方着想，就不会因与他人见解不同而产生矛盾了。与人为善，于己积恩。很多时候，善待他人其实就是善待自己。

胡雪岩还未出名之前，只不过是无名小卒，不过，生性善良的他处处与人为善，由此结识了王有龄、古应春、尤五、庞二，后来，还与左宗棠成了莫逆之交。试想，如果胡雪岩不能与人为善，就不会结识这么多有才之人；如果没有这些人，胡雪岩纵有天大的本事也不能成为红顶商人。平日里，在他身边的人都深得胡雪岩做人的绝学，以此来帮助其事业越走越辉煌。而且，在他们身上，处处显露着胡雪岩所提倡的"与人为善"的做人宗旨。

陈世龙是胡雪岩的心腹，以前，他不过是一个街头小混混，自从跟了胡雪岩以后，陈世龙以其聪明的特性赢得了胡雪岩的重视。胡雪岩经常告诉他："天下没有不需要照应的人，要处处与人为善，帮人就是帮自己。"

阿珠的父亲老张是一个在松江上靠摆渡为生的老实人，每天靠着力气挣钱养家糊口。后来，胡雪岩看上了阿珠，打算娶她过门。于是，在胡雪岩的帮助下，老张卖掉了自己的船，回到湖州开了一家丝行。过了不久，胡雪岩改变了主意，觉得娶阿珠实在是太委屈她了，而且，这件事实在不怎么妥当，于是，他想办法撮合阿珠与陈世龙。这样一来，阿珠与陈世龙好上了。老张觉得，自己再受胡雪岩的照顾就不太合适了。老张这样想了，就想干回自己的老本行，陈世龙深得胡雪岩的做人绝学，为了开导老张，他这样说道："胡老板常教导我们要与人为善，其实，胡老板的照应就是为善，毕竟，那些本事越大的人，越要叫人照顾。皇帝要太监，老爷要跟班，只有叫花子不用人照应。这个比方虽然不太恰当，不过做生意一定要有伙计。市面要做得更大，没有人照应，赤手空拳，就是有天大的本事也没用。"

陈世龙这番话实际上道出了胡雪岩的处世哲学：帮人本就是帮己。与人为善，帮别人其实就是帮助自己，这个简单的道理谁都明白，但越是简单的东西越容易被忽略。胡雪岩一生都在秉承这条真理，在他经商的过程中，

给予他人恩惠无数，如此，在他需要帮助的时候，那些曾受过恩惠的人才会伸出援助之手。否则，仅凭胡雪岩一个人的力量，怎么能坐到红顶商人的位置呢？俗话说："众人拾柴火焰高。"胡雪岩深谙其中的奥妙，处处与人为善，结交了商场、官场、洋人、帮派中的朋友，也因此屡次逢凶化吉，最终，赢得了巨大的成功。

孟子曾这样教育学生："子路十分虚心地听别人指出他的毛病与不足，然后加以改正。从历史上看，凡是君子都善于吸取别人的优点、长处，自己来实行善事。如舜、禹等都是如此。君子的最高德行就是与人为善。"与人为善，是一种修行，是一种涵养，而在胡雪岩那里，亦成了一种生存的智慧。在生活中，平日里处处与人为善，为未来铺平道路，如此，你才能得到厚报。

在美国，许多人都知道希尔顿酒店首任经理的故事：有一天夜里，已经很晚了，一对年老的夫妇走进了一家旅馆，他们想要一个房间，前台侍者回答说："不好意思，我们的旅馆已经客满了，一间空房也没有剩下。"但是，看着老人疲惫的眼神，侍者同情地说："但是，让我来想想办法……"不一会儿，他领着老人走进了一个房间，侍者有些不好意思地说："也许，它并不是最好的，但现在我只能做到这样了。"老人看着这间整洁而干净的屋子，心情愉快地住下了。

第二天早上，当老人来到前台结账的时候，侍者却对他们说："不用了，因为我只不过是把自己的房间借给你们住了一晚而已，祝你们旅途愉快！"原来，那位好心的侍者一晚没睡，把自己的房间让给了老人住，自己则在前台值了一个通宵的夜班。两位老人很感动，对侍者说："孩子，你是我见过的最好的旅店经营人，你会得到报答的。"侍者笑着说："这算不了什么。"他将老人送出门，转身就忙自己的事情了。

没过多久，侍者接到了一封信函，里面有一张去纽约的单程机票，并有简短附言，聘请他去做另外一份工作。侍者乘飞机来到了纽约，按信中所标

明的路线来到了一个地方，抬头一看，一座大酒店就在自己的眼前。原来，那对老人是亿万富翁，他为侍者买下了这座大酒店，深信他会经营管理好这个酒店，而那个侍者成为了希尔顿酒店的首任经理。

爱因斯坦说："对我来说，生命的意义在于设身处地替人着想，忧他人之忧，乐他人之乐。"侍者懂得与人为善，最终得到了丰厚的回报。当然，我们在帮助别人的时候，心里是不应该想到有所回报的。毕竟，善念由心生，善行不过是遵从内心的选择。

1. 心存善念

胡雪岩的与人为善并非为求利，而是本性所趋，他天性就比较善良，因而才会在经商成功后到处施善。在生活中，与人为善是一种高尚的行为，乐于帮助他人的人，心地很善良，这样的人也会被别人帮助。帮人即是帮己，不要放过任何帮助别人的机会，善念在哪里开花，终究有一天会在那里结出果实。

2. 助人为乐

胡雪岩是一个以帮助他人为快乐的人，或许，在很多人看来，帮助了别人，就意味着自己会有所损失。其实，许多人不知道，仅仅在帮助别人这个过程中，我们就可以收获许多的快乐，当你帮助对方达成某件事情的时候，也就意味着你的价值得到了肯定，这是不是获益匪浅呢？

第五节 ◆ 学海无涯，虚心勤奋修正果

胡雪岩出身贫寒，只读了两年的私塾，八岁后就弃学给人放牛。这样的经历使得他在后来的岁月中比常人更珍惜学习的机会，当然，再想进私塾读书，那是不可能了。可是，要想在社会上生存，所需要学习的东西还很多。

胡雪岩深知学海无涯，唯有虚心勤奋，自己才能修成正果。其实，胡雪岩早年的经历都是在学习中度过的，而正是那段经历，注定了胡雪岩必将走上经商这条道路，由此也奠定了他成功的基础。现代社会是一个学习的社会，无论你毕业于哪所大学，从踏入这个社会开始，你就必须学习；无论有多大的本事，你都有学习的必要，因为你不会无所不能。甚至，学习将伴随着我们的一生，正所谓"学历代表过去，而学习将代表未来"，你是否好学，将直接决定你未来能走多远。在生活中，我们应该明白这样一个道理：一个人最大的缺陷并不是没有接受过教育，而是他放弃了学习的机会。胡雪岩没能读多少书，但是，在以后的人生中，他从来没忘记"学习"两个字。不管是开钱庄，还是开药店，都是他学习的结果，否则，一个什么都不懂的人，怎么会将生意做得如此红火呢？在现实生活中，许多人觉得自己的学历已经很高了，似乎用不着再学习了。其实，在这个世界上，在任何时候，我们都处于学习的过程中，没有什么人天生就能干，凡事都是需要学习的。

13 岁的胡雪岩孤身一人来到了大阜，在杂粮行里做学徒。他十分珍惜这个来之不易的学习机会，虽然，在外人看来，这不过是一个吃苦的活儿，但是，在胡雪岩小小的脑袋里滋生了学习的念头，在他看来，唯有不停的学习才能有出头之日。于是，平日里，他抢着干分内事，至于分外的事，他则是帮着干。

后来，胡雪岩有机会到金华火腿行工作。生意大了，意味着自己要学的东西更多。这时，胡雪岩除了勤快干活，其余的时间就用心学做生意。偶然间，他第一次看到了银票，心生好奇，问道："你们钱庄怎么样？有学徒吗？"了解清楚后，胡雪岩暗暗地学习珠算和心算，后来，他算账又快又准，而且，算盘打得飞快，令同行吃惊。好学的胡雪岩得到了钱庄老板的赏识，就这样，胡雪岩到信和钱庄当了一名伙计。来到杭州钱庄当学徒，胡雪岩依然不改学习的态度，天天给老板倒夜香，闲暇的时候，他就学习如何经营钱庄。

就这样，胡雪岩从13岁开始，一直到20岁，当了7年的学徒，换了3个地方，而且，所换的工作都不是自己要求换的，而是被老板挖走的，那些老板所看中的无一不是他的好学精神。后来，他在钱庄当了3年跑街的，老板破格提拔他为掌柜，但是，胡雪岩却拒绝了，他对老板说："我的能力还不够，现在需要熟悉客户与业务，这样又便于钱庄的发展。"老板听了大喜，这么年轻就有这样大的远见，了不起啊。其实，胡雪岩拒绝掌柜这一位置，还有一个原因，那就是当跑街的可以学到更多的东西，而这正是日后自己所需要的。

胡雪岩早年的学习经历，为他后来自立门户，亲自创办阜康钱庄奠定了扎实的基础。在跑街的经历中，胡雪岩学到了如何识人，如何与人打交道，如何做业务，另外，还积累了不少人脉。而这一切都为其日后成功铺平了道路，因为有了钱庄伙计的经历，所以，在王有龄捐官成功后，胡雪岩打算创办属于自己的钱庄，毕竟，他对钱庄这方面比较熟悉，经营起来也会得心应手，而这些都与曾经的学习有关。试想，如果胡雪岩不懂得学习，他在钱庄当伙计的时间再长，也难以经营一家钱庄。

古人曰："学海无涯。"在生活中，我们无时无刻不处于学习之中。那些拒绝学习的人，会被别人看做是高傲、自负的人，这样的人不讨人喜欢，反而使人感到厌恶。最后，他们只会成为什么都不懂的井底之蛙。虚心好学，不仅仅是一种学习的态度，而且，也将是你走向成功的途径之一。

小白家境比较贫寒，高中还没毕业，就辍学在家。后来随村里的人去大城市打工了。很快，工作不久的小白就意识到学习的重要性，有时候，别人几分钟可以完成的事情，自己往往需要花上几个小时，为此没少受批评、奚落。自尊心很强的小白暗暗下决心，一定要自学课程，拿到证明自己能力的证书。

于是，下班后，小白报读了夜校。常常在晚上七八点，她还要拖着疲惫的身子去学校上课，晚上回来，还得温习当日的功课。有时候，她会把功课

拿到公司，向其他同事请教。就这样刻苦学习了几个月，小白做事效率有了很大的提高。半年后，小白参加了成人高考，拿到了高中毕业证。不过，小白并没有停滞不前，她的座右铭是"活到老，学到老"。一个偶然的机会，她对电脑产生了兴趣，为了更熟练地操纵电脑，她自学了相关的计算机课程，拿到了计算机的初级等级证书，最后，她还考取了电大计算机专业。

如果小白只是得过且过、混日子，她就不能实现自己的人生价值。相反，小白热爱学习、虚心刻苦，虽然，之前所受到的教育程度有限，但是，她始终不放弃学习，奋发向上，最终，证明了自己的价值，开辟了属于自己的那片天空。

第六节◆得饶人处且饶人

常言道："冤冤相报何时了，得饶人处且饶人。"胡雪岩一生以博大的胸怀，表现出一种不拘小节的潇洒。他认为，在生意场上，大家都是合作的关系，很容易"一损俱损，一荣俱荣"，如果一个人的信誉被破坏了，对大家都很不利。深谙这样的道理，胡雪岩从来不做"落井下石"的事情，即使对方曾得罪过自己，他日自己辉煌了，也只求息事宁人，而不会想着如何报复。既然事情已经过去了，何不忘记之前的过节，饶过他人，还可以落得一个好名声，何乐而不为呢？

得饶人处且饶人是一种宽容和大度，更是一种"己所不欲，勿施于人"的情怀。当别人与自己有了冲突与矛盾，不妨显示出宽容的胸怀，学会原谅他人，同时，也让自己从中受益。自古以来，那些心怀嫉妒，一遇到不满就怨天尤人的人，他们最终难成大气候。周瑜是一个卓越的军事家，堪称才华横溢，足智多谋。但是，当他得知诸葛亮的神机妙算后，知道自己比不过他，心

有不甘，一心盘算着如何打败诸葛亮，发出了“既生瑜，何生亮”的叹息后，最终落得吐血身亡的结局。试想，如果周瑜能宽容大度，那么他的结局就不会这般悲惨了。在生活中，我们难免会与别人发生摩擦，这时候，如果学会了宽容、原谅，就会化解彼此之间的冰封。在得饶人处且饶人上，胡雪岩为我们树立了榜样。

当年，胡雪岩自作主张将钱庄的五百两银票借给了王有龄，却遭到同行张胖子等人的污蔑，硬说他将钱拿去滥赌。东家一气之下解聘了胡雪岩，自此，胡雪岩名节受辱。王有龄捐官回来后，得知了此事，心中有气，当即决定归还信和钱庄当初借出的银子，为其洗刷恶名。于是，王有龄连本带利带了六百两银子，穿着官服，吩咐人备轿，鸣锣开道，喊胡雪岩一同前往。在王有龄看来，这样做可以在人前显显威风，也为胡雪岩出一口恶气。

对此，胡雪岩却拒绝了，他说：“没有必要得理不饶人，应该为他人想一想，而且，我若是同你前去了，势必会让张胖子尴尬，失去面子，这件事如果宣扬出去，张胖子在同行面前也就什么颜面都没有了，我希望以和为贵，不想看到事情演变成那样子。”于是，胡雪岩不仅不同意与王有龄一起前往，而且，还嘱咐王有龄到了那里应赞扬信和钱庄几句。

王有龄知道胡雪岩的心思后，换上了便服，独自一个人去还这笔借款。到了信和钱庄后，发现之前的借据已经被销毁，王有龄并不为难，当即拿出连本带利还的银子六百两，只要对方写一张已经还清借款的收据。

胡雪岩居心仁厚，宁肯委屈自己，也要保全别人的面子，可见度量之宽。本来，名节受辱是冤屈之事，不仅丢了颜面，而且还丢了工作，只能打零工来维持生计。换了别人，逮到一个机会，肯定会洗刷恶名，扬眉吐气。不过，胡雪岩最先想到的却是怎样不让张胖子难堪。事实证明，胡雪岩的宅心仁厚换来了厚报，在后来的许多生意中，张胖子为其解决了不少麻烦。

在日常生活中，我们免不了与别人有点磕磕碰碰，也免不了与别人发生

点不愉快的事情，这是极为正常的。在某些时候，一声道歉，一个微笑就可以化解彼此的怨恨，但是偏偏有的人喜欢抓住对方的短处得理不饶人，对别人的歉意也视而不见；还有的人为了自己那所谓的尊严而互不相让，恶语相加，到最后伤了彼此的和气，也破坏了之前的和谐关系。俗话说："得放手时须放手，得饶人处且饶人"，在这时候，我们要接受别人的道歉，学会宽宏大度，这样我们就会在生活中收获更多的尊重与欣赏。

马路边的人行道上人很多，一个年轻小伙子不小心踩到了一位老大爷的脚。小伙子赶忙说："我没注意，对不起。"老大爷脾气不好，张口就说："这么大一小伙子，眼神不好啊，欺负我这么大岁数的人干吗？"

老大爷的话实在让小伙子反感，抱歉变成了反击："不小心踩了就踩了，我什么时候欺负您了啊？"老大爷更不高兴了，说："得得得，现在的年轻人都不学好。我看你那样儿，监狱里刚放出来的吧？"这下小伙子可火了："你这人怎么说话呢？"说完就要往前冲。多亏旁边的人左劝右劝，好不容易才让他俩消了气。

任何带火药味的语言都是具有攻击性的，会让对方感觉不舒服，也阻碍了两人之间的正常交流，引起一些不必要的冲突和争执。老爷子就是典型的得理不饶人，本来只是一件小事情，却斤斤计较，导致矛盾激化。

俗话说："饶人不是痴汉。"在与别人有了矛盾，已经发生冲突的情况下，自己占理得势了，我们就应该懂得"得饶人处且饶人"，不要企图把对方逼到绝路上去，那样只会使矛盾进一步激化，甚至破坏了原有的关系。得理且饶人，不仅给对方留有面子，也给自己留了一条退路。

第十四章

火眼金睛，把握人生的每个机会
——下班创机遇，拓宽未来之路

胡雪岩是一个注重机会的人，他天生具备一双火眼金睛，凡事细细观察，绝不错过人生的每一个机会。在现实生活中，许多人总是抱怨没能遇到成大事的机会，事实上，机会始终是可遇不可求的，当机会来临的时候，能否以一双慧眼捕捉机遇，这才是决定一个人是否能成大事的关键。在我们身边，不是缺乏机会，而是缺少发现，如果你想做出一番成就，就必须拥有一双火眼金睛，这样，才能抓住每一个成功的机会。

第一节◆时逢乱世，危中求机

俗话说："乱世造英雄。"乱世，本来就是一片狼藉，许多人认为，在这样一个糟糕的环境里，怎么会有机遇呢？又哪里会出英雄呢？从表面上看，乱世中似乎没有机遇可言，但是，机遇往往是隐藏在人们看不见的地方，有时候，机遇与危险是并存的。如果你能仔细观察，会发现乱世中处处皆是机遇。胡雪岩就是晚清时代冒出来的乱世英雄，而他的成功就在于能够抓住危险中的机遇。在那个兵荒马乱的年代，时局动乱不安，大多数人只会想到如何逃命，如何生活下去，似乎这就已经足够了。许多人不相信在乱世中能有什么机遇，其实，乱世就是一个创业和发展的好时机，如果你能够把握适当的时机，就可以在一片乱世中脱颖而出，一举成为乱世中的英雄。胡雪岩正是看中了乱世这样的好时机，于是，心中有了好的念头，马上就付诸实践，果然赚得盆满钵满。对于生活在现代社会的我们，依然可以学习胡雪岩"危中求机"的智慧。现代社会，竞争日益激烈，一旦危机来临，我们也能从中求得好的机会，变坏事为好事，这才是我们真正的目的。

胡雪岩所在的那个年代，太平运动风起云涌，市场不稳，社会动荡不安。然而，面对这样一个环境，胡雪岩并没有一蹶不振，他将更多的精力和时间花在了生意上。胡雪岩敢于在乱世中寻找机遇，当其他的人在乱世中无所事事的时候，他的事业却已经开始了。

在被信和钱庄解聘后，胡雪岩一直等待着王有龄的归来。后来，王有龄捐官成功归来，胡雪岩在乱世中看到了商机，想亲自创办钱庄。为什么会选择创办钱庄呢？原因是多方面的，胡雪岩曾在钱庄当了几年的伙计，对这门生意自然十分熟悉，另外，胡雪岩本人对这个行业感兴趣。但是，真正决定

他去行动的原因则是：这是一个绝好的商机。胡雪岩认为，在乱世中，如果能顺利开设一家钱庄，肯定是一桩好生意。

当时，太平天国运动似乎有愈演愈烈的形势，而农民起义则密集于长江中下游以及湘、闽一代。在这样一个兵荒马乱的年代，做其他的生意会遭到严重的冲击。可对于钱庄这个行业来说，无疑是一个好机会，由于市场动荡不安，而随之将是银价的起落比较大，这样一来，钱庄就会有了低进高出的机会。当时，胡雪岩说："只要看得准，兑进兑出，两面好赚。"不管是银票汇兑还是放出，都会大赚一笔。

眼光敏锐的胡雪岩瞅准了这样的商机，义无反顾地开办了自己的钱庄。果然，由于他经营有方，再加上人们的大力支持，钱庄的生意日益兴隆起来，不久，还开了分店。由于抓住了一个好的机会，胡雪岩从一个身无分文的小伙计跃身成了大商人。处于乱世，其实，并不像我们所想的那样，没有发展的机遇，相反，如果能够善于应付乱世，把握机会，你一样可以走向成功之路。胡雪岩就是一个在乱世中脱颖而出的英雄，因瞅准了时机，而一跃成了大名鼎鼎的红顶商人。

生活在现代社会，我们时常遭遇危机。许多人总是将危机看做是灾难，心中认定只要危机出现，便会多出许多困难与麻烦。其实，危机，顾名思义，机遇藏在危险之中。对于那些善于把握机遇的人来说，危机并不全是灾难，其中还隐藏着许多机遇。只要抓住了机遇，就一定会成功，似乎，隐藏在危险中的机遇带给我们成功的可能性更大一些。

巴菲特说："当别人贪婪时我恐惧，当别人恐惧时我贪婪。"如何看待乱世？他这样说："我喜欢乱世，乱世的东西很便宜，就像一个色鬼来到了女儿国，每次的危机都是一次买入的绝好机会。"他为什么对乱世情有独钟呢？是的，作为世界富豪之一，他正是在危机中投资股票而发家致富的。

2008 年，经济危机席卷全球，在这样一个人心惶惶的时刻，巴菲特却

发现了其中的绝好机会，他毫不犹豫地购买了许多公司的股票，比如通用、比亚迪等。当美国的华尔街陷入一片狼藉的时候，巴菲特却兴致勃勃地开始了自己的投资，他趁此机会买下了所有之前一直看好却没机会买进的股票。

等到经济危机平息后，巴菲特成为了最后的赢家，一跃进入了世界富豪的行列。

马云曾说："作为一个商人，我觉得危机中总会含有机会，我是以非常积极的态度看待金融危机的。"巴菲特发现了隐藏在经济危机中的商机。其实，我们每个人都可以这样，只要你以积极的态度去看待危机，以敏锐的眼光发现其中的商机，那么，成功就是属于你的。谁说只有在顺境中才会有成功的机会，事实上，危机越大，机会越多，在很多时候，我们在危机面前一败涂地，那是因为没能发现其中的绝好机会。

在生活中，好事与坏事是可以互相转换的，一个好事里面有可能隐藏着坏的契机，而坏事里往往隐藏着良好的征兆。当危险来临的时候，不要失去信心，而要善于看到机遇和光明，这样，你才能求得更多的机遇。

第二节 ◆ 敢于冒险，创造机遇

俗话说："不入虎穴焉得虎子。"如果不钻进老虎的洞穴，怎么会捉到小老虎呢；如果捉不到小老虎，又怎会有成功的机会呢。很多时候，机会并不是等待而来的，而是需要我们自己去创造。当然，创造机遇是需要担当风险的，否则，机会不会白白等着你。在晚清时代，胡雪岩就是一个敢于冒险的高手，在冒险的同时创造了绝好的机遇，如此，求得了人生的大富大贵。在胡雪岩看来，商场就如战场，只要看准了时局的变化，就一定能找到商机，而

一旦找到商机，就需要冒险的精神，否则，一切都是白忙活。有的人发现了机遇，但缺乏冒险精神，迟迟不出手，转眼间，机遇就到了别人的手里。当然，冒险并不是有勇无谋，而是有勇有谋，在知道这件事不一定会成功的前提条件下，还是鼓起勇气去做，但是，在真正付诸实际行动之前，他会做好充分的准备，以此避免危险。如此冒险，才能为自己创造机会。相反，若是在走投无路的时候，慌忙采取冒险行动，那结果肯定会失败。

其实，早在胡雪岩在钱庄当小伙计的时候，他就开始寻找机会，当然，与此同时他的冒险精神也值得称赞。当时，胡雪岩只是一个小伙计，无钱无权，不过，他却冒险将钱庄的五百两银票交给了王有龄。按常理说，他似乎没有权力这样做，毕竟钱不是自己的，即便是看中对方将来会有所发展，可是，无亲无故，何以将这么一大笔钱压在一个陌生人身上呢？在这件事情上，胡雪岩就是在冒险，用他的话来说就是赌。最后，恰恰是他的冒险为自己带来了巨大的利益，王有龄捐官成功，成为了他日后的靠山。

太平天国大乱，王有龄在杭州被太平军攻破之后，为了避免受辱，保得一世清白，他自杀殉职。在临死之前，他托付自己的兄弟胡雪岩为自己洗刷耻辱。知道好朋友自杀后，胡雪岩内心悲痛，他明白其中的深意，收复杭州是王有龄的遗愿，而有能力收复杭州的只有左宗棠的军队。在这之前，胡雪岩听说，左宗棠脾气火爆，疾恶如仇，一向自命清高，而且，胡雪岩知道，左宗棠似乎很厌恶自己，这时候，他不来找自己的麻烦就是好事了，怎么还会自惹麻烦呢？

可是，为了王有龄的遗愿，他愿意去冒险。不过，冒险肯定不是去送死，而是要创造成功的机会。于是，他先了解了左宗棠的性格脾气、爱好、为人等各方面的信息，并为此做了详细的计划。其实，当时的左宗棠确有置胡雪岩于死地的意思，不过，在见面时，胡雪岩的一句话救了自己的命，他对左宗棠说：“我一生只会做事，从来不会做官。”原来，这话本是左宗棠的名语，不

想这位胡雪岩跟自己的观点一致，高兴之余，左宗棠已经忘记之前的想法了。

就这样，胡雪岩不仅完成了王有龄的遗愿，而且，在冒险中创造了一个机会，那就是使左宗棠这位中兴名臣成为了自己的靠山。后来，在左宗棠的帮助下，胡雪岩穿上了黄马褂，建立起了庞大的白银帝国。

似乎，胡雪岩的每一次冒险都为自己求得了绝好的机遇。当然，他的每一次冒险都是经过深思熟虑的，在做事之前就进行了周密的策划，即使不能成功，也能全身而退。似乎，好运总是站在胡雪岩这一边，他的敢于冒险为自己日后的事业发展提供了良好的契机。抓住了结识左宗棠的机会，胡雪岩一跃成为了晚清时期最著名的红顶商人。

有人说："美国有很多讨论富人的书，都得出富人并不比普通人聪明，学识也不一定比一般人多的结论。这些富人之所以能成功，而很多智商、学识远远高过他们的人却成功不了，是因为富人们具有的冒险精神或是敢想敢做的精神确实比一般人强。"或许，富人并不是成功的代名词，但是，他们无疑是成功的代表之一，而冒险精神正是推动他们成功的助推器。

王传福说："最关键的是要有冒险精神。"当比亚迪科技有限公司刚刚成立的时候，日本充电电池一统天下，国内的许多厂家都是买来电芯自己组装，这样，利润少，几乎不存在竞争。经过一番思考，王传福将目光投向了含量最高、利润最丰富的电芯。如此冒险的想法，在国内还无先例。后来，比亚迪公司的镍镉电池销售量达到15 亿块，排名上升到世界第四位。之后，王传福投入大量资金开始了锂电池的研发，很快便拥有自己的核心技术，并成为摩托罗拉的第一个中国锂电池供应商。

如果说这是王传福的第一次冒险，那么，决定制造汽车将是其第二次冒险。2003 年，比亚迪宣布以 2.7 亿元的价格收购西安秦川汽车有限责任公司 77% 的股份，由此成为继吉利之后国内第二家民营轿车生产企业。2004

年，深圳市有200辆比亚迪制造的锂离子纯电动汽车投入出租运营，成为全国第一家电动车示范区，真正实现了尾气零排放。

因敢于冒险，适时抓住了绝好的机遇，在短短七年的时间里，王传福将镍镉电池产销量做到了全球第一、镍氢电池排名第二、锂电池排名第三，年仅37岁便成为享誉全球的“电池大王”，坐拥338亿美元的财富。

其实，冒险与机遇总是结伴而行的，要想抓住机遇，就应该有冒险精神。在生活中，常常有这样的人，还没开始做一件事情的时候，他们就会想：如果失败了怎么办？于是乎，为了不失败就选择了放弃。可是，等到别人成功之后，他会无奈地说：早知道，我也去做了。机遇已经流失了才想到后悔，为时已晚。所以，在生活中，面对任何事情，我们都要有冒险精神，如此，才能抓住稍纵即逝的机遇。

第三节◆善于发现机会，才能为己所用

胡雪岩常说：“凡事总要动脑筋，说到理财，到处都是财源。一句话，不管是做官的对老百姓，还是做生意的对主顾，如果你想要人家腰包里的钱，就要把人伺候得舒服，人家才会心甘情愿掏腰包。”说到机会，胡雪岩这样说道：“会做生意的人，除了精通取势用势外，还要特别善于发现机会，要能够很好地把握和利用机会，要学会把机会变成实实在在的银子。”的确，那些所谓的成功者之所以获得成功，并不是因为机会青睐于他们，而是他们善于去发现机会，进而抓住机会。而且，机会只有对于那些善于发现机会并且能很好地利用机会的人，才能成为机会，才能为己所用。培根说：“善于识别与把握时机是极为重要的。”在胡雪岩所在的商场，存在的机会并不少，但唯一缺少的就是发现，胡雪岩作为一个成功的商人，具备了一双“火眼金睛”，抓住

了每一次商机，最后，终成大事。在现实生活中，机会永远青睐于有准备、有把握的人，只要善于发现机会，其实，机会就在我们身边。

胡雪岩说："做生意要靠机会，更要靠过硬的本事。"他善于将发现的机会，经营成一个实实在在的财源。

王有龄捐官回来后，得到了海运局坐办的官缺，就在上任时却遇到了漕米的麻烦，于是，他请胡雪岩帮助自己渡过难关。于是，胡雪岩有了一个奔走于杭州与上海的机会，当时，他所雇用的是阿珠家的船，而阿珠的娘恰好懂一些蚕丝生意，胡雪岩得到了一个请教的机会。他了解到，丝绸纺织需要大量的原料，洋人则需要从中国进口大量的蚕丝，这样看来，做外贸或者销给洋桩，都能赚大钱。在胡雪岩心中，有了做蚕丝生意的念头。

在帮助王有龄漕米的事情中，胡雪岩有幸结识了古应春和尤五。不久之后，胡雪岩又发现了一个机会，原来王有龄调任了湖州知府，而湖州正是蚕丝的主要产地。于是，胡雪岩这个丝绸行业的门外汉开始做起了蚕丝生意，将朋友古应春、尤五也拉了进来，合作大干一场。

其实，说到做蚕丝生意，信和钱庄的张胖子，以及丝行的老板庞二无疑算是沾点边。因为，张胖子经常往返于杭州与上海，似乎比胡雪岩更熟悉蚕丝生意，而有信和钱庄如此雄厚的资本，做生意自然是不用发愁的；再说说庞二，他可是蚕丝生意中的高手，却没能想到控制市场、操纵价格。而他们没有做的，都被胡雪岩做了，原因就是他们没能发现机会，因而也错过了成功的机会。

张胖子和庞二没能发现的机会，被胡雪岩发现了，不仅发现了，而且还将其利用了起来。他利用阿珠家在湖州且熟悉蚕丝生意的关系，出资让阿珠的父亲在湖州开丝行；利用王有龄调任湖州知府的关系，着手生丝收购，又联系了洋商，结交了丝业巨头庞二，做起了蚕丝销洋庄的生意。这样一来，眼前的机会被自己所用，想不成功都不行了。

在现实生活中，许多人抱着“天上掉馅儿饼”的态度，坐等机会的到来，没想，那些机会眼看就从手中偷偷溜走了。机会是需要发现的，而不是坐享其成。在我们身边，可能潜藏着无数的机会，你是否能成功，就在于你是否能发现，是否具有一双慧眼。一个人如果不善于发现隐藏在身边的机会，那么，上帝给你再多的机会，也是枉然。

有一个人信仰上帝，每天他都在为上帝祈祷祝福，希望上帝能够眷顾自己。在他看来，上帝应该随时随地地帮助他的每一个信徒，为了证实这样的想法，他做了一个大胆的决定：不会游泳的他拿着救生圈来到了海中央，看上帝是否能给自己生存的机会。

做了一番祈祷后，他将救生圈扔掉了，他一边在水中挣扎，一边大喊：“上帝，救救我，救救我！”这时，过来了一条渔船，船上的人抛下了救生圈，对他说：“抓紧，我们拉你上来。”但是，他一边挣扎一边喊道：“不用啦，上帝会救我的！”原来，在他心底一直坚信上帝真的会来救他。

过了一会儿，来了一艘快艇，有人抛下了救生圈，告诉他：“抓紧，我们拉你上来。”但是，他还是放弃了求生的机会，他喊着：“不用了，上帝会来救我的。”快艇开走了，一会儿，又来了一架直升机，飞机上的人放下了软梯，大声对他喊道：“抓紧软梯，我们拉你上来。”那人拒绝了，依然喊道：“不用，上帝会来救我！”刚说完，他就沉了下去，淹死了。

见到上帝后，他生气地质问：“我每天都在祈祷祝福你，对你那么的忠诚，你竟然对我见死不救。”上帝笑着说：“我派去了两条船和一架飞机救你，但是，你却没能把握机会，这能怪我吗？”

发现了机会，而不选择把握机会，那么，最终的结果肯定是惨败。或许，一个人的成功是多方面的，但是，是否能发现机会，抓住机会，将机会为己所用，这对我们能否成功起着关键的作用。在现实生活中，并不存在什么幸运之神，机会也从来不主动敲响我们的门，机会从来都属于那些有准备、敢于

拼搏的人，他们发挥自己的能力来把握机会，并很好地利用机会。机会无时无刻不存在，重要的是你是否具备一双火眼金睛。

第四节◆与其待时，不如乘势

胡雪岩说："做事情要如中国一句成语说的'与其待时，不如乘势'。许多看起来很难办的大事，竟能够顺顺当当地办成，就是因为懂得乘势的缘故。"与其等待机会，不妨乘势而行，这样，机会反而掌握在自己手中。在生活中，许多经验告诉我们，在一件事情的发展过程中，衰退有可能从高潮中出现，升势有可能在跌势中产生，如此一来，我们只能顺势而行，才能避开风险，也才能达到事情的尽善尽美。成功大师卡耐基说："一个把握眼前机会的人，十有八九可以成功。"机遇来了，就应该抓住机遇，顺风而上，这样一来，成功的概率会大很多。那么，时机与形势到底存在着什么样的关系呢？得时，乘势在时，不在争；机会大小在势，能否赚到大钱要看势有多大，势大机会就大。另外，时机与形势自有一番区别："时，需要等待，是一种天道酬勤的等待；势，可遇而不可求。时，要因时而动，时动则动；势，要顺势而为，赚足趋势。"如此，才能乘势而行，也才能赢得最后的成功。在生活中，我们需要把握最好的机会，何谓最好的机会？那就是随着形势变化而产生的机会，出手要快，将机会变成实实在在的财源，当然，在这个过程中，更重要的一点就是要学会乘势而行。在现实生活中，很多时候，我们总是在等待机会的来临，殊不知，形势已经变了，之前所等待的机会如今就在眼前，那么，就要学会乘势而行，抓住机会，方可成功。

胡雪岩帮助左宗棠筹办船厂就是乘势的结果，而在这之前，他对"乘势"别有一番理解。

在一次闲聊之余，左宗棠对胡雪岩说："有句话叫'与其待时，不如乘势'，许多看起来难办的大事，居然顺顺利利地办成了，就因为懂得乘势的缘故。谈到势，要看人、看事，还要看时。人之势者，势力，也就是小人势利之势，当初我几乎遭不测之祸，就因为湖广总督官文的势力，比湖南巡抚骆秉章来得大，朝中自然听他的，他要参我，容易得很。"

胡雪岩回答说："是的，同样一件事，原要看什么人说。"左宗棠接口说："也要看说的是什么事。以当今大事来说，军务重于一切，而军务之急，肃清长毛余孽，又是首要，所以我为别的事说话，不一定有力量，要谈入闽剿匪，就一定会听我的，你信不信？"在谈到筹办船厂的事情时，左宗棠说道："办船厂一事，要等军务告竣，筹议海防，那才是一件大事。但也要看时机。不过，我们必得自己有准备，才不会坐失时机。你懂我的意思吗？"胡雪岩自然深谙其中之意。

果然，胡雪岩在借款筹办船厂的时候，找准了形势，一办就成。

一件事情的成功在于天时地利人和，其中的"时"就是时机，若是时机不对，那么，事情自然会有所差池。我们常说："此一时，彼一时。"其实，所道出的就是时势之妙。在很多时候，即使是同样一件事，但是，你此时去办，有可能花了精力与财力都不能办好；而彼时去办，却是不办则已，一办即成。其中的玄妙之处在于，事情本身并没有改变，而是外在的形势变了。胡雪岩正是掌握了其中的奥妙，找准了形势发展的需要，促成了筹办船厂和向洋人借款的事情。

俗话说："借得东风好行船。"东风所指就是势，若是没有东风，行船速度缓慢，有可能白花力气不说，还会耽误了行程；相反，若是有了东风，船就能顺势而下，节省了力气，也不耽误行程，岂不美哉。在现实生活中，我们既要善于发现时机，还需要关注大形势的变化，有时候，形势一变，就可能生出许多机遇来，这时就要抓住机遇，顺势而上，做事自然是事半功倍。

老张很早就想经营养殖业，可是，在一个穷苦的小山村，谈何容易，比如说，养鱼，光是水源就是一大难题。无奈之下，老张只好作罢，日出而作，日落而息，耕种着自己那三亩田地。

去年，经常干旱的山村竟然迎来了一场暴风雨，下了三天三夜。一场大雨过后，山洪暴发，把老张家仅有的三亩田冲成了大坑，积满了十多米深的水。全家人见此情景，愁眉不展，感到生活没有了希望。老张围着大坑走了几圈，突然笑了起来，他对家人说："这不是上天给了我一个大鱼塘嘛，既然不能种地了，那就养鱼呗。"说干就干，他先到一个养鱼专业户那里学习了养鱼技术，又借钱买来了鱼苗，年底，他还了所有的借款，还剩下一万多元。

从养鱼中尝到甜头的老张索性干到底，在第二年，又养鱼又养蟹，一年下来挣了好几万，这可比以前土地经营划算多了。

老张因祸得福，实际上他是乘势而上，如果没有那场山洪，他就圆不了自己的梦想；如果没有失去土地，他有可能还在土地上经营，那样，哪能发家致富呢？本来，当形势未变的时候，即使花了大量的精力，也不能将事情做好；一旦形势有所变化，那些之前看起来困难的事情也变得简单了。所以，与其待时，不妨乘势，借着东风的力量，才能将船只划得更快更远。

第五节◆先不必求成，而是等待时机

胡雪岩说："顺势是眼光，取势是目的，做势就是行动。"大多数商人都有这样的毛病：急功近利。毕竟，商人所有的目的皆是求利，在这样的心理下，他们很容易为了求利，而错过了最佳的时机。胡雪岩却不同，他说："先不必求利，先等待时机。"在做很多事情的时候，胡雪岩都是大手笔投资，旁人看了心疼，他却不以为然，在他看来，作为一个成功的商人，不应局限于眼前的

利益，而是善于捕捉时机。做生意就是这样，有了投资，就不用愁回报，它定会在某个时机到来，这时候，就是自己辉煌之时。正是善于捕获机会，使得胡雪岩从一个小小的伙计跃身成为了红顶商人。在未出名之前，胡雪岩在左宗棠身上投资的财力并不少，可谓是倾囊相助，在这时，胡雪岩完全将利益抛到了脑后，后来，终等到了时机，在左宗棠的举荐下，胡雪岩被清政府赐封为红顶商人，而他自己也由此建立了庞大的白银帝国。胡雪岩经商成功的智慧，运用到现实生活中也是一样的道理。在生活中，做事应不急于求成，你越是着急，就越不利于事情的发展。反之，如果你先不急于求成，事情反而会朝着有利的方向发展。

在晚清时代，许多商人对打仗唯恐避之不及，都认为打仗只会让生意人吃亏。但胡雪岩却不这么看，在他看来，做大生意，最好的办法就是帮军官打胜仗。他说："只要能帮军官打胜仗的生意，我都做，哪怕亏本也要做。要知道这不是亏本生意，是放资本下去。只要军官打了胜仗，时势一太平，什么生意不好做？到那时候，你是为朝廷打败太平军出过力的，公家自会报答你，做生意处处给你以方便。你想想看，这还能不发达？"做生意不必急于求成，而是等待时机，有了这样的看法，胡雪岩便积极投入到帮助左宗棠军队的事业中，事实证明，最后，他真的得到了丰厚的回报。

胡雪岩在帮助军队筹集粮饷的时候，由于阜康钱庄资金有限，于是，胡雪岩打算寻找合作伙伴。在当时的情况下，寻找的伙伴财力越雄厚，那么，胡雪岩自己也就越受益。然而，出人意料之外，胡雪岩选择了财力一般的大源钱庄，在旁人看来，胡雪岩应该选择信和钱庄：一方面信和钱庄资本雄厚，做生意下来肯定会大赚；另一方面于公于私，信和钱庄都与胡雪岩有着密不可分的关系，之前早已经成了阜康的生意伙伴。

对于胡雪岩如此的决定，旁人感到很疑惑，就连档手刘庆生也说："阜康和信和关系非同一般，你为什么不选信和来做？况且，若是与信和钱庄合

作,生意肯定会大赚。而如果与毫无名气的大源钱庄合作,万一失利怎么办?”胡雪岩却回答说:“先不必求成,我只是在等待时机,之前与信和钱庄合作了多次,彼此的关系也差不多了。而要想做大生意,我就应该结识更多的商家,如果这次我失利了,也没关系,毕竟我多了个伙伴,这会为日后的成功赢得更多的机会。”原来,胡雪岩有自己的小算盘,他希望将自己的生意做到最大,要做大生意,肯定要广结商界人士。且不论利益如何,这笔生意可以扩大自己的商业伙伴范围,无疑是在为自己的生意制造“机会”。

一个人要想成就一番大的事业,不仅需要乘势,更需要等待时机。在时不逢机的时候,唯有等待才是最好的选择。在那乱世年代,胡雪岩大力赞助左宗棠的军队,但他并不急于求成,而是善于等待。等到太平天国运动被平息,他也就成为了有功之臣,在等待中积蓄力量,寻找时机,才能取得更大的成就。

在现实生活中,我们总想做一些事情,却往往做不成。有时候,因为条件不具备,或者存在一些障碍。在这样的情况下,该如何办呢?坚持去做,有可能会一败涂地,那么,就选择等待吧。暂时先忍耐一下,等待最佳的时机,如此,我们才能重新奋起。那些能够扭转困难的机会往往隐藏在我们没有注意的地方。假如我们能发现它、抓住它、利用它,那么,我们将有机会摆脱困境,获得成功。

1992 年,严介和租赁了一家濒临破产的建筑公司。有一次,他兴奋地接下了一项业务,不过,接到业务后,他却发现这是一个被承包商转包了五次的建筑工程。紧接着,通过对该业务进行了预测,他立即傻眼了,如果自己接下这个工程,至少得亏损五万元。很显然,这是一个没人敢接的工程,所以才落入了自己的手中,到底是接还是不接呢?

严介和心想:自己没有后台,也没有任何关系,如果自己现在只追求短暂的利益,而错失了机会,那么,以后很难做成功,再说,按自己现在的情况,

在建筑业这个关系错综复杂的生态圈中，自己只能得到这样的业务了。这样想来，严介和决定接下这个任务，先不急于求成，而是等待机会。一旦自己将这笔业务做好了，机会肯定也会随之而来。

当工程完成之后，验收部门不相信这样的亏本工程会有好的质量。但检测结果令人瞠目结舌，所有指标个个皆优。虽然，严介和亏损了8万元，但良好的质量却为他赢来了一次又一次的机会，随着业务的增加，他也成为了建筑业中数一数二的人物。

严介和明知道那是一个亏损的工程，如果他只是为了赢得短暂的利益，拒绝那个工程，那么，与此同时，他也失去了一个良好的机会。果然，严介和不急于求利，而是甘愿吃亏，以此等待时机，事情正如他所想的那样，在接了那笔业务之后，许多机会随之而来，而他自己也获得了最大的成功。

在生活中，凡事不能着急，挣扎、痛苦都于事无补，这些对事情一点帮助都没有。不妨安静下来，重新等待机会，有时候，伴随着不幸而来的，还有绝佳的机遇。在事情尚未成功的时候，在智者眼里，这往往意味着机遇，而愚者却对此无动于衷。所以，成功者从来不急于求成，他们就像猎豹一般默默潜伏，时刻准备着，伺机等待机遇重拾成功。

第六节◆机不可失，时不再来

胡雪岩说：“商机抓住了，就能带来滚滚财富；抓不住，财富就会从你身边悄悄溜走。”胡雪岩十分注重把握机会，在他看来，机会稍纵即逝，抓住了就可以成功。如果抓不住的话，以后有可能不会再有那样的机会，那么，自己就将与成功擦肩而过。在他一生的经历中，由于机会比较多，成功的可能性自然比常人大了一些，如此，他成为红顶商人也不足为怪。机会与成功本

来就是密切联系的，但是，发现机会与抓住机会并不一样，只有抓住机会才能有可能成功。在现实生活中，有的人发现了机会，却犹豫不决，在左右为难中，机会也就消失了。所谓“机不可失，时不再来”，机会一旦错过，就没有重新再来的可能了，而胡雪岩正是抓住商机的高手。

一次偶然的机会，胡雪岩了解到青帮替太平军护送军火。本来，这件事与他一点关系都没有，可眼光敏锐的胡雪岩看到了其中的机会。军火买卖一向利润丰厚，胡雪岩早就想从事军火生意了，怎奈无处下手，如今太平军在上海购买军火，肯定是与洋商洽谈。想到这里，胡雪岩想把这笔生意夺过来，于是，他急忙赶去与好朋友王有龄商量，王有龄听了，高兴地说：“真是踏破铁鞋无觅处，得来全不费工夫，刚才抚台黄大人召见我，商议要海运局拨一笔款子购置五百条毛瑟枪，加强浙江绿营军的装备，我正愁差谁去经办，你若有兴趣，可应承下来。”

胡雪岩当即答应下来，马上请王有龄开了一张三万两银子的官票，然后收拾行装，雇了一条船，连夜赶赴上海。胡雪岩之所以这样匆忙，是因为他深谙生意场如战场，一不留神就会被别人抢占了先机。来到了上海，胡雪岩见到了青帮首领廖化生，说明了自己的来意，廖化生笑道：“生意人人做，就看谁占先，凭胡先生的才能，这笔生意非你莫属了。”胡雪岩却表现得很谦逊：“靠我单枪匹马，万难成功，还望老哥鼎力相助，事成之后，老哥可分三成利润，算是合伙生意。”廖化生当即答应了，就这样，在廖化生的介绍下，胡雪岩与洋商达成了协议。在这笔生意中，胡雪岩轻松获利五千多两银子。

敢为人先，牢牢把握眼前的机会，使得胡雪岩做成了第一笔军火生意，虽然有些风险，却为此大赚了一笔银子。所谓“生意人人做，就看谁占先”，谁抢占了先机，谁就成为最后的大赢家。从决定做军火生意，到真正与洋商洽谈，不过也就一两天的工夫，胡雪岩深知，自己稍有犹豫，机会就会变成别

人的了。于是,他毫不犹豫,马上将这笔生意做了下来,果然,结局尽在他意料之中。

小张是大连人,在她五岁时就开始接触日语。后来,在父母的资助下,24 岁的小张远赴日本留学。在日本留学期间,许多留学生纷纷成为了汉语家教。在这方面,小张的目标很明确,她要做中产阶级以上家庭的汉语教师。她想:这样不但使自己的日语水平有所提高,更可以深入地了解日本文化。在平时与导师的交流中,小张将自己的想法说了出来,没想,导师非常赞同小张的观点,建议小张以此作为自己的毕业论文题目。

过了没多久,导师兴奋异常地找到小张,说道:“你愿意到安培夫人家做汉语家教吗?”小张大惊:“安培夫人?”谁都知道,安培夫人可是首相夫人,到这样的大人物家做家教?原来,小张的导师与安培夫人是私交不错的朋友,而安培夫人对中国和中国文化有着浓郁的情结。由于对中国文化的热爱,首相夫人想要进一步加强自己的汉语水平,更多地了解中国文化。小张作为导师的得意门生,很幸运地得到了这个给首相夫人当汉语家教的机会。小张有些迟疑,导师说道:“这可是千载难逢的好机会,如果你拒绝了,可再也碰不到这样的机会了。”小张明白,若是结识了首相夫人,肯定会对自己以后的人生有莫大的帮助。这样想来,小张一口答应了下来。

试想,给日本首相夫人当家教,该是一次多么难得的机会。小张深知其中的道理,不拒绝,牢牢地抓住了这次机会,果然,在以后的求学过程中,安培夫人给了她一些帮助,而且,因为在日本留学期间给日本首相夫人当家教的经历,使得回国后的小张名声大振。所谓“机不可失,时不再来”,当机会来临的时候,不要犹豫,不要矛盾,牢牢抓住机会,才是正确的选择。

在鸿门宴上,其实隐藏着一个绝好的机会,如果项羽下令杀掉了刘邦,就不会有后来自刎乌江的故事了,而历史也将被改写。但是,项羽本性优柔寡断,迟迟不肯下令,使得如此绝佳的机会失去了,最终,他战败自刎。

面对一个绝佳的机会，如果你总是优柔寡断，迟迟不肯行动，下不了决心，最终会使自己失去这次机会，让别人捷足先登。这样就会使自己与成功失之交臂。因此，面对每一次机会，要果敢，及时抓住机会，不要拖拖拉拉、犹豫不决。

第十五章

养精蓄锐，充分历练身心
——下班多修炼，万事具备大有可为

成大事者需要经过艰苦的修炼，养精蓄锐，历练身心，才能有所作为。胡雪岩出身贫寒，早年只不过是一个在钱庄打工的小伙计，不过，就是如此平凡的一个人却撼动了晚清商场，成为了有名的红顶商人。翻开历史，不难发现，胡雪岩的成功在于修炼，平日里养足精神，蓄积力量，到了关键时刻，定会爆发出前所未有的力量。对于生活在现代社会的我们，应时时不忘修炼，因为只有万事俱备，才能做出一番成就。

第一节 ◆ 成功者善忍

俗话说:“忍一时风平浪静,退一步海阔天空。”一个人应该懂得忍让,其人生才能走得更远。在晚清时代,胡雪岩是一个懂得忍让的人,忍受别人的污蔑、忍受东家的冷落,在忍耐之后,他终于成就了一番伟业。在现实生活中,许多有抱负、有才华的人,不懂得“忍”的运用,他们忍受不了等待时机的煎熬和痛苦,空有一腔热血却无处洒。忍,是一种博大的度量,更是一种长期的修炼。胡雪岩在晚清时代被誉为红顶商人,这自然与其深谙忍术有关。胡雪岩曾说:“一个人要想通向大成,必须要有不可想象的‘忍’功能,能够在最苦的时候想到最甜的东西。”在经商过程中,他将“忍”的功夫发挥到极致,无论面对如何厌恶的人,他都以笑脸相迎,凡事有分寸,从来不在人前丢面子,在他看来“这个世界上没有敌人”,并以“忍”化敌为友。平日里多修炼“忍”,让自己成为一个善忍的人,这样,你离成功就不远了,因为成功需要忍耐的陪伴。一个人有强大的意志力,有巨大的忍耐力,才能经得起生活中的波折,也只有这样,他才能在成功的道路上越走越远。

当时,胡雪岩不过是钱庄的小伙计,没有积蓄,哪里来的银票给王有龄呢?而且,还是五百两。原来,胡雪岩自作主张将钱庄收回来的债款借给了穷困潦倒的王有龄,并打好了借条。后来,他把事情一五一十地告诉了东家,本来,钱庄就是办理存款、借款的事宜,胡雪岩只不过是先将钱借给了王有龄,而且还打了欠条。按理说,这事做得虽有失考虑,但也未尝不可。

可是,钱庄里的人却不这么看,当胡雪岩将自己借钱给王有龄的事情全

盘托出之后，还拿出了那张借条。店里的伙计却不以为然，说道："胡雪岩肯定是骗人的，像他这样精明的人，怎么会好心借钱给别人呢？"另一名伙计也说道："是啊，胡雪岩自身都难保了，又怎么会大方赠银给一个落魄的人呢？""对，肯定是他出去赌钱输了，然后就欺骗大家说借钱给别人了，店里怎么能留这样的伙计呢？"在伙计的议论声中，胡雪岩可谓是百口莫辩，此时，自己的名节受到了侮辱。东家听信伙计们的谗言，一怒之下，就将胡雪岩辞退了。

俗话说："好事不出门，坏事传千里。"一时间，胡雪岩的事情被传得沸沸扬扬，那些听闻此事的老板纷纷将他拒之门外。本来，胡雪岩从小所学的就是关于钱庄的本事，现在却没有施展的地方了。为求生计，他只能给人家干苦力，后来，他流落到上海找朋友，岂料，朋友在这时也回老家了。盘缠用光了，他只能每天以烧饼和白开水充饥，在生活最困难的时候，他将自己的袍子也当掉了。

然而，一番痛苦的忍耐之后，他迎来了一片艳阳天。王有龄北上捐官成功，在他的作证下，胡雪岩洗脱了人们眼中"滥赌"的罪名，还清了所用的债款。就这样，胡雪岩和王有龄成为了生死之交，在王有龄的帮助下，胡雪岩创办了属于自己的钱庄。

在赠银给王有龄之后，胡雪岩不仅忍受着名节受辱，而且，还面临着生活的苦难。虽然胡雪岩在后来的日子中越走越顺利，不过，其早年经历却是在"忍"中度过的。胡雪岩在杭州钱庄当学徒的时候，他所干的活不过是扫地、倒夜香这样的杂活，面对这一切，胡雪岩所做的就是"忍"。这样的"忍"并不是软弱，而是能屈能伸，或许，就是早年对"忍"的修炼，使得他在后面的道路中越走越顺利，并一跃成为鼎鼎有名的红顶商人。

在生活中，只有那些懂得"忍"的人才能在其人生道路上谱写出更绚烂的乐章。无论是失业的窘境，还是名节的污损，都应该忍耐，不断修炼"忍"

的功夫，等到你登上成功的宝座之时，便是你“忍”到极限之时。成功者善忍，不能“忍”就不会有伟大的事业，也就不能有所收获。暂时的忍耐并不是对困难的畏惧，而是成功背后的一种积累，凡事需要忍，这样，我们才不会乱了阵脚，才不会陷入失败的痛苦中。

小丽和小伟是一对恋人，现在，已经快进入谈婚论嫁的阶段了。对小丽来说，心中却有些担心。原来，她早闻小伟家人都比较势利，自己很担心一旦嫁过去，会受尽屈辱。小伟是一个大大咧咧的男孩子，听到女朋友说出心中的忧虑，挥挥手，安慰道：“不会的，我妈妈最疼人了，你别太担心了，再说，还有我在啊。”另外，小丽妈妈也安慰她：“结婚了，你跟他们就是一家人了，对小伟的爸妈就像对我们一样，将心比心，你才能赢得家庭的幸福。”听了妈妈的话，小丽点点头。

小丽温柔美丽、贤良淑德，在她身上，几乎挑不出任何毛病。可结婚之后，小丽所担心的事情还是发生了。不管小丽表现得如何好，婆婆就是看不顺眼，她再怎么努力也换不来婆婆一点儿好处。在这样的情况下，小丽想到妈妈的话，她没有气馁，用最大的忍耐和婆婆朝夕相处。有一次，在被婆婆无端责骂之后，小丽坦诚地说出了自己的心里话：“我怎样做，妈妈您终究是不满意的，您希望我怎样做呢？您可以告诉我，而不是指责我。您知道，我很难过，很想得到妈妈的欢心……”在这一刻，本来凶悍的婆婆居然停住了指责，捂住了自己的嘴巴。

从这以后，婆婆收敛了自己的脾气，与小丽的相处也变得融洽起来，而这一切都源于小丽之前的忍耐。

面对婆婆的无端指责，小丽学会了忍耐，在被责骂之后，小丽坦诚地表示“我很难过，想得到妈妈的欢心”，如此一番忍耐，令原本凶悍的婆婆感到了愧疚。终于，在一番忍耐之后，小丽赢得了婆婆的认可，同时，也赢得了家庭的幸福。

对我们来说，没有经历过生活，自然不会理解生活的艰辛；没有真正地经历过挫折，自然不懂得选择快乐的角度。挫折一旦来临，就想要逃避这个世界，这本是一种不负责任的做法，一切唯有忍。古人曰："百糖尝尽方谈甜，百盐尝尽才懂咸。"在生活的经历中，只有那些懂得忍耐的人，最后才能放眼望世界，他们在忍耐苦难的过程中得到了修炼，而生活在挫折的打磨下也变得多姿多彩。

第二节 ◆ 平日做好声势，来日用时不恨少

一个人若是想有所作为，需要借助一定的声势，毕竟，声势是一种无形的价值，是一笔无形的本钱。而且，平日做好了声势，来日用时就容易多了。晚清商人胡雪岩做生意，就十分注重声势，无论是经营钱庄，还是开药店，他都会把造声势放在首位，于是乎，他在晚清商场名声大振，成为了大名鼎鼎的红顶商人。声势是一种无形的财富，有了名声，有了威望，还愁什么事情办不好呢？一个人拥有了良好的名声和极高的威望，会给其带来更多的成功契机，对于声势，胡雪岩有非常深刻的认识，他常说："名气一响，生意自然就会热闹起来。"而且，在他做生意的过程中，总会把声势放在第一位，然后再考虑赚钱。其实，在我们的现实生活中也是一样的道理，一旦自己有了名气、威望，还担心什么事情不能办好呢？所以，在平日的生活中，我们很有必要为自己营造声势，这样，一旦到了办事的时候，就派上用场了。

在晚清时代，胡雪岩可谓是一个声势极大的人，在商场呼风唤雨，不仅如此，还有官场如此坚实的后台。在清朝，赏赐黄马褂是一件十分了不起的事情，据史料记载"凡领侍卫内大臣，御前大臣，侍卫，乾清门侍卫，外班侍

卫，班领，护军统领，前引十大臣，皆服黄马褂。”由此可见，似乎只有皇帝身边的侍卫或者有着卓越功勋的文武大臣才有资格被赏赐黄马褂，然而，仅仅是商人身份的胡雪岩也被赏赐黄马褂，其名声、威望无不达到了最高峰。当然，这其中的渊源除了有左宗棠的推荐，还在于胡雪岩敢于在朝廷危难之际伸出援助之手。在胡雪岩看来，帮助官府，其实就是帮自己，哪怕自己倾家荡产，也会选择将那些钱财捐给朝廷，捐给军队。正是因为胡雪岩平日里的努力营造，才达到了红顶商人这样高的声势。这也为其带来了源源不断的火红生意，以及最高的商人美誉。

胡雪岩努力做好声势，可以从其做生意中看出。涉足商界，他从来没有放过任何可以扬名的机会。有时候，即使是牺牲自己的利益，他也会乐此不疲。或许，就是因为平日里的精心打造，使得他的声势越来越高。

有一次，朝廷为了弥补军费和粮饷的短缺，决定由户部发行官票，这个政策一实施，许多钱庄自然会加入其中。然而，认购户部官票无疑会带来很大的风险和挑战，而阜康钱庄的档手也认定此事不可做，不过，胡雪岩却不这样认为，他说：“凡事都有两面性，不会总是占便宜，也不会总是吃亏，而做生意也是这个道理，买卖双方是敌对的，不是你赢就是他输。”另外，在胡雪岩看来，帮助官府认购户部官票可以为阜康营造声势。同行大大小小的钱庄都心存疑虑，在这时，阜康钱庄勇敢地出来认购，其名声和威望就在同行中被显示出来了。就这样，刚刚开张不久的阜康钱庄，因认购官票一事而名声大振，而这其中少不了胡雪岩谋略的功劳。

在阜康刚刚开张之际，胡雪岩并没有局限于眼前的利益，而是从长远的角度来考虑，为阜康的声势赢得了良好的机会。一直以来，胡雪岩秉承“先做声势后赚钱”的宗旨，只要先将名气做起来，就不用担心没有生意可做了。一个人要想做出一番成就，打造声势是第一位的，这样，才能赢得更多的成功机会。一个人只有具备了声势，身边的朋友才会慕名而来。因此，要想成

功，就不妨从自己的声势下手，树立好的名声与威望，才会让你在办事过程中无往而不利。

声势是一种无形资产，而且，其树立的过程并不是一蹴而就的，而是需要长期的积累。当然，这就需要平时下工夫了，毕竟，声势这样的筹码，并不是你想拿出来就能拿出来的，而是需要平日的精心打造，这样，来日用时才不恨少。在生活中，一个人的声势是自己打造的，但是，却是需要他人认可的。当你的名声与威望都达到了如日中天的地步，那么，成功对于你来说就指日可待了。

王大善人早已经是名声在外了，其实，在几年之前，他不过是一个商人，但是，由于他平日里总是做慈善事业，于是，“王大善人”这样的美誉不经意间就传了出去。王先生因做生意发家，如今已是身家数百万。平日里，他除了经营公司，就是做慈善事业。在短短三年时间里，他资助修建了一所中学、一所敬老院，不仅如此，还在贫困山区资助了三个大学生。在休息的时候，他还会亲自带着员工去敬老院、孤儿院拜访，并赠送礼品。当地政府对王先生的慈善事业可谓是如数家珍，或许，王先生并不是当地最富有的商人，但是，他却是最出名的一位。

有朋友对王先生的慷慨表示疑惑：“你这样为社会尽心尽力，有什么好处呢？”王先生笑了，说道：“我之所以这样做，源于两点：一是希望能真心诚意地为社会做些贡献，二是借此机会营造声势。你也知道，作为生意人，比较看重名声，在几年之前，我也是身价百万，可社会看重我吗？没有，现在我成了王大善人，不仅连政府，就是寻常百姓也对我赞赏有加，这就是不花广告费打造出来的名声。”朋友听了，醒悟了过来，连连拍手叫好。

在平日里，王先生专心于慈善工作，其实就是为了打造自己的声势，而这一切都是在为以后做事打基础。毕竟，有了王大善人这样的名气，无论做什么事情，都不会受阻，哪怕是政府，也会卖他一个面子，这就是声势的

作用。

俗话说:“人怕出名,猪怕壮。”可能,这句话在过去比较适用,但在今天,它似乎已经失去了应有的价值。一个人若是没有名气与威望,就注定了要受人冷落,注定不能有一个好的发展。对于我们来说,声势就是标志,没有一定的声势来支撑,你就很难在社会上立足。

第三节◆为富更仁,用善念莹润内心

胡雪岩说:“我最大的乐趣就是看到一个人被钱难倒,自己从口袋里掏出一把钱递过去:‘拿去,够不够?’”他以极其简单的话语道出了他那侠义的热心肠。说到商人,我们会联想到“为富不仁”,然而,胡雪岩这位成功的商人却不这样,一直以来,他以“仁义”二字作为经商的核心,乐善好施,还博得了“胡大善人”的名声。似乎,“为富更仁”用在胡雪岩身上更适合,他以善念来莹润内心,不断修炼自己,也正是如此,促成了他生意场上的辉煌成就。对每一个人来说,物质财富是必不可少的,但另一方面,精神财富也是不能缺少的。另外,做好事不仅可以丰富自己的内心,同时,还能够有效提高自身修养,如此看来,帮助了他人,于人于己都是很有好处的。有人说:“为富者,仁为重,富者欲仁于贫,心勿以为己富,平等相待。”的确,为富须更仁,如此,自己的身心才能达到更高的境界。在现实生活中,并不缺乏富人,但是,许多人越是有钱,越是一毛不拔。有的人虽说有家财万贯,但精神世界却异常贫瘠,他们不懂得如何为善,如何施恩,在他们眼里,只有“利益”二字。这样的一些人,由于缺乏善念,使得其未来的道路越来越窄,最后,只能将自己埋葬在财富之下。

说到商人,我们总是会想到“奸诈”这样的词语,似乎不奸诈的人是没有

办法成为成功的商人的。不过，红顶商人胡雪岩的出现却打破了人们对商人的看法，“仁义”成为了他的代名词。在经商致富后，胡雪岩并不吝于眼前的利益，而是广施善行，处处打抱不平，行侠仗义。现在，我们就说说，在杨乃武与小白菜的不幸遭遇中，胡雪岩慷慨帮助的事迹。

当时，小白菜的丈夫暴病身亡，在这之前，有谣言说杨乃武与小白菜之间有奸情。后来，小白菜的丈夫因吃补品太多七窍流血而死，至此，婆家就认定是小白菜谋害了丈夫，于是，将她交给官府查办。不过，婆家认为谋害丈夫这样的事情是女流之辈无法做到的，于是，一口咬定有帮凶。小白菜大呼冤枉，官府不查，用大刑逼供，小白菜无法忍受刑讯，只好说与杨乃武合谋，最后，两人含冤画押，被判死刑。

杨乃武的姐姐不相信他会做出这样的事情，于是，便上京告御状，却无人受理，被驱赶而回。姐姐仍旧不服气，想要再上京，可是，家里钱财已经用尽，根本没有办法再次上京。这时，胡雪岩听闻了此事，毫不犹豫地出手帮助，他赠送姐姐两百两银子，这银两成为了杨乃武姐姐上京救弟的急用钱。另外，为了争取京官对这一案件的关注，胡雪岩专门拜访了翰林院编修夏同善，向他诉说杨乃武、小白菜的冤情，希望他帮助重审此案。这时的胡雪岩已经相当有声势，他的介入使得案件有了明显的转机。

果然，夏同善不忘胡雪岩之托，恳求御史去刑部查阅浙江审理的全部卷宗。后来，在大家的共同努力下，慈禧、慈安两宫皇太后亲下谕旨，重审此案，经过许多波折后，这案件才得以真相大白。

整件事情都透出胡雪岩乐于帮助他人的那份热心肠，由于他有着特殊的声望和丰厚的钱财，才使得整个案件得到了昭雪的机会。随着杨乃武和小白菜案情的流传，胡雪岩的善名更是深入人心。当然，如此的仁义之心也为其赢得了生意上的巨大成功。胡雪岩身为商人，以求利为本，但是，却从来不牟取暴利。他一直信奉“君子爱财，要取之有道”。不仅如此，他从来不

忘本,在平日里喜欢帮助别人,在帮助他人的过程中,一方面得到了他人的尊重,另一方面还得到了心灵的满足。

李嘉诚说:“对需要你帮助的人有贡献,这就是内心的财富,是真财富。如果是金钱的财富,你今天可能涨,明天又可能跌下去。但你帮助了人家,这个是真财富,任何人都拿不走。”在现实生活中,许多人总是利字当头无仁义,其实,如果以仁义作为做人的基调,那么,你的未来之路将会走得顺畅得多。

许先生常说:“对企业家来说,慈善是一种品格,一种责任,更是一项终生的事业。其实,做企业和做慈善同样让人很有成就感,做慈善更多了一份感动和温暖,也得到了一份心灵的慰藉。”

在这个城市,许先生只是一个小小的企业家,他常说:“我所拥有的财富并不多,但是,我愿意竭尽所能地去帮助那些需要帮助的人。”因为怀着这样的善念,他无时无刻不将“帮助别人”挂在嘴边,并落实到行动上。

有一次,许先生出差在外地,路过一个天桥,看见一个小女孩穿着单薄的衣裳,蹲在路边哭泣。在这样大冷的天,却穿得如此轻薄,多可怜的女孩啊。许先生想着,马上带着女孩去超市买了棉袄、棉裤。在交谈中,许先生得知小女孩的妈妈患了重病,爸爸杳无音信,为了让妈妈活下去,她只好外出乞讨。可是,在雨中站了好几天了,连一个好心人都没碰到。许先生眼睛湿润了,他跟着小女孩来到了妈妈所住的地方,眼看着受疼痛折磨的年轻妈妈,以及贫困的家,许先生决定帮助她们,他掏出了身上所有的积蓄,又马上打电话将那位年轻妈妈送到了医院。

人们都说,像许先生这样好心的企业家不多了,许先生却说:“人们常评价商人‘为富不仁’,我想,作为一名成功的商人,应该为富更仁。”早在很久以前,孟子就说:“仁者爱人。要珍惜民力,不要做劳民伤财的事情,更不要随意增加百姓的赋税。百姓安居乐业了,还愁国家不富吗。”所谓“种瓜得

瓜，种豆得豆”，如果你想有人帮助你，就应该学会帮助他人。反之，如果你只是一味地接受别人的帮助，那么，对方也会减少对你的帮助。

在生活中，人与人之间的帮助是相互的，只想获得，不想付出，这样的事情是不可能的。首先要学会帮助别人，为自己积累良好的关系与乐善好施的口碑，日后，你需要帮助的时候，才能随时找到帮助你的人。

第四节 ◆ 做人有担当，方可成大事

胡雪岩常说："无论是为官还是为商，都要有一种社会责任感，既要为自己的利益着想，也要为天下黎民着想，否则，为官便是贪官，为商便是奸商，这两种人，都是没有什么好下场的。"如此说来，胡雪岩是一个敢于担当，有着强烈社会责任感的人。在汉语字典中，"担当"是作为动词出现的，意思是：接受并负起责任。当我们说"做人有担当"的时候，主要是强调行动的重要性。对胡雪岩来说，责任不需要整天挂在嘴边，而是一种意识，更重要的是，付诸实际行动。胡雪岩的担当更体现在对社会、对国家的责任上，当自己获得成功后，他并没有忘记社会、家人，可能，谁也没想到，这样一个嗜钱如命的人，却乐善好施，将自己所赚的钱财回报社会、回报国家。在政府有难之际，他毫不犹豫，伸出援助之手，帮其渡过难关。在生活中，做人需要有担当，才能成大事。的确，一个人若是对什么都漠不关心，凡事都不能勇于承担责任，他怎么会承担社会所赋予的责任呢？在生活中，我们须记住：做人有担当，方可成大事。

胡雪岩还未涉足商界的时候，就是一个敢于担当的人，这体现在他对自己所做的事情敢于承担。当时，胡雪岩私自将钱庄收回的银票给了王有龄，他也知道自己的行为很冒失，因此，在把银票借给王有龄之后，他就勇敢地

向东家坦白了事情的经过，并愿意接受任何惩罚。不过，生气的东家并不相信胡雪岩的话，而是将他开除了，这时的胡雪岩心中虽有冤屈，但想到自己做事有失考虑，于是，他先向东家道歉，然后就离开了。后来，涉足商界后，胡雪岩将"担当"二字做得更完美了。在做生意的时候，他十分注重诚信招牌，一直信奉"赌奸赌诈不赌赖"的做法，因此，在生意路上，他一路飙升，成为了闻名的巨贾。胡雪岩一直主张"做人一定要敢于承担责任，敢于担当，这才是成就大事业的气概"。

作为一个生意人，胡雪岩没有被利益冲昏头脑，而是时刻以一颗博大无私的心，投入到乐善好施中。他的担当，不仅深受人们的尊敬，而且，还助他成就了一番伟大的事业。做人有担当，才能成就更伟大的事业；做人有担当，才能享受美好的生活。成大事者，要敢于为自己所做的事情负责，需要有担当的精神。

在日常生活中，我们难免会有各种各样的责任需要承担。作为社会中的一员，应善尽义务和担当责任，才能在社会中立于不败之地；作为家庭中的一员，应尽到自己的责任，才能使家庭美满幸福。生活中，责任无处不在，无处不有，我们所需要做的就是做好自己份内的事情，做一个有担当的人，修炼身心。

1920 年，一个 11 岁的美国小男孩在踢足球时，不小心打碎了邻居家的玻璃。对此，生气的邻居向他索赔 13 美元，当时，13 美元可不是一笔小数目，可以买 125 只生蛋的母鸡。小男孩没有办法，只好向父亲承认错误，希望能够得到父亲的帮助。

不过，父亲却斩钉截铁地说："你必须对自己的过失负责，做一个有担当的小男子汉。"小男孩感到十分为难，说道："我哪有那么多钱赔给人家?"父亲拿出了 13 美元，对他说："这 13 美元我可以借给你，但是，一年之后，你必须还我。"男孩咬咬牙，答应了下来。

于是，小男孩开始了艰苦的打工生活，经过了半年的努力，他终于挣够了13美元，还给了父亲。这个小男孩就是后来的美国总统里根。他在回忆这件事的时候，说道："通过自己的努力来承担过失，使我懂得了什么叫担当。"

小男孩从小学会了担当，长大了自然就会有责任心。长大后，里根真的成为了一个敢于担当的男子汉，而他的担当使其在政界获得了较高的赞誉。

威尔逊说："一个人的责任感与他的机遇成正比。"一个敢于负责的人，无疑是一个深受人们尊敬的人，同时，也是一个被成功青睐的人。责任感对于一个人的成功是很重要的，一个人拥有了责任感，敢于担当，在这一过程中，不断修炼自己的身心，才能成功地把握更多的机遇，才能在人生道路上获得成功。

第五节◆敢想敢做，气魄成就梦想

每个人都有梦想，胡雪岩的梦想是做一个有钱人，然后再去帮助那些贫苦的人。不过，与大多数梦想者不同的是，胡雪岩是一个敢想敢做的人。他比常人多了一份气魄，那是敢于在该出手时出手、敢于在该冒险时冒险，敢想敢做，敢为人先的大气魄。因此，他才能成就出一番惊人的伟业，才会深受人们的尊敬。生活中并没有一帆风顺的事情，胡雪岩在生意场上的顺利发展，在官场中受青睐，无不与其敢想敢做的气魄有密切的关系。只有大气魄能成就大事业，心中有什么梦想，就敢于去付诸实践，如此，我们才能将梦想变成现实。在胡雪岩看来，若是想成就一番大的事业，就必须有敢想敢做的气魄，而凡事畏惧是很难创造出辉煌功绩的。在现实生活中，许多人与成

功失之交臂，原因并不在于其没有能力，没有梦想，而是缺乏做大事的气魄。心中有了梦想，本来是一件令人高兴的事情，但在他们看来却是一种负担，还没有起步，他们就想到了前途的诸多困难，于是，什么理想、抱负都搁浅了下来。等到头发花白的时候，才意识到自己已经在庸庸碌碌中过了一生，心中悔恨交加，怎奈人生从来都是直播，只好作罢。

当时，胡雪岩连一两银子的本钱都没有，只不过是一个钱庄贫困的小伙计。但在这时，他已经有了自立门户当老板的想法。这在旁人看来，是多么滑稽，不过，这正是胡雪岩的成功所在。因为对钱庄的生意比较了解，便想着开钱庄，如此敢想敢做的气魄，显示了他与常人不同的聪慧与胆识。

成功涉足商界后，胡雪岩却不甘于做一个小老板，而是善于拓展自己的人脉。在经商过程中，他不断发展与官僚、江湖势力、洋人以及下层百姓之间的关系。而且，不仅仅限于开一家钱庄，他先后涉足了丝绸业、典当业、药店，而且，都取得了显著的成绩。而这一切的成功都源于其做大事的气魄，敢想敢作敢为，以气魄成就了当初的梦想。

胡雪岩是一个商人，他的人生梦想是什么呢？在一次闲谈中，他对好友王有龄说："说到我的志向，与众不同，我喜欢钱，越多越好。"在说到钱的时候，他双手聚拢，做了一个搂钱的姿势。王有龄笑道："你快钻到钱眼里了。"胡雪岩听了，反而不笑，正经地说："不过我有钱不是拿银票来糊墙壁，看看过瘾就算了的，我有钱是要花出去的！世界上最痛快的一件事，便是看到人家穷途末路，无钱逼死英雄好汉，刚好遇到我身上有钱，我会说：'拿去用！够不够？'"在后来的日子里，他到处施舍，追逐当初的人生理想，并乐此不疲。

当时，胡雪岩不过是一介平民，在那个风起云涌的年代，其心中的大志与敢想敢做的大气魄，成为了其成功的动力，推动其坐到了红顶商人这个位置。在胡雪岩的经商过程中，常常会遇到困难与挫折，但拥有大气魄的胡雪

岩并没有望而却步，而是迎头而上。有了大的气魄，才能铸就大的事业，否则，你将失去更多可以成功的机会。

哲人说："你想成为什么样的人，你就能成为什么样的人。"无论在什么时候，我们都要以这句话来鼓励自己，逐渐让它成为一种习惯，最后，我们会发现，自己真的成为了当初自己想要成为的那种人。在很多时候，决定我们人生命运的绝不仅仅是能力、环境和外在条件，更取决于我们内心的想法。当你有了某种信念，你的命运会因自己的想法而变得好或者坏，这是一种潜意识的力量。敢想敢做，气魄会成就我们的梦想。

在一次作文课上，老师给出的题目是：我的梦想。一个小朋友飞快地写下了自己的梦想，他希望自己能拥有一座占地十余公顷的庄园，在庄园里有小木屋、烤肉区，还有休闲旅馆。然而，这个梦想到了老师手里，被画上了一个大大的红"×"，并要求重写。小朋友感到很不解，老师说："我要你们写下自己的梦想，而不是这些如梦呓般的空想，我要实际的梦想，而不是虚无的幻想，你知道吗？"小朋友据理力争："可是，老师，这真的是我的梦想啊！"老师生气地说："不，那不可能实现，那只是一堆空想，我要你重写。"小朋友不愿意妥协："我很清楚，这才是我真正想要的，我不愿意改掉我梦想的内容。"老师摇摇头："如果你不重写，我就不让你及格了，你要想清楚。"小朋友坚定地摇摇头，不愿意重写，那篇作文他只得到了一个大的"E"。

然而，30 年过去了，老师带着一群小学生来到了一座很大的庄园，享受着绿草，舒适的住宿，以及香味四溢的烤肉。就在这里，老师遇见了庄园的主人，就是那位作文不及格的学生，如今，他实现了自己儿时的梦想，老师惭愧地说："30 年来为了我自己，不知道用成绩改掉了多少学生的梦想，而你，是唯一坚定自己梦想，没有被我改掉的。"

小男孩敢想敢做，最终，他真的成就了自己的梦想。在生活中，不要让

任何人偷走你的梦想，梦想根植于内心，那是我们最初的梦想，哪怕虚无缥缈，哪怕不切实际，但是，它依然烙上了我们的印记。重要的是，我们不能失去那份气魄，那种有了梦想就去追逐的气魄，不管别人如何看待，只要自己坚持，世事就能完美。